Helmut Birkhan

Das Geheimwissen der Kelten

Helmut Birkhan

Das Geheimwissen
der Kelten

marixverlag

Bibliografische Information der Deutschen Nationalbibliothek Die Deutsche Nationalbibliothek verzeichnet diese Publikation in der Deutschen Nationalbibliografie; detaillierte bibliografische Daten sind im Internet über http://dnb.d-nb.de abrufbar.

Es ist nicht gestattet, Texte dieses Buches zu scannen, in PCs oder auf CDs zu speichern oder mit Computern zu verändern oder einzeln oder zusammen mit anderen Bildvorlagen zu manipulieren, es sei denn mit schriftlicher Genehmigung des Verlages.

Alle Rechte vorbehalten

2. Auflage 2015

© by marixverlag in der Verlagshaus Römerweg GmbH, Wiesbaden 2014
Lektorat: Hans Joachim Kuhn
Covergestaltung: Nicole Ehlers, marixverlag
Bildnachweis: © privat
Satz und Bearbeitung: Medienservice Feiß, Burgwitz
Der Titel wurde in der Minion Pro gesetzt.
Gesamtherstellung: CPI books GmbH, Leck – Germany

ISBN: 978-3-86539-986-1

www.verlagshaus-roemerweg.de

Inhalt

Vorwort	9
Zur Aussprache des Inselkeltischen	13
Altirisch	13
Walisisch = Kymrisch	14
Einleitung: Was ist Geheimwissen und wie geheim ist es?	16
Die Innen- und Außenansicht des »Geheimwissens« – seine subjektive und objektive Funktion und Einführendes zum Geheimwissen der alten Kelten	16
Die subjektive Esoterik	21
Fallbeispiel Gundestrup-Kessel	22

I. Teil

Das Geheimwissen der Druiden, Magier und Seher im Altertum	27
Poseidonios von Apameia und C. Iulius Caesar	27
Druide – Wort und Funktion	35
Alter des Druidentums	38
Druidenpolitik	42
Kultorte	47
Heilige Pflanzen und Schlangen-Ei	51

Kultgewand und Würdezeichen 58

Mantik und Opfer 61

Archäologische Hinweise auf druidisches
Wirken? 69

Heilige Frauen 79

Magische Texte 88

Druiden- und Arztgräber 93

Druiden als Gelehrte 97

Ogam 104

Druiden als »Philosophen« 110

Rechtspflege und rechtliche Stellung 114

Druiden im frühmittelalterlichen Irland 122

Himmelseinsturz und Wiedergeburtsglaube
in der Antike und im alten Irland 128

II. Teil

Bardenesoterik im Altertum und im
Mittelalter 142

Altertum 142

Mittelalter: die Inselkelten 154

Heroisches Bardenwort in Britannien und Irland . 154

Die *filid* im mittelalterlichen Irland 159

Die Barden im mittelalterlichen Wales am
Beispiel des Taliesin-Komplexes 181

Der *Taliesin* des 6. Jahrhunderts 181

Die »*Taliesin*«-Mystik des Hochmittelalters 189

III. Teil

Die objektive Esoterik der Barden in
georgianischer und viktorianischer Zeit –
das Morgenrot der neuen Druiden 213

Von John Aubrey bis Iolo Morganwg und
William Price 213

Der Barddas und der walisische
Neodruidismus bis zur Gegenwart 229

Anhang

1. Bibliographisches und
Abkürzungsverzeichnis 245

2. Verzeichnis der Abbildungen /
Quellennachweise 256

Vorwort

Ein Buch über das »Geheimwissen der Kelten« zu schreiben, schien mir verlockend. Insbesondere reizte mich die historische Dimension der Entwicklung solch eines »Geheimwissens«, sowohl in der Antike als auch bei den Inselkelten im Mittelalter und der Neuzeit.

Aber fast gleichzeitig tauchten auch zwei Momente des Zweifels auf:

Zunächst die Frage, ob die Quellenlage eine seriöse Monographie dieses Titels hinsichtlich des Altertums zulässt. Dazu kam, was die Entwicklung des Bardismus in der Neuzeit angeht, dass ich als Keltologe für die moderne Keltenmystik keine allzu große Sympathie hege.

Ein zweites Moment schien mir gewichtiger. Es hängt mit meiner wissenschaftlichen Publikationstätigkeit zusammen. Wer mein Schriftenverzeichnis besieht, wird feststellen, dass ich mich in recht umfangreichen Arbeiten zum Thema der keltischen Geisteskultur in Antike und Mittelalter geäußert habe. In dem Buch »Kelten. Versuch einer Gesamtdarstellung ihrer Kultur« (B1) befassen sich etliche Textabschnitte mit dem hier behandelten Thema innerhalb des ersten »keltischen Jahrtausends« (ca. 500 v. Chr. – ca. 500 n. Chr.). Ein ähnliches Verhältnis bietet der Bildband »Kelten. Bilder ihrer Kultur« (B2). Dazu kommt die »Nachantike Keltenrezeption« (B3), in der ich mich auch mit dem Weiterleben mancher oft aus zweiter und dritter Hand gewonnener Aspekte der keltischen Kultur bis in die Gegenwart beschäftige. Dort versuche ich zu zeigen, dass die großartigen Geschenke, die wir den Kelten verdanken, so unterschiedlich sind wie etwa die irische Mission und die Ossiansage, insbesondere aber der Wunderbau des Artus- und Tristanthemas, von dem die Künste seit dem Hochmittelalter zehren – vielfach bis heute. Dagegen traten die Neubelebung der Bardenkunst und die Wiederaufnahme des Druidismus (oder was man dafür hielt) an Bedeutung zurück. Aber immerhin hatte ich mich auch damit in der »Nachantiken Keltenrezeption« beschäftigt.

Vorwort

Dass ich das Buch nun doch gerne geschrieben habe, beruht vor allem auf der Faszination, welche die altkymrischen Urbarden Taliesin und Aneirin auf mich ausüben, und natürlich auch des Druidentums und der Traditionsbildung, die es anregte. Darüber hinaus waren es zwei Neuerscheinungen, die mich zum Wiederaufgreifen der vertrauten Themata bewogen haben.

Da ist zunächst voll Dankbarkeit der Althistoriker Andreas Hofeneder zu erwähnen, der durch seine musterhaft kritischen Ausgaben, Übersetzungen und Kommentare das historische Material der antiken Nachrichten über die keltische Religion in seiner Gesamtheit gesichtet und der Forschung neu erschlossen hat. Sein Werk, insbesondere die kritischen Diskussionen der einzelnen Passagen, stellt für die keltische Religionsgeschichte neue Standards auf. Ich selbst habe aus den drei Bänden Hofeneders (H1-H3) sehr viel gelernt und – das ist nun einmal der Fortschritt auch in unserer Wissenschaft – mein Verständnis und meine Auffassung der antiken Belege an mehr als einer Stelle revidieren müssen. Bei deren Übersetzung habe ich mich schon um der Einheitlichkeit willen meist an seine in ihrer Genauigkeit untadeligen Übertragungen gehalten, auch wenn sie – ganz selten – nicht genau meinem Stilgefühl entsprachen. Jedenfalls stehen wir alle Andreas Hofeneder gegenüber in einer gewaltigen Dankesschuld.[1]

Im zweiten Teil des Buches, der von den Barden des Mittelalters sowie denen der georgianischen und viktorianischen Epoche handelt, war es mir neben Anderem ein Anliegen, die wichtigsten dem Taliesin zugeschriebenen Werke, die auf Arkanwissen zu deuten

---

1　Trotz des ähnlichen Titels hat mein Buch nichts mit Lengyel (1991) gemein. Sein Verfasser konzentriert sich auf die barbarisierten Münzen der Festlandkelten, deren überinterpretierte Motive er kühn mit Druidenwissen und inselkeltischen Traditionen verbindet: Alles Runde ist Abbildung des »Schlangen-Eies« (s. S. 56–58) usw. Da finden sich denn Abschnitte wie »Der keltische Relativitätsbegriff« oder »Der Sieg der tellurischen Doktrin«. Dabei geht Lengyel davon aus, dass die Münzprägung den Druiden oblag, wofür es nicht den Schatten eines Hinweises gibt. Die oft sorglos und fehlerhaft geprägten Münzen sollen dabei das Werk von Druidenlehrlingen sein (S. 189) usw. Obwohl oder gerade weil Lengyels umfangreiches Werk so gut wie keine Meriten im engeren Sinn von Wissenschaftlichkeit hat, ist es zur Hauspostille neodruidischer Esoteriker geworden.

scheinen – wie etwa die berühmte »Schlacht der Bäume« (*Kat Godeu*) –, in den Vordergrund zu stellen. Hier kommt nun die zweite Neuerscheinung ins Spiel, der die entsprechenden Abschnitte viel verdanken: das umfassende (491 eng bedruckte Seiten!) und bei aller stilistischen Leichtfüßigkeit höchst gelehrte Buch »Blood and Mistletoe. The History of the Druids in Britain« von Ronald Hutton (2011). Es vertieft sich in sehr anregender Weise dort, wo ich, der ich hier ein ungleich umfangreicheres Thema zu bewältigen hatte, zur Kürze gezwungen war. So wie Hofeneders Monumentalwerk wird auch das Huttons in seinem Informationsreichtum, der Genauigkeit der Recherche und seinen vorzüglichen Analysen nicht leicht zu übertreffen sein.

Ich zeichne also im Folgenden kritisch nach, was wir umrisshaft als mögliches Geheimwissen der Druiden herausschälen können. Der dabei eingeschlagene umwegige Zugang ist nötig, weil die Druiden selbst ja ihre Tradition nicht schriftlich überlieferten, so dass sie nur ganz allgemein nach Themenbereichen erschließbar ist. Bei deren Erfassung kommen uns aber die Sprachwissenschaft, die archäologischen Daten (vor allem auch vieler Neufunde), sogar einschlägige indische Traditionen, sowie bestimmte frühmittelalterliche, archaische Überlieferungen der Inselkelten zu Hilfe. Da es aber zum Wesen des Geheimwissens gehört, geheim respektive schwer zugänglich zu sein, werden uns die eigentlichen inhaltlichen Details der Druidenlehre immer verschlossen bleiben.

Über die Barden erfahren wir aus der Antike nur, dass sie angesehen waren und ihre Darbietungen vermutlich eine intensive Ausbildung in der Dichtkunst und im Leierspiel erforderten. Mit der Christianisierung verloren in Irland die Druiden allmählich an Bedeutung, ein Vorgang, mit dem sich John Minahanes kenntnisreiches Buch »The Christian Druids« (Minahane [2008]) beschäftigt. Die weiteren Geschicke des bardischen Wissens, das mit seinen extrem komplizierten formalen Ansprüchen sicher auch als Geheimwissen bezeichnet werden kann, lassen sich dann besonders gut in Britannien am Beispiel des Urbarden Taliesin zeigen. Hier beobachten wir auch, wie im Hochmittelalter zunehmend neben der »rationalen« Verfeinerung ein gleichsam irrationales

Gegengewicht in der Gestalt des Visionärs (der beiden Merline) aufkommt. Aber auch um Taliesin selbst entsteht eine Bardenmystik, deren Rätselhaftigkeit wohl schon dem Mittelalter Kopfzerbrechen bereitete und erst recht uns heute. Gerade diese Werke wurden im 18. und 19. Jh. zusammen mit der »Mystik des Großen Steins« (z.B. Stonehenge) zur Keimzelle umfangreicher Fälschungen, aus denen dann in Wales, später auch in der Bretagne und in Cornwall, eine Wiederbelebung der Eisteddfod-Kultur hervorgehen sollte. Andererseits verband sich dieses neue Geheimwissen mit dem der Freimaurer, was sich in einer Fülle von zumeist heute noch aktiven Orden niederschlug.

Der Bogen, den ich hier spanne, umfasst also weit mehr als 2000 Jahre.

Wie immer darf ich lieben Geistern Dank sagen, die mein Opus korrigiert haben. Zu danken habe ich aber auch meiner lieben Freundin Dr. Angharad Price (Caernarfon), die 2002 auf der Eisteddfod den Bardenpreis für Prosa errungen hat, und der derzeit regierenden Erzdruidin Christine für freundliche Auskünfte.

Dankbar bin ich den Verfügungsberechtigten über die hier wiedergegebenen Bilder für die Erlaubnis, sie aufzunehmen.

Mein besonderer Dank gilt freilich dem Verlag.

Gewidmet ist das Buch meinem *genius cucullatus.*

In der »Hellen Waldschlägerung« (*Vindo-bona*) am Tag *samonios*

H. B.

Zur Aussprache des Inselkeltischen

Während das Gallische ungefähr wie das Lateinische auszusprechen ist (s. S. 89, Anm. 40), ist die Aussprache des Inselkeltischen komplizierter, steht aber im Allgemeinen etwa der des Deutschen viel näher als der des Englischen.

Altirisch:

Die Ausspracheregeln sind so schwierig, dass ich mich mit einer behelfsweisen Annäherung nach dem Vorbild von Jeffrey Gantz (1981) begnügen muss.

Der Wortakzent liegt in der Regel auf der ersten Silbe.

Die Verschlusslaute werden im Anlaut gewöhnlich wie im Deutschen gesprochen, im In- und Auslaut hingegen wie Reibelaute.

Bei den Vokalen bedeutet der Akzent Länge.

Konsonanten:

b-: *Bach*; -*b*-, -*b*: *Ravensburg,* engl. *have*
c-, *cc*-: *Kabel*; -*c*-, -*c*: *Egge,* engl. *egg*
d-: *Dach*; -*d*-, -*d*: engl. *neither*
g-: *Garten*; -*g*-, -*g*: norddeutsch *sagen*
p-: *Peter*; -*p*-, -*p*: *aber,* engl. *job*
t-: *Tor*; -*t*-, -*t*: A*der,* engl. *bad*
ch: *Bach*
f: *fein*
f = *fh*: wird nicht gesprochen
h-: *Hase*
s, ss vor oder nach *a, o, u,* im Auslaut: *hassen*
s, ss vor oder nach *e, i,* oder im Auslaut: *schießen*
th: engl. *thin*
l, ll: *lau*

13

Zur Aussprache des Inselkeltischen

m-, *mb*, *mm*: *müde*, -*m*-, -*m*: *Ravensburg*, engl. *of*
n, *nd*, *nn*: *nie*

Vokale:

a, *ai*: *machen*
á, *ái*: bairisch *gråd*
áe, *aí*: *Eile*
e, *ei*, *éo*, *éoi*: *Bett*
i: *Kind*
í, *íu*, *íui*: *nie*
ia, *iai*: bairisch *liab*

o, *oi*: *von*
ó, *ói*: *Moos*
óe, *oí*: engl. *oil*
u, *ui*: *Lust*
ú, *úi*: *Rune*
úa, *úai*: bairisch *guat*.

Walisisch = Kymrisch:

Auch hier steht die Aussprache der des Deutschen näher als der des Englischen.

Der Wortakzent lag im Mittelalter auf der letzten Silbe. Es ist aber üblich, auch das Alt- und Mittelwalisische mit dem modernen Akzent auf der vorletzten Silbe auszusprechen.

Die Aussprache der Konsonanten *b*, *ch*, *d*, -*ff*-, *g*, *ng*, *h*, *k*, *l*, *m*, *n*, *p*, *r*, *s*, *t* entspricht der der deutschen. Abweichend sind:

c: *Kabel*
dd: engl. *neither*
f: *Vase*
ff-: *Fenster*
ll: ein stimmloses *l*. Man versuche *l* zu sprechen und dann den Stimmton wegzulassen. Gelingt dies nicht, kann man als Lautersatz die Konsonantengruppe *chl* wie in *lächeln* sprechen.
ph: *Fenster*
rh: ein stimmloses Zungenspitzen-*r*, das man wie *ll* erlernen kann. Sonst behelfe man sich mit *hr*- wie in tschechisch *hrad*.
th: engl. *month*.
v: *Vase*

Walisisch = Kymrisch

Vokale:

Die kurzen und langen Vokale *a, e, i, o* entsprechen den deutschen. Der Akzent ^ bezeichnet Vokallänge. Der Lautwert der Diphthonge ist immer der der nebeneinanderstehenden Einzelvokale, z.B.: *ae* = *a* + *e*

u, heute ein *i*-ähnlicher Laut, war im Mittelalter *ü* wie in *müsste, üben*

w: *musste, nun*

y: in den meisten Einsilblern und in der letzten Silbe langes oder kurzes *i* wie in *Biest* und *bist*. Ebenso in Diphthongen, daher *wy*: *hui!*

Bei wenigen Einsilblern wie dem Artikel *y, yr* und in der nicht-letzten Silbe ist *y* ein langer oder kurzer offener *ö*-artiger Laut wie in *möchte, Mönch, rösten*, jedoch nie langes *ö* wie in *Röslein, böse, Röte*. Englische Lehrbücher vergleichen das *u* in engl. *hurdle*. Die korrekteste Beschreibung ist wohl die eines gedehnten Schwa [ə] wie in *sagen*.

Einleitung: Was ist Geheimwissen und wie geheim ist es?

Die Innen- und Außenansicht des »Geheimwissens« – seine subjektive und objektive Funktion und Einführendes zum Geheimwissen der alten Kelten

Der Begriff »Geheimwissen« enthält zwei Informationen: Es handelt sich, wie das Grundwort sagt, um ein Wissen, das nach Angabe des Bestimmungswortes nicht allgemein zugänglich, sondern einer bestimmten Gruppe der Gesellschaft vorbehalten, dem nicht der Gruppe Angehörigen vorenthalten wird. Es ist also ein esoterisches Wissen, der griechischen Wortbedeutung nach (gr. *esóteron* ›das Innere‹), insofern es den Angehörigen eines »inneren« Kreises mit einer intimeren Kenntnis einer Sache betrifft, die den Nicht-Zugehörigen, der exoterischen Umwelt, fremd bleibt. Für diese ist das Wissen geheim, ein *arcanum,* das auf anderer Ebene liegen oder größer sein muss als etwa die Fachkenntnis und Kniffe eines Berufs und an dem religiöse Vorstellungen in mehr oder minder großem Maße Anteil haben.

Die Herstellung einer besonders wohlschmeckenden Sauce béarnaise kann ein Berufsgeheimnis, dadurch ein geheimes Wissen, aber doch kein »Geheimwissen« im Sinne dieses Buches sein. Würde dahinter eine eigentümliche Koch- oder Küchentheorie stecken, die nur in einem engen Kreis verbreitet wird, so könnte man schon eher von einem »kulinarischen Geheimwissen« im Sinne kulinarischer Esoterik sprechen. Ein besseres Beispiel bietet das Steinmetzwesen der mittelalterlichen Bauhütte. Hier hat die handwerkliche Technik etwa bei der Herstellung des Maßwerks kein *arcanum* gebildet, denn in der Zeit der Gotik mussten dies alle »zünftigen« Steinmetze beherrschen, wenn sie einen Profanbau wie etwa ein Rathaus errichteten. Das Geheimwissen lag vielmehr in dem spezifischen Selbstverständnis der Symbolik des Bauens, des Baus und seiner Elemente: Gedanken, die in die mittelalterliche Theologie zurückreichen und bekanntlich in stark veränderter

Die Innen- und Außenansicht des »Geheimwissens«

Form in der Freimaurerei, die ja auch in unserm Zusammenhang noch eine Rolle spielen wird, weiterleben. Doch haben sich im Mittelalter und noch in der frühen Neuzeit die meisten Handwerke zu Zünften zusammengeschlossen, die tatsächlich eine Art Geheimwissen, meist über den Ursprung des Gewerbes, eine Art Kultgegenstand wie etwa – nach dem Vorbild der alttestamentarischen Bundeslade – die Zunfttruhe, sowie bestimmte Aufnahme- und Festriten auszeichneten.

Das Geheimnis ist etwas Relatives, auf den gesellschaftlichen Kontext Bezogenes.

Die christlichen Sakramente wie Taufe und Abendmahl sind in ihrer Bedeutung unter Katholiken allgemein bekannt, wenn auch das eigentliche Wesen z.B. der Wandlung aus der Sicht des Theologen ein Mysterium bildet, weshalb die des Weins in der katholischen Messe auch *mysterium fidei* ›Geheimnis des Glaubens‹ genannt wird. Auch das Rosenkranzgebet besteht aus 20 »Geheimnissen«.

Während der Ablauf der Sakramenterteilung in seinen Gesten und Worten für den Laien nichts Geheimnisvolles hat, war das im Altertum, als das Christentum eine noch nicht öffentlich etablierte Katakombenreligon war, die das *mysterium fidei* zusammenhielt, anders. Im exoterischen Umfeld konnten allerlei kuriose (und polemische) Vorstellungen entstehen, wie das berühmte Spottkrucifix mit einem eselsköpfigen Gekreuzigten (erste Hälfte des 3. Jh.s) vom Palatin in Rom lehrt. Tatsächlich hat man den Frühchristen die Verehrung eines Eselskopfs vorgeworfen (Minucius Felix *Octavius* 28,7; H3 145.).

Dies ist die Außenansicht des Geheimwissens, und zwar eine unterstellte, die von dem Nicht-Dazugehörenden ausgeht. Um auf die Kelten zurückzukommen, also nicht das primäre, von ihnen selbst geübte »subjektive Geheimwissen«, sondern die von einem externen Betrachter wie etwa einem Römer an den zum Objekt gemachten Kelten wahrgenommene und diese die Wahrnehmung selbst bestimmende »objektive Esoterik«.

Dem Folgenden vorgreifend, wollen wir hier am Beispiel des Druidentums, einer typisch keltischen und z. B. den Germanen unbekannten Institution (Caesar, *b. G.* 6, 21,1), die unter diesem Namen spätestens seit dem ersten Drittel des 2. Jh.s v. Chr. bekannt ist (H1 76), feststellen:

Die Druiden waren Träger eines reichen Geheimwissens, das sie als eine subjektive, ihnen kollektiv angehörende Esoterik pflegten, die wir »primär« nennen, und an dem sie, wie Dionysios von Halikarnass (*antiquitates Romanae* 7, 70,4) andeutet, wenn er den allgemeinen Traditionalismus betont, zäh festhielten (H2 139f.). Ein Hauptzeugnis, das *in nuce* die meisten Motive enthält, von denen später im Einzelnen die Rede sein wird, stammt von dem Geographen Pomponius Mela, der um die Mitte des 1. Jh.s n. Chr. lebte. Er spricht von den Druiden als Weisheitslehrer der Kelten und fährt fort:»Diese geben an, die Größe und Gestalt der Erde und der Welt, die Bewegungen des Himmels und der Gestirne sowie den Willen der Götter zu kennen. In vielen Dingen unterrichten sie die Adeligen des Stammes heimlich und lange Zeit, (nämlich) zwanzig Jahre, entweder in einer Höhle oder in abgelegenen Waldtälern. Eine von ihren Lehren ist auch zum Volk vorgedrungen, offenbar, damit es im Kampf tapferer werde, nämlich dass die Seelen ewig seien und dass es bei den Manen ein zweites Leben gebe. Daher verbrennen und bestatten sie mit den Toten für Lebende geeignete Dinge. Früher übertrug man den Unterirdischen auch Geschäftsangelegenheiten und das Eintreiben von Schulden. Es gab auch manche, die sich gerne in den Scheiterhaufen der Ihren stürzten, gleichsam um mit ihnen vereint weiterzuleben« (3, 18f.; H2 267). Claudius Aelianus (Wende 2.-3. Jh.) bestimmte die Kelten neben anderen Barbaren als postiv bewertete Vertreter eines durchaus frommen Glaubens: »Wer würde nicht die Weisheit der Barbaren loben? Denn keiner von ihnen ist dem Atheismus verfallen; sie stellen auch keine Zweifel darüber an, ob Götter existieren oder nicht und ob diese sich um uns sorgen oder nicht. Jedenfalls vertrat keiner von ihnen eine Ansicht, wie sie Euhemeros von Messene … oder Epikuros hatten, weder ein Inder, ein Kelte oder ein Ägypter. Die genannten Barbaren behaupten, dass die Götter existieren, dass sie sich um ums kümmern und uns die Zukunft vorausdeuten durch Vögel, Vorzeichen, Eingeweide und andere Lehren und Unterweisungen: Dies sind nämlich die Belehrungen, die uns Menschen von der

Die Innen- und Außenansicht des »Geheimwissens«

Vorsehung der Götter gegeben werden. Sie behaupten auch, dass durch Träume und selbst durch die Sterne viel offenbart werde. Und weil sie fest daran glauben, bringen sie ihre Opfer aufrichtig dar, halten sie sich kultisch rein, feiern die Mysterien, bewahren die Regeln der Geheimkulte und praktizieren anderes, woraus allgemein gefolgert wird, dass sie die Götter in höchstem Grade achten und verehren« (*varia historia* 2, 31; H3 190f.).

Nehmen wir noch die archäologischen Befunde (s. S. 69 ff.) hinzu, so lassen sich als Inhalte des Geheimwissens erschließen: Gebete (vielleicht auch eine Art von Meditation?), Kultverrichtungen (Opferwesen, insbesondere auch Menschenopfer) und deren mantische Auswertung, die Ausrichtung von Leichenspielen wie anlässlich der Ermordung des Lusitaniers Viriatus im Jahr 139 v. Chr. (H2 84f.), die Verwaltung der Heiligtümer, die, wenn wir an die mitunter aufgehäuften Schätze etwa in Tolosa (Toulouse) und anderen heiligen Bezirken denken (H1 125, 136), durchaus verantwortungsvoll war, ferner die Lehre von der Neuinkarnation der Seele in der Wiedergeburt, die eigentliche Lehre von den Göttern (Mythologie), die Ethnogenese und Geschichte des Stammes und der Nachbarstämme, die Geschichte des Druidentums, heroische Traditionen, Ortsnamenerklärungen, »Etymologie« (natürlich nicht in unserm linguistischen Sinn) als Garant für die Wahrheit des Geglaubten, im Kalenderwesen angewandte Astronomie, Physiologie (inklusive Medizin), Ethik, Rechtsgelehrsamkeit und Eschatologie (die Lehre vom Weltuntergang). In Sachen Jurisprudenz ergeben sich offenbar sehr altertümliche Zusammenhänge mit dem ältesten indischen Recht (s. S. 117-121).

Die zweite Gruppe der altkeltischen »Intelligentsia« war die der Barden, die sich an den Fürstenhöfen als Dichter und Musiker aufhielten, wo sie in Preis- und Schmähliedern im Sinne ihres jeweiligen Herrn durch Öffentlichmachung gewissermaßen »publizistisch« wirkten. Wenn wir über ihre Tätigkeit aus dem Altertum nur wenig informiert sind, so ändert sich dies im frühen und hohen Mittelalter in dem Maße, als sie an die Stelle der Druiden traten, die ja mit der Christianisierung langsam verschwanden. Sie erscheinen nun als die Repräsentanten der ältesten heroischen Großdichtung, wie sie im *Gododdin* des 6. Jh.s vorliegt, und werden selbst wieder

Einleitung: Was ist Geheimwissen und wie geheim ist es?

Träger einer reich differenzierten Wissenskultur, auf die durchaus das Wort »Wissensesoterik« angewendet werden kann. Besonders Taliesin, der bedeutendste altbritannische Dichter (6. Jh.), ist schon im Hochmittelalter zu einer fiktionalen Kunstfigur, einem Pseudo-Taliesin (»Taliesin«), geworden, die sich nun in den ihr zugeschriebenen durchwegs jüngeren Dichtungen als Repräsentant eines hochdifferenzierten, sekundären Geheimwissens ausweist, einer Dichtung, die so vertrackt ist, dass sie auch der heutigen Philologie keineswegs immer verständlich erscheint.

Etwas über tausend Jahre nach dem Ende der druidischen Priesterklasse entstand als eine Art »Spiegelung« – freilich in keinem planen Spiegel – eine fiktionale Druiden- und Bardenmystik, der die hochmittelalterliche Dichtung des »Taliesin« ihrerseits zum Objekt geworden ist. Im Vergleich zum primären, subjektiven Geheimwissen der alten Druiden ist dieses sekundär. Der Vorgang setzte mit dem aufkommenden Interesse an den Altertümern Britanniens wie Stonehenge etwa im 17. Jh. ein und erreichte um 1800 unter Iolo Morganwg (= Edward Williams) seinen Höhepunkt. Der alte Unterschied zwischen Druiden und Barden wird zunehmend verwischt. Neben dem angeblichen spirituellen Geheimwissen (s. S. 229 ff.) schrieb man nun den Druiden auch technisches Wissen zu, so sollten sie die Kugelgestalt der Erde, das Fernrohr, wichtige Einsichten in die Mechanik, verschiedene Arten von Wasser- und Windmühlen, die Elektrizität und vielleicht auch schon das Schießpulver gekannt haben (Hutton [2011] 186, 242). Nicht selten wurden jedoch auch die grausamen Züge des Druidenrituals in den Vordergrund gestellt und die Menschenopfer mit denen der sogenannten Wilden, etwa in Ozeanien oder bei den Hindus, verglichen. So kam es zur häufigen Benennung auffälliger Steine als »Opfersteine«, am eindrucksvollsten der »Slaughterstone« in Stonehenge oder der »Rocking Stone« (*Y Maen Chwŷf*) bei Pontypridd (Glamorgan). Mit dieser neuen »künstlichen« Druiden- und Bardenwelt, wie sie dann im *Barddas* ›Bardenlehre‹ des J. Williams ab Ithel (1862 und 1874) hervortritt und in der modernen *Eisteddfod*-Kultur weiterlebt, werde ich meinen Überblick schließen.

Er leitet zum heutigen Neodruidismus über, der sich zwar auf den antiken subjektiven beruft, aber in der Regel nicht scharf zwischen primärem und sekundärem Druidenwissen unterscheidet und darüber hinaus viele neue Aspekte, etwa aus der neuzeitlichen Magie, anderen archaischen Religionen, der ökologischen Bewegung, aber auch der neuzeitlichen Geheimbünde (z.B. Freimaurerei) einbezieht.

/ | \

Die subjektive Esoterik

Diese galt in den mediterranen Kulturen unter anderen in dem für uns sehr auffälligen Bereich der Mysterien und Mysterienreligionen. Die auch heute noch nicht völlig gelüfteten Geheimnisse der eleusinischen Mysterien, an denen übrigens keine Barbaren teilnehmen durften, zu verraten, war ein todeswürdiges Vergehen, wie das Beispiel des angeblich »ersten Atheisten« Diagoras von Melos (Mitte des 5. Jh.s v. Chr.) zeigt. Er hatte »die Mysterien allen erzählt, wodurch er sie gemein und gering machte und diejenigen, die sich weihen lassen wollten, davon abbrachte.« Die Athener verurteilten den »Atheisten« zum Tod und verfolgten ihn allenthalben. Auch der Tragödiendichter Aischylos wurde vor Gericht gestellt, weil in einer seiner Tragödien ein Theaterrequisit an die Mysterien erinnerte. Er behauptete, nicht gewusst zu haben, dass dieses Detail unter die Geheimhaltungspflicht falle.[2]

Männer, die sich in den Mithrasgrotten versammelten, waren durch die *arcana* des mithräischen Mythos und Kults zusammengehalten, und Ähnliches galt von den Isismysterien, deren genauen Inhalt wir nicht in allen Details kennen und die der isisgläubige römische Rhetor und Literat Apuleius aus Madaura (ca. 123 - nach 170) in seinem kunstvoll verschlüsselten Roman, dem »Goldenen Esel« (eigentlich »Metamorphosen«), verhüllend beschrieb. Auch für die kleinasiatische *Kybéle* lassen sich mysterienartige Formen der Verehrung erschließen, wie wir gleich im Zusammenhang mit dem Gundestrup-Kessel (s. S. 25 f.) bemerken werden.

---

2   Dazu mit den Originalzitaten Burkert (1997), 278f.

Einleitung: Was ist Geheimwissen und wie geheim ist es?

Bei den antiken Mysterien steht der individuelle Erlösungs-
gedanke im Vordergrund: Wer immer die höchste Stufe der Ein-
weihung erfahren hat, hat damit die Glückseligkeit des Jenseits
erfahren und kann getrost sterben. Und auch ein Leidensweg,
der – im Sinne des Goetheschen »Stirb und Werde« – durch
Todesschmerzen zur beglückenden Selbstgewissheit des Mysten
führte, war wohl angedeutet. Das war den Prinzipien der keltischen
Religion vermutlich fremd.

Näher stand dem druidischen das esoterische Wissen der
Germanen, das in ganz besonderem Maß zum Gott *Wōdanaz,
dem späteren Óðinn oder Wuotan, gehörte. Aber wahrscheinlich
hatten auch andere Gottheiten wie etwa die Muttergöttin Nerthus
Kulte, die insofern geheim waren, als sie in ihren Einzelheiten und
vielleicht auch in ihrer tieferen Bedeutung nur e i n e m bestimmten
Priester bekannt waren, der den heiligen Wagen der Göttin berüh-
ren durfte. Nach ihrer Umfahrt durch das Land, während welcher
Friede herrschte, wurde das mit Tüchern bedeckte Götterbild in
einem heiligen See gebadet. Das geschah durch Sklaven, die danach
ertränkt wurden (Tacitus, Germ. cap. 40). Der Ritus erinnert im
Übrigen auffällig an den Kybelekult im alten Rom.

Wenig kennen wir das subjektive Geheimwissen der Römer
vor der Hellenisierung und Orientalisierung der Italiker etwa im
2. Jh. v. Chr. Immerhin lesen wir von Priesterkollegien, die Texte
sangen, welche etwa in ihrer Archaik in augustäischer Zeit schon
unverständlich geworden waren. Ein höchst wichtiges esoterisches
Wissen war das der Opferpriester und der den Vogelflug interpre-
tierenden Auguren.

Fallbeispiel Gundestrup-Kessel

Sehen wir uns zur Frage des Geheimwissens als – problematisches
– »Fallbeispiel« den berühmten Silberkessel an, dessen zerlegte
Teile 1891 bei Gundestrup (Himmerland, Dänemark) ans Licht
kamen. Jetzt im Dänischen Nationalmuseum, bietet er vielleicht das
bedeutendste, wenn auch nicht gänzlich entschlüsselte Bildzeugnis
der altkeltischen Religion, wie sie bei den ostkeltischen Skordiskern

Gundestrup-Kessel: Initiationsszene

in der thrakischen Kontaktzone (im heutigen Serbien und Bulgarien) bestand. Es ist verständlich, dass dieser Fund eine Fülle religionsgeschichtlicher und soziologischer Diskussionen auslöste.³ Welche Götter die großen en-face-Bilder auf der Außenseite mit Resten von Goldauflagen und von Glasschmelz in den Augen darstellen sollten, hätte uns wohl jeder Stammesangehörige erklären können, wenn auch heute ihre Identifizierung als *Ares, Herakles, Ésus, Taránis, Dionysos, Rīgánī, Ánu* oder *Kybéle* willkürlich scheint und schwankt.

Eine Innenplatte enthält die berühmte Initiations- oder Opferszene (Abb.). Sie zeigt einen mit einer Art »Zopf« versehenen Mann, der einen anderen kleineren mit dem Kopf voran nach unten wirft oder durch einen Spalt schieben will. Schon wenn wir die Szene beschreiben, interpretieren wir sie, und wir sind geneigt, sie als die Darstellung eines Opfers, einer Tötung bzw. einer Scheintötung im Rahmen einer Initiation zu interpretieren. So ist das Gebilde, in das der Kleinere gelangen wird, bald als Kessel – z. B. mit Bezug

---

3   Seine Berühmtheit brachte es mit sich, dass er in den 1930-er Jahren in etwas kruder Form, allerdings in Gold, imitiert wurde, vermutlich als Geburtstagsgeschenk für Hitler zum 20. April 1939, was nun aber auch zeigt, wie hoch die Kelten als altes Brudervolk der Germanen unter Anderem auch wegen ihres Geheimwissens geschätzt waren (B3 751–761).

auf die walisische Sage »Branwen, Tochter des Llŷr« (*Branwen verch Lŷr*) –, als Rasenschollen (mit Bezug auf einen nordischen Initiationsbrauch), als stilisierte Darstellung der Vulva (Initiation durch *regressus in uterum* ›Rückkehr in die Gebärmutter‹ und Wiedergeburt) oder als Abdeckung einer Opfergrube (mit Bezug auf die archäologischen Opferschachtfunde) gedeutet worden (B1 835f.). Bezieht man die vier Berittenen oberhalb des »Lebensbaumes«, die sechs Fußkrieger, den Hund, die drei Karnyxbläser und die Widderhornschlange in die Deutung ein, so könnte man das Bild als ein Kriegerfest mit Initiationsfeier oder Menschenopfer deuten. Die Skordisker, in deren Raum der Kessel wohl entstand, galten teilweise als thrakisierte Kelten, hatten aber wegen ihrer Grausamkeit einen denkbar schlechten Ruf (dazu Florus *epit.* 1, 39; H2 603f.).

Weiteres lässt sich nur dann vermuten, wenn wir zusätzliche Informationen zu Hilfe nehmen. Wenn Caesar berichtet, dass die Gallier von *Dispater* (*Hades*) abzustammen glaubten, und wir aus anderen Quellen die Druidenlehre von der Wiedergeburt kennen, warum soll dann der übergroße Zopf(?)-Träger nicht den keltischen Hades darstellen? Oder: Wenn wir kühn genug sind, ein Motiv der inselkeltischen Literatur aus dem Hochmittelalter zu vergleichen, wie das gelegentlich geschehen ist, warum sollte der Große nicht ein Magier sein, der die gefallenen Krieger im »Kessel der Wiedergeburt« neu belebt, wie es der oben genannte Mabinogi von Branwen erzählt? Beachten wir ferner, dass die Krieger zu Fuß heranschreiten, aber nach der – mutmaßlichen – Initiationszeremonie wegreiten und auf ihren Helmen noch eine Art Helmzimier tragen, so könnten wir die rituelle Tötung mit einer Statuserhöhung verbinden.

Ein keltischer Betrachter, insbesondere wenn er selbst Krieger war, hätte die Darstellung vermutlich ganz leicht erklären können. Natürlich erhebt sich die Frage, ob auch ein keltischer Handwerker, ein Sklave oder eine Frau das Bild verstanden hätten, denn möglicherweise waren hier spezifische Vorstellungen der Kriegeresoterik wiedergegeben, von der man andere Bevölkerungsgruppen ausschloss. Geht man dagegen von der Annahme aus, die »Initiationsszene« habe einen Kultbrauch des ganzen Stammes

Gundestrup-Kessel: Bodenplatte

abgebildet, so verflüchtigt sich der Eindruck des Geheimwissens: Jeder Angehörige des Stammes, bei dem der Kessel hergestellt wurde, müsste die Bildaussage verstanden haben – nicht vielleicht ein Römer oder Grieche, der von keltischer Religion nichts wusste. Er hätte allerlei Vermutungen angestellt oder den Eindruck gehabt, als Außenstehender an der Mauer der fremd-barbarischen für ihn objektiven Keltenesoterik abgeprallt zu sein. Wäre die keltische Kultur prestigeträchtig genug gewesen, so hätte er sich ein Geheimwissen zurechtkonstruiert, wie es die heutigen Keltenesoteriker tun.

Die ursprünglich nicht zum Kessel gehörige, weil viel zu kleine Bodenplatte (Abb.) zeigt eine flachbrüstige, eher androgyne Gestalt

25

Einleitung: Was ist Geheimwissen und wie geheim ist es?

in einem trikotartigen Gewand, die einen Stier tötet und die ich als Kybéle ansehen möchte.[4] Die ursprünglich androgynen Züge der später als sehr mütterlich dargestellten Göttin gehen auf den Mythos zurück, dass das hermaphroditische, felsgeborene Urwesen Agdistis, von Bakchos überlistet, sich durch eine um Penis und Hoden gelegte Schlinge im Rausch selbst entmannte und so, seiner Männlichkeit beraubt, zur Kybéle geworden sei, während aus den männlichen Genitalien der Vegetationsgott Attis mit seiner »Stiersympathie« entstand. Von da ab gehörten die Göttin und »ihr Stier« zusammen. Als Attis um die Tochter des Königs von Pessinūs freit, gerät Kybéle in solche Eifersucht, dass sie ihn in den Wahnsinn treibt. Er läuft in den Wald, entmannt sich unter einer Pinie (die danach im römischen Kybéle-Kult als heiliger Baum auf den Geliebten verweist) und stirbt.[5] Im Zusammenhang mit dem Kult des Vegetationsgottes Attis durch ein Kollegium von keltischen Priestern und vermutlich Trägern eines Geheimwissens, die sich selbst entmannt hatten und einfach *Gálloi* ›Gallier‹ hießen, pflegte man eine rituelle Stiertötung, ein *taurobolium*, durchzuführen (DKP 3, 387f.), bei dem mancherorts offenbar Kybéle selbst als Töterin des Stiers auftrat. Das musste aber auch Assoziationen an das Mithrasmysterium wecken, dem die Bodenplatte des Kessels gleichfalls in verschlüsselter Weise Rechnung trägt, indem z.B. der Schwanz des Stiers in eine Kornähre ausläuft. Offenbar schon unter kleinasiatischem Einfluss scheinen sich diese Vorstellungen in der religiösen Welt der keltischen Skordisker getroffen zu haben. Eine Art *taurobolium* scheint bemerkenswerter Weise noch auf dem frühchristlichen piktischen Bildstein Nr. 7 von St. Vigeans (Schottland) dargestellt zu sein (B2 420, S. 34).

Die nicht zum Kessel gehörige Bodenplatte enthält also nichts genuin Keltisches, muss aber in Zusammenhang mit dem Kultobjekt in die keltische Religion »eingedeutet« worden sein und wurde vielleicht nur von einem esoterischen Kreis »verstanden«.

---

4   Ich folge dabei stärker, als ich es früher für richtig hielt, den sehr interessanten Anregungen in: Thracian Tales (1991); vgl. B1 380–382.

5   Der Mythos bei Pausanias, 377f (= VII, 17,10–12); Arnobius, *Adversus nationes* V, 5–7.

I. Teil

Das Geheimwissen der Druiden, Magier und Seher im Altertum

> »no species of superstition was ever
> more terrible than that of the Druids«
> (David Hume, The History of England,
> London 1761, I, 4)

Zunächst stehen uns schriftliche Quellen zur Verfügung. Sie kommen ganz überwiegend von antiken Autoren (etwa ab dem 2. Jh. v. Chr.) und gehören daher in die Kategorie der objektiven Esoterik, es sei denn, sie berufen sich tatsächlich glaubhaft auf keltische Meinungen. Die insulare Tradition liefert dagegen eher problematische Zeugnisse, die zwar nicht zu vernachlässigen, aber doch mit Vorsicht heranzuziehen sind, weil sie ja schon aus christlicher Zeit stammen. Daneben gibt es natürlich eine Fülle archäologischer Funde, die sich im Gegensatz zu den schriftlichen ständig vermehren, aber einer besonderen Interpretation bedürfen und kaum jemals zweifelsfrei auf druidischen Zusammenhang weisen.

Poseidonios von Apameia und C. Iulius Caesar

An prominentester Stelle unter unseren Informanten aus dem Altertum über den exklusiven Druidenorden steht C. Iulius Caesar (100–44), der sich allerdings nicht als erster antiker Autor für die gallischen Lebensumstände und für die Druiden, Seher und Dichter interessierte.

Ein Menschenleben älter war der stoische Philosoph Poseidonios aus dem syrischen Apameia am Orontes, der in Athen studiert und eine Reihe von Forschungsreisen durchführt hatte, wobei er sich längere Zeit im keltischen Gebiet der Gallia Narbonensis aufhielt. Er bekleidete 87/86 v. Chr. ein hohes Staatsamt und wirkte zuletzt als Lehrer in Rhodos, wo ihn auch M. Tullius Cicero im Jahr 77 besuchte. Seine Universalgeschichte in 52 Bänden ist allerdings weitgehend verloren. Im 23. Buch dieses Werkes befand sich ein Exkurs über die Kelten, dem vor allem die südgallischen Verhältnisse zugrunde lagen. Darin bemüht er sich um eine objektive Darstellung, die jedoch alles andere als keltophil ist, ja an mehreren Stellen durchaus voll Abscheu über das Barbarentum der Kelten herzieht. Exzerpte aus seinem verloren gegangenen Werk finden wir besonders beim Historiker Diodorus Siculus (1. Jh. v. Chr.), dem Geographen Strabon (ca. 63 v.Chr.-19 n. Chr.) und dem Rhetor Athenaios (Ende des 2.-Anfang des 3. Jh.s). Im Gegensatz zu Caesar, der seinen Rechenschaftsbericht »Über den gallischen Krieg« (*De bello Gallico*) im Winter 52/51 als Stratege und Feldherr verfasste, aber dennoch erstaunlich viel Interesse für Land und Leute aufbrachte, wobei er das aussparte, was schon bei Poseidonios stand, schrieb dieser mit durchaus philosophisch-ethnologischem Interesse.

Wie ein Zeugnis des Poseidonios aussieht und wie es sich in der antiken Ethnographie entwickelte, möchte ich zunächst am Beispiel der Kopfjagd veranschaulichen, die den griechischen Philosophen durchaus befremdete. Wenn sie auch da und dort bei anderen Barbarenstämmen vorkam, so galt und gilt sie doch als ein keltisches Spezifikum, wobei mir allerdings der Begriff »Kopftrophäe« angemessener scheint, weil die Erbeutung des Hauptes als Siegeszeichen angesehen wurde, aber nicht Selbstzweck war.

So zitiert Diodor Poseidonios (5, 29,4f.): »Den gefallenen Feinden schneiden sie die Köpfe ab und hängen sie ihren Pferden um den Hals.« [So in der Schlacht bei Clusium (295 v. Chr.), wie Livius berichtet (10, 26,11; H2 168)]. »Die noch blutverschmierte Beute geben sie ihren Dienern, die sie als Trophäe herumtragen. Sie stimmen den Paian an und singen ein Siegeslied. Diese Erstlingsopfer der Schlacht nageln sie an ihre Häuser, als hätten sie auf der Jagd wilde Tiere erlegt. Die Köpfe der vornehmsten Feinde konservieren sie und bewahren sie sorgfältig in einer Truhe auf, zeigen sie dann den Gastfreunden und führen große Reden darüber, dass für diesen Kopf da einer der Vorfahren oder der Vater oder er selbst viel Geld geboten bekommen und nicht angenommen hätte. Man sagt, dass sich einige von ihnen rühmten, dass sie für einen solchen Kopf ein gleiches Gewicht Gold nicht angenommen hätten.« Diese natürlich religiös begründete Sitte war für Poseidonios befremdlich, und wie Strabon in seiner *Geographica* (4, 4,5) berichtet, habe er das vielerorts selbst gesehen, zuerst als »erstaunlich« empfunden, aber danach infolge der Gewöhnung ruhigen Sinnes ertragen (H1 130–132, 143–146) – wie es eben einem Stoiker wohl ansteht. Wobei die Konservierung mit Zedernöl vorgenommen worden sein soll, im Norden vielleicht mit Wacholderöl. Irgendwann scheinen jedoch auch diese Trophäen in den Abfallgruben gelandet zu sein, wie man es in Manching (Bayern) beobachten kann (Sievers [2003], 102).

Hochberühmt ist die Heldentat der Chiomara, der schönen Frau des Galaterfürsten Ortiagon. In Gefangenschaft geraten und von einem lüsternen Zenturio vergewaltigt, überlistete sie diesen, ließ ihm den Kopf abschlagen und überbrachte denselben, nachdem sie sich befreit hatte, ihrem Mann (Liv. 38, 24,2–10).[6] Gelegentlich wurde auch das Haupt mitsamt dem Helm fortgetragen (H2 446). Diese sogenannten »têtes coupées« sind auch in den archäologischen Zeugnissen omnipräsent, ob sie sich nun als Bildmotiv oder realiter im Boden finden, umso erstaunlicher, dass Caesar ihrer an keiner Stelle gedenkt. Lediglich im anonymen »Spanischen Krieg« (*bellum Hispaniense* 32,2) werden sie kurz erwähnt (vgl. H2 56–58): die Keltiberer stecken die erbeuteten Köpfe auf die Spitze der Schwerter und stellen diese, um die Feinde zu schrecken, dem *oppidum* zugewandt auf. Hier beobachten wir eine der Hauptfunktionen der têtes coupées, nämlich die apotropäische. Es ist den Römern übrigens nicht gelungen, das Sammeln der Kopftrophäen abzustellen: Es war noch im alten Irland und Britannien ganz alltäglich, ja entwickelte sich zu einer Art »Schädelmystik«, wie sie noch in der Baukunst des Mittelalters weiterlebt, wo die têtes coupées nun als Skulpturen, zumeist am Äußeren der Kirche angebracht, das Böse fernhalten sollen, wie man gewöhnlich annimmt.

---

6   H2 189 f., 258; die Nachricht auch bei Valerius Maximus *factorum et doctorum libri* 6, 1, ext.2 und in der Epitome des L. A. Florus 1, 27; H2 595.

Das Geheimwissen der Druiden, Magier und Seher im Altertum

Die Herstellung von Schädelbechern – übrigens auch den Germanen geläufig, wie wir aus der Wielandsage ersehen – ist gut bezeugt (Livius 23, 24,12): Die Boier fassten 216 v. Chr. das abgeschnittene Haupt des Feldherrn L. Postumius Albinus »wie es bei ihnen Sitte ist« in Gold und verwendeten es »als heiliges Gefäß, aus welchem sie bei religiösen Feiern Trankopfer spendeten; auch diente er [der Schädel] dem Priester und den Tempelvorstehern als Trinkgefäß.«[7] Dieser Vorgang blieb keineswegs auf die Schädel von Feinden beschränkt: 1961 habe ich im Quellheiligtum des hl. Declán (5. Jh.) in Ardmore (Co. Waterford) noch einen solchen angeketteten Trinkschädel im Gebrauch gesehen.

Neben den Köpfen gehörten manchmal auch die abgeschlagenen Hände zu den Trophäen, wie z.B. Diodoros (13, 57, 3) bezeugt: »Einige trugen Bündel von Händen an ihren Körpern umher, andere Köpfe, die sie zuvor auf Wurfspieße oder Speere aufgespießt hatten« (H2 70).[8] Die iberischen Lusitanier, deren Keltentum aus linguistischer Sicht freilich zweifelhaft ist, weihten die den Gefangenen abgehackten rechten Hände (Strabon, geogr. 3, 3,6; H2 210f.). Wenn sich bei den Einwohnern der keltiberischen Stadt Numantia zwei Männer um ein Mädchen bewarben, gab sie der Brautvater jenem, der zuerst die rechte Hand eines Feindes brachte (Liber de viris illustribus urbis Romae 59,2; H3 253).

Neben den beiden Hauptquellen Caesar und Poseidonios gibt es noch eine große Anzahl weiterer Autoren, denen wir einzelne Bemerkungen über die altkeltische Religion entnehmen, freilich nicht alles ist im Hinblick auf unser Thema relevant. Zunächst werde ich dem Leser vor Augen führen, was Caesar allgemein an Kulturhistorischem über die Kelten berichtet und in den folgenden Abschnitten dann genauer auf jene antiken und frühmittelalterlichen

---

7   H2 176.; vgl. auch 452, 454f. (zu Silius Italicus Punica 13,482f.); H3 535. Nach Rufius Festus (breviarium rerum gestararum populi Romani 9,1) sollen die Skordisker aus den Schädelknochen Menschenblut getrunken haben; vgl. auch Ammianus Marcellinus 27, 4,4; H3 275; 328, 330.

8   Auch nach der Einnahme einer Stadt wurden einen Tag lang die gefallenen Toten enthauptet; ibid. 71. Ein ähnliches Schicksal erlitt nach Iustinus (24, 5,6) der Makedonenkönig Ptolemaios Keraunos 280 v. Chr.; H3 298f.

Poseidonios von Apameia und C. Iulius Caesar

Zeugnisse eingehen, die ein bestimmtes sakrales Geheimwissen implizieren könnten.

In *De Bello Gallico* 6 (13,1) lesen wir: »In ganz Gallien gibt es zwei Arten von Menschen, die überhaupt an hervorragender und ehrenvoller Stelle stehen. Denn das Volk wird fast wie Sklaven behandelt, es wagt nichts von sich aus und wird zu keiner Beratung hinzugezogen.

(13,2) Da die meisten entweder durch Schulden, die Höhe der Abgaben oder die Ungerechtigkeiten der Mächtigen bedrängt werden, begeben sie sich in die Sklaverei.

(13,3) Ihnen gegenüber haben die Adeligen dieselben Rechte wie Herren gegenüber Sklaven. Von diesen zwei Arten [scil. der Herren] aber ist die eine die der Druiden, die andere die der Ritter.

(13,4) Jene nehmen an den göttlichen Angelegenheiten teil, sie besorgen die öffentlichen und privaten Opfer und interpretieren die religiösen Vorschriften. Zu ihnen kommt eine große Zahl von jungen Männern in die Lehre und sie stehen bei den Galliern in großem Ansehen.

(13,5) Denn in fast allen öffentlichen und privaten Streitfällen entscheiden sie und, wenn irgendein Verbrechen begangen oder wenn ein Mord verübt wurde, wenn eine Erbschafts- oder Grenzstreitigkeit vorliegt, treffen sie ein Urteil und legen Belohnungen und Bestrafungen fest.

(13,6) Wenn aber ein Privater oder ein Stamm ihrem Urteil nicht Folge leistet, untersagen sie ihm die Teilnahme an den Opfern. Diese Strafe gilt bei ihnen als die schwerste.

(13,7) Diejenigen, die in dieser Weise ausgeschlossen sind, werden zu den Frevlern und Verbrechern gezählt. Alle gehen ihnen aus dem Weg und vermeiden den Umgang und das Gespräch mit ihnen, damit sie nicht durch die Berührung Schaden erleiden. Weder wird ihnen, wenn sie es einfordern, ein Rechtsanspruch zugestanden, noch wird ihnen irgendwelche Ehre zuteil.

(13,8) All den Druiden aber steht einer vor, der die höchste Autorität unter ihnen hat.

(13,9) Wenn dieser stirbt, folgt ihm entweder derjenige nach, der unter den übrigen an Autorität hervorragt, oder, wenn mehrere

31

Das Geheimwissen der Druiden, Magier und Seher im Altertum

gleich sind, wird er durch eine Abstimmung der Druiden ausgewählt. Manchmal wird sogar mit Waffen um die leitende Stellung gekämpft.

(13,10) Die Druiden versammeln sich zu einer bestimmten Zeit des Jahres im Gebiet der Carnuten, das für die Mitte ganz Galliens gehalten wird, an einem geweihten Ort. Dorthin kommen von überall her alle zusammen, die Streitigkeiten haben, und gehorchen ihren Beschlüssen und Urteilen.

(13,11) Die Lehre soll in Britannien gefunden und von dort nach Gallien herüber gebracht worden sein.

(13,12) Auch jetzt noch reisen die, welche sie genauer erforschen wollen, meist dorthin, um sie zu lernen.

(14,1) Die Druiden nehmen gewöhnlich nicht am Krieg teil und zahlen auch keine Abgaben gemeinsam mit den anderen. Vom Kriegsdienst und allen anderen Leistungen sind sie freigestellt.

(14,2) Durch so große Vergünstigungen angelockt, kommen viele aus eigenem Antrieb in die Lehre oder werden von Eltern und Verwandten hingeschickt.

(14,3) Sie sollen dort eine große Zahl von Versen auswendig lernen. Daher bleiben manche zwanzig Jahre in der Lehre. Sie halten es für einen Frevel, diese Dinge der Schrift anzuvertrauen, obwohl sie sich in fast allen übrigen Angelegenheiten, bei öffentlichen oder privaten Geschäften, der griechischen Schrift bedienen.

(14,4) Das scheinen sie mir aus zwei Gründen so eingerichtet zu haben. Zum einen wollen sie nicht, dass ihre Lehre unter das Volk gebracht wird. Zum anderen sollen die Lernenden sich nicht auf das Geschriebene verlassen und ihr Gedächtnis weniger üben. Denn fast den meisten widerfährt es, dass sie im Vertrauen auf die Schriftlichkeit in der Präzision im Auswendiglernen und in der Gedächtnisleistung nachlassen.

(14,5) Sie wollen vor allem davon überzeugen, dass die Seelen nicht sterblich seien, sondern nach dem Tod von den einen zu den anderen übergehen, und sie meinen, dies sporne besonders zur Tapferkeit an, da man die Todesfurcht verliere.

(14,6) Außerdem stellen sie häufig Betrachtungen an über die Gestirne und deren Bewegung, über die Größe der Welt und der Erde, über die Natur der Dinge, über Gewalt und Macht der unsterblichen Götter und vermitteln dies der Jugend.«

Wenig später (*b. G.* 6, 16,1ff.) kehrt Caesar nochmals zu diesem Thema zurück:

(16,1) »Das ganze Volk der Gallier ist religiösen Angelegenheiten sehr ergeben.

(16, 2) Und aus diesem Grund opfern die, die an einer schweren Krankheit leiden oder sich im Krieg oder in Gefahr befinden, entweder Menschen statt Opfertiere, oder geloben, Menschen zu opfern. Dazu bedienen sie sich der Druiden als Opferpriester,

(16,3) weil sie glauben, die Hoheit der unsterblichen Götter sei nur dadurch zu besänftigen, dass man für ein Menschenleben ein anderes opfert. Opfer dieser Art haben sie auch von Staats wegen eingerichtet.

(16,4) Andere haben Gebilde von ungeheurer Größe, deren aus Weidenruten zusammengeflochtene Glieder sie mit lebenden Menschen füllen. Diese Gebilde zündet man an und die von den Flammen eingeschlossenen Menschen kommen um.

(16,5) Sie glauben, dass Menschen, die man bei Diebstahl, Raub oder sonst einem Vergehen ergriffen hat, den unsterblichen Göttern als Opfer in höherem Maße willkommen sind. Fehlt es aber an solchen Leuten, gehen sie sogar soweit, Unschuldige zu opfern.

(17,1) Von den Göttern verehren sie am meisten Mercurius. Er hat die meisten Kultbilder und ihn halten sie für den Erfinder aller Handfertigkeiten, er sei der Führer für Wege und Reisen und habe die höchste Macht über Gelderwerb und Handel.

(17,2) Nach ihm verehren sie Apollo, Mars, Iuppiter und Minerva. Von diesen haben sie etwa dieselbe Vorstellung wie die anderen Völker: Apollo vertreibe die Krankheiten, Minerva lehre die Grundlagen der Kunstwerke, Iuppiter herrsche über die Götter und Mars lenke die Kriege.

(17,3) Wenn sie sich entschlossen haben, eine Schlacht zu liefern, so weihen sie meistens ihm, was sie im Krieg erbeuten werden. Haben sie gesiegt, opfern sie die erbeuteten Tiere und tragen die übrigen Gegenstände an einer Stelle zusammen.

(17,4) Bei vielen Stämmen kann man an geweihten Stätten aus solchen Dingen errichtete Hügel sehen.

(17,5) Und nur selten geschieht es, dass jemand sich gegen die Religion vergeht und es wagt, ein Beutestück bei sich zu verbergen oder gar Niedergelegtes wegzunehmen; auch steht darauf die schlimmste Hinrichtungsart unter Foltern.

(18,1) Alle Gallier rühmen sich, von Dis Pater abzustammen, und sagen, das werde von den Druiden überliefert.

(18,2) Deswegen bestimmen sie alle Zeiträume nicht nach der Zahl der Tage, sondern der der Nächte. Geburtstage, Monats- und Jahresanfänge berechnen sie so, dass der Tag auf die Nacht folgt.

(18,3) In den übrigen Lebenseinrichtungen unterscheiden sie sich von den anderen Menschen im Allgemeinen dadurch, dass sie ihren Söhnen, außer wenn sie erwachsen sind, so dass sie das Kriegshandwerk ausüben können, nicht erlauben, sich ihnen in der Öffentlichkeit zu nähern und es für eine Schande halten, wenn ein Sohn im Kindesalter in der Öffentlichkeit in das Blickfeld des Vaters tritt.

(19,3) Die Männer haben gegenüber den Frauen ebenso wie gegenüber den Kindern Gewalt über Leben und Tod. Und stirbt ein Familienvater vornehmerer Herkunft, kommen seine Verwandten zusammen, und wenn bezüglich seines Todes irgendetwas verdächtig erscheint, unterwerfen sie die Frauen einer Untersuchung wie bei Sklaven und töten sie, wenn etwas erwiesen ist, durch Verbrennen, nachdem man sie unter allen Foltern gemartert hatte.

(19,4) Die Leichenbegängnisse sind im Verhältnis zur Lebensweise der Gallier prächtig und aufwändig. Sie werfen alles ins Feuer, wovon sie glauben, dass es den Lebenden am Herzen gelegen hat, auch Tiere. Und ein wenig vor unserer Zeit wurden sogar Sklaven und Abhängige, von denen bekannt war, dass sie von jenen geschätzt wurden, nach den eigentlichen Bestattungszeremonien mitverbrannt.«

Engen wir, nachdem wir das Kelten- und Druidenbild Caesars in seinem landeskundlichen Kommentar kennengelernt haben,[9] wieder unseren Blick auf die religiösen und magischen Funktionen ein!

---

9   Anlässlich der Schilderung der Zweiten Britannienexpedition hat Caesar im V. Buch über Britannien und seine Bewohner gehandelt (12–14), dabei aber nur das Speisetabu, das auf Hasen, Hühnern und Gänsen bestand (12,6), als etwas religionsgeschichtlich Bemerkenswertes erwähnt.

Druide – Wort und Funktion

Bezeichnenderweise treten die Druiden so sehr als Kollegium auf, dass der Name dieser Priester im Griechischen und Lateinischen mit einer einzigen Ausnahme nur im Plural vorkommt. Diese Ausnahme findet sich in der Akzentlehre des Herodianos aus der ersten Hälfte des 2. Jh.s n. Chr., wo »der Druide« als Repräsentant einer gallischen Philosophenklasse gräzisiert als *dryídēs* erscheint (H3 72f.). Die korrekte keltische Form müsste *druwids*, Gen. *druwidos* gelautet haben, latinisiert wohl *druis*, Gen. *druidis*, als Vokalstamm nach der *ā*-Deklination *druida*, Gen. *druidae*. Im Altirischen heißt das Wort *druí*, im Neuirischen *draoi*, im Altkymrischen *dryw* (extrem selten bezeugt: GPC I, 1097), später *derwydd*, eine neue Wortbildung, die eifrige Orientalisten des 18. Jh.s von *Dervisch* ableiten wollten (Hutton [2011], 189)! Kymr. *derwydd* (< urkelt. *do-are-wid-* ›einer, der vorhersieht‹) entspricht einem altbretonischen *dorguid*, das ›pithonicus‹ (›nach Art der Pythia‹) glossiert. Auf *druí* müssen auch die angelsächsischen Lehnwörter *dry*, *drycræft* (›Zauberer; Zauberei‹) zurückgehen (Charles-Edwards [2000], 198), und sowohl *druí* als auch *dryw* bezeichneten auch den ›Zaunkönig‹. Der Zusammenhang ist nicht geklärt, doch rechnet man oft damit, dass dieser Vogel im Augurium eine Rolle spielte, da er nach einer Fabel des Äsop als besonders schlau galt. In Wales gab es noch im 20. Jh. ein Zaunkönigfest im Zusammenhang mit dem Weihnachtsbrauchtum und wie im deutschen Namen Zaun-*König* galt der kleine Vogel als der Herrscher über alle andern.

Bei *dru-wids* müsste das Bestimmungswort *dru-* das altkeltische Wort für ›Eiche‹ sein, das Grundwort *wids* zu unserm ›wissen‹ und ›weise‹ gehören. Der *druwids* wäre also ursprünglich der ›Eichenkundige‹ gewesen. Dass die Eiche bei den Kelten als »Kultbild« ihres höchsten Gottes (vgl. »Zeus«) diente, bezeugt Maximos von Tyros (*lógoi* 2 [8],8; H3 111–114). In der Spätantike wurde gelegentlich von Autoren, die in der griechischen Mythologie nicht mehr so ganz firm waren, der Druidenname mit dem der Dryaden, also griechischer Baumnymphen wie Eurydike, verwechselt. So werden die angeblichen »Druidinnen« als *dryadae* bezeichnet, und die Berner Lucanscholien verstehen unter *driadae* sowohl ein Volk

35

Das Geheimwissen der Druiden, Magier und Seher im Altertum

Germaniens – die Lucan-Glossen (H2 335) dann besonders die *sclavi*, weil die Slaven damals schon als die Heiden schlechthin galten – als auch die Druiden. Von diesen behaupteten sie, dass sie nach den Bäumen benannt seien – was ja *cum grano salis* stimmt –, allerdings nach den Bäumen schlechthin, »weil sie in entfernten Hainen wohnen ... Oder weil sie nach dem Verzehr von Eicheln zu weissagen pflegten« (H2 317f.).

Wegen der Festigkeit und Härte des Eichenholzes wurde in der Forschung auch angenommen, dass **dru-* als sogenanntes »Elativpräfix« auch nur ›sehr; viel‹ bedeutet habe oder einfach zur Verstärkung des Zweitelements diente: *druidae* die ›Vielwissenden‹, das galatische *drynemeton* etwa das ›sehr Heilige‹ oder das ›Große Heiligtum‹. Doch hat sich diese Auffassung meines Erachtens zu Recht nicht durchgesetzt.

Es ist übrigens auch strittig, ob der Druidenname inschriftlich bezeugt ist. In Frage kommt nur eine späte Inschrift aus dem alten Irland (von Killeen Cormac bei Colbinstown Co. Kildare) in lateinischen Buchstaben und in dem absonderlichen Schriftsystem *Ogam* (s. S. 104 ff.), die wiederholt als Fälschung angesehen, aber von Stewart Macalister und jetzt auch von Damian McManus[10] für echt gehalten wurde. Allerdings wirkt es seltsam (wenn es auch kein Einzelfall ist), dass der Ogamtext *OVANOS AVI IVACATTOS* gar nichts mit der Inschrift in Lateinbuchstaben *IVVEr/nE DRVVIDES* zu tun zu haben scheint, es sei denn, er besagt, dass *Ovanos* und *Ivacattos* Druiden Irlands waren. Wenn nämlich der Stein wirklich alt und nicht nur ein Zeugnis früher Keltomanie ist, muss man das zweite Wort als pluralisches *druwides* verstehen, also wieder als kollektiven Plural für den Priesterorden. *IVVEr/nE* wäre dann als fehlgeschriebener Genitiv **Ivernie* zu **Ivernia* ›Irland‹ zu deuten.

Die richtige, d.h. formal korrekte Durchführung des Opfers setzt wohl schon seit indogermanischer Urzeit großes Fachwissen

---

10   CIIC Nr. 19, S. 22–24. Macalister verwirft frühere Deutungen wie *IV VERE DRVVIDES* ›4 wahre Druiden‹ oder *IVVENE DRVVIDES* ›Jugendliche Druiden‹, bietet aber keine eigene Deutung an. Ebensowenig McManus (1991), 61, der in der Inschrift gleichfalls das Druidenwort erkennt, aber über das davorstehende *IVVEr/nE* keine Vermutung wagt.

voraus. Denn, wie die Texte des Rigveda lehren, dachte man sich die Götter von den Opfern der Menschen abhängig. Ob nun ein Opfer wirkungsvoll war, hing nicht nur vom geopferten Objekt, sondern insbesondere auch davon ab, ob die Opferung *rite* (›dem Ritus entsprechend‹) durchgeführt worden war. Das Formale, die richtige Opfergabe, das richtige Gebet, die richtige Gebärde, die richtige Verfassung des Priesters und derlei waren für die Annahme des Opfers durch die Gottheiten und dadurch für deren Kraft und Wohlwollen von allergrößter Bedeutung. In indischen Religionen, wie dem Buddhismus, entwickelte sich als Neuerung nun auch die Forderung, dass die rechte Erkenntnis des Opfernden und der Gemeinde von Belang sei (Greschat [2003], 349). Ob die Druiden ein solches Stadium erreicht hatten, wissen wir nicht mit Sicherheit. Aus der auffälligen Übereinstimmung zwischen indischen und frühaltirischen Rechtsvorstellungen (s. S. 117 ff.) möchte ich es aber vermuten. Ausschlaggebend ist jedenfalls, dass sie den antiken Autoren geradezu als »Philosophen« galten. Ihre reine Gedächtniskultur mit der bis zu zwanzig Jahren währenden Studiendauer zeigt eine durchaus archaische Form der Wissensaneignung, die für Caesar, wie seine Bemerkung (*b. G.* 6, 14.4) zeigt, nur nachvollziehbar war, wenn er dafür einen rationalen Grund suchte (s. S. 32), der übrigens konträr zu dem ist, was Isidor von Sevilla in seinen »Etymologien« (1, 3,2) sagen wird: »Der Gebrauch der Buchstaben ist um der Erinnerung an die Dinge willen erfunden worden. Damit sie nämlich nicht durch Vergesslichkeit entfliehen, werden sie an Buchstaben angebunden. Bei einer so großen Vielfalt der Dinge kann weder alles durch Hören gelernt werden, noch [alles] in Erinnerung behalten werden« (Isidor [2008], 20).

Vom Brahmanentum unterschied sich freilich das Druidentum dadurch, dass es nicht an eine bestimmte Kastenzugehörigkeit gebunden war. Druide wurde man durch eigenes Studium, wenn auch – wegen der Dauer dieser Studien – doch eher die Kinder der adeligen »Ritter« (*equites*) und Druiden dafür in Frage gekommen sein werden als etwa die einfacheren Klienten oder gar unfreier Dienstleute (*ambacti*). Gewiss ist, dass die Druiden eine Art hochangesehenen »Orden« bildeten, was Caesar als sehr charakteristisch gallisch empfand, weshalb er auch betonte, dass den (barbarischeren) Germanen das Druidentum fremd sei (6, 21,1).

An diese mehr allgemeinen Feststellungen schließt sich nun eine Reihe von Fragen:

Seit wann gibt es überhaupt das Druidentum?

Wie groß war die Bedeutung der Druiden in der Stammespolitik?

Gab es noch andere Priester- oder Magierklassen, und was wissen wir überhaupt über die priesterlichen Aktivitäten?

Waren die Druiden eine allgemein-keltische Institution oder nur auf das transalpine Gallien und die Inselkelten beschränkt, wenn sie uns – quellenbedingt – in Irland, und da allerdings erst in literarischen Zeugnissen des Frühmittelalters begegnen?

Wenn wir die inselkeltische Überlieferung miteinbeziehen, wie genau kennen wir die Inhalte der Druidenlehre?

Alter des Druidentums

Zur Diskussion dieser Frage müssen wir von einer letztlich problematischen Stelle in den *Vitae philosophorum* ›Leben der Philosophen‹ des Diogenes Laërtios (3. Jh. n. Chr.) ausgehen, der sich darin auf ein pseudoaristotelisches Werk des Sotion von Alexandria (auch »Pseudo-Aristoteles« genannt) und auf einen *Magikós* genannten Traktat, beide aus dem 2. Jh. v. Chr., beruft: »Die Beschäftigung mit Philosophie hat, wie manche behaupten, ihren Anfang bei den Barbaren genommen. … Bei den Kelten und Galatern [gab es] die sogenannten Druiden und Semnotheoi, wie Aristoteles im *Magikos* und Sotion im dreiundzwanzigsten Buch der *Diadoche* berichten« (zur Stelle samt Diskussion H1 75–79; auch noch in der *Suda* H3 528). Um den Leser nicht zu verwirren: *Galater* ist nichts anderes als der Name der nach Kleinasien vorgedrungenen Kelten, was die Sprachzeugnisse und die Geschichte ganz eindeutig erweisen. Wenn es heißt, den Weisen anderer Völker stünden bei Kelten und Galatern Druiden und *Semnotheoi* gegenüber, dann könnte das bedeuten, dass beide Arten der »Philosophen« den Kelten Mittel- und Westeuropas und den Kelten Kleinasiens bekannt waren, oder aber dass den Druiden der Kelten die *Semnotheoi* der Galater funktionell entsprachen, vielleicht einfach die galatische Bezeichnung für ›Druiden‹ war. Das nur hier als Priestername belegte gr. *semnotheoi* ›heilige Götter‹ ergibt keinen Sinn, denn so etwas wie eine »Gott-Werdung« durch Askese, Meditation usw., wie etwa in indischen Religionen, ist dem Keltentum völlig fremd. Das problematische Wort wird daher irgendwie hinwegerklärt. Am ehesten ist es als eine verderbte Form von gr. *semnóteroi* ›die Heiligeren‹ zu verstehen.

Neuerdings in Kleinasien gemachte Funde eines tolistobogischen Opferheiligtums im antiken Gordion erinnern stark an die Opferheiligtümer der Picardie (s. unten S. 75 ff.) und werfen nicht nur die Frage auf, welcher Gottheit, sondern auch welcher priesterlichen Instanz die sakrale Verwaltung solcher Heiligtümer unterstand. Dem kleinasiatischen *drynémeton*, dem ›Eichenhain‹, als zentralem Kultort entsprach der Carnutenwald mit Weltmittelpunktsymbolik (s. S. 47 f.). Dass im Kontext des Galatertums nie das Wort »Druide« auftaucht, könnte einerseits blanker Zufall sein, andererseits scheint der ekstatische Kult der Muttergottheit Kybele mit ihren rasenden, sich selbst entmannenden und auspeitschenden Priestern, die ja schlichtweg »Gallier« hießen (s. S. 26), schlecht zum Bild der »philosophischen«, kontemplativen Gelehrten mit ihrem »bedächtigen« Geheimwissen zu passen. Jedoch warum sollten einander die Kulttypen ausschließen? Gab es doch auch in Griechenland neben dem Bakchos- einen Apollonkult!

Dass die Druiden durch Caesar und davor durch Poseidonios aus dem transalpinen Gallien erwähnt werden, muss nicht bedeuten, dass sie anderswo, z. B. bei den Boiern in Tschechien und Österreich, unbekannt waren. Caesars seltsame Formulierung (*b. G.* 6, 13,11), das Druidentum sei in Britannien »gefunden« (*reperta*) und nicht »erfunden« (*inventa*) worden, scheint nahe zu legen, dass diese Anschauung auf einen Druiden – vielleicht *Diviciacus* selbst – zurückgeht, denn nur für seinesgleichen konnte diese Lehre eine ewige Wahrheit sein, die »aufzufinden«, nicht »zu erfinden« war, da sie wegen ihres göttlichen Ursprungs eben nicht als erfindbar galt. Gleichwohl passt die angeblich britannische Herkunft nicht so recht in unser Bild vom Alter des kontinentalen Druidentums mit seinem Kult der auf Eichen wachsenden Nordischen Mistel, deren Vorkommen in Britannien nicht auf diesen Bäumen belegt ist. Eine etwas andere Seite des Problems bietet die Moorleiche des »Lindow Man« (s. S. 70 f.). Was die Keltiberer angeht, so konnte Francisco Marco Simón ([1998], 101–106) zwar den Namen der Druiden auch bei ihnen nicht nachweisen, sehr wohl jedoch die sonst den Druiden zugeschriebenen priesterlichen Funktionen, die von Personen ausgeübt wurden, deren keltiberische Namen wir zufällig nicht sicher kennen (*ueisoś* oder *bintiś*?). Falls, wie John Koch und andere jetzt vermuten, die Wiege des Keltentums nicht im Hallstatt- und La Tène-Raum, sondern in der Tartessoskultur von Südwestspanien und Südportugal stand (Koch [2012]), so müsste es dort wohl auch das Druidentum gegeben haben, und – mutmaßlich von dort (?) – auch nach Irland und Britannien gelangt sein.

Tatsächlich scheint in Alcalá del Río (Sevilla) eine Priesterinnenbezeichnung **kassaidanā* (inschriftlich *kᵃaśetᵃana*) bezeugt, die dem gallischen *cassidannos* entspricht, das im Sinn von *flamen* ›Priester‹ verwendet werden kann.[11] Weniger verlässlich ist das Zeugnis des Flavios Philostratos, der um 200 n. Chr. seinen »Magier« Apollonios von Tyana zu den Säulen des Herakles, also in den Bereich der Tartessischen Kelten reisen lässt, um dort Philosophie in Bezug auf die Götter kennen zu lernen (vgl. H3 196f., der sich allerdings gegen einen Zusammenhang mit den Druiden ausspricht). Da – wie schon erwähnt – inschriftliche Druidenzeugnisse mit Ausnahme einer Ogaminschrift (s. S. 36) generell fehlen und die antiken Autoren primär die Verhältnisse in Frankreich und Britannien im Auge hatten, bleibt uns für die übrigen Siedlungsgebiete der Kelten – auf der Iberischen Halbinsel, in Ost- und Mitteleuropa und Kleinasien – nur die Annahme, dass neben den großen sprachlichen und sonstigen Übereinstimmungen auch das Druidentum oder eine anders genannte aber strukturell und funktionell gleichartige Priesterorganisation bestanden hat. Im Grunde variiere ich hier den theologisch-philosophischen Gottesbeweis

---

11 Koch (2012), 274f.: *cassi-* könnte entweder ein Metall (Zinn) meinen oder sich auf die Haartracht beziehen; Delamarre (2003), 108–110.

Alter des Druidentums

durch die »Übereinstimmung der Völker« (*ex consensu gentium*): »Da alle Völker an einen Gott glauben, muss es ihn geben« zu »Da alle Keltenstämme Druiden hatten, warum sollte es in Galatien anders gewesen sein?« Diese Frage hängt aufs Engste mit der nach dem Alter des bezeugten Druidentums zusammen und dies scheint auf das 2. Jh. v. Chr. zurückzugehen.

In der Tat kennen wir noch weitere Priesterbezeichnungen, von denen die wichtigste offenbar *gutuater* ist, ein Wort, das man als ›Vater der Stimme‹, ›Vater der Anrufung‹ (< *gutu-[p]ater*) erklärt, womit schon vor langer Zeit altindische Bildungen wie *pitá matīnám* ›Vater der (frommen) Gedanken‹ verglichen wurden (H1 233). Ob der *gutuater* eine besondere Funktion bezeichnete und so nur ein anderer (funktionsbezogener) Name für »Druide«, insbesondere als »Vater der Stimme« deren »Sprecher«, war oder eine andere (niederere?) Priesterklasse, wissen wir nicht. Aulus Hirtius, der Vertraute Caesars, erwähnt im 8. Buch des »Gallischen Kriegs«, dass Caesar im letzten Kriegsjahr (51 v. Chr.) forderte, die Carnuten mögen ihm jene Person, die im Vorjahr den großen Aufstand angezettelt hatte, zur Hinrichtung ausliefern. Wo wir auf Grund der früheren Ereignisse (*b. G.* 7, 3,1) den Namen *Cotuatum* erwarten würden, haben die Handschriften jedoch *gutuatrum* ›den Gutuater‹, was als die »aussagekräftigere Lesart« (*lectio difficilior*) nicht ohne weiteres eskamotiert werden kann. Aber: Warum soll der *Gutuater* nicht *Cotuatus* geheißen haben?[12]

Im Gegensatz zur Druidenbezeichnung erscheint allerdings die des *gutuater* auch in zweifelsfrei antiken Inschriften. So spricht eine Inschrift der Aeduer (CIL XIII 2585) aus Macon (Dép. Saône-et-Loire) von einem bedeutenden Bürger der Stadt C. Sulpicius Gallus, der ein Priester (*flamen*) des vergöttlichten Augustus war (den die Inschrift den erstgeborenen Sohn des keltischen Gottes *Moltinus* nennt!), daneben aber auch sechsmal als *gutuater* des *Mars* fungiert habe. Der Name begegnet noch in drei weiteren Inschriften Südgalliens (H1 231f.), scheint also einen Kultfunktionär bezeichnet zu haben, dessen Amt jedoch nach einer gewissen Zeit

---

12 Natürlich wurden diese und andere Möglichkeiten längst überlegt und von H1 230–234 sorgfältig gegeneinander abgewogen.

Das Geheimwissen der Druiden, Magier und Seher im Altertum

ablief, aber erneuert werden konnte. Ich könnte mir gut vorstellen, dass der *gutuater* ein Druide war, der jeweils für ein Jahr vom Kollegium zum offiziellen Repräsentanten und Sprecher erwählt wurde. Er war wohl kaum der von Caesar (6, 13,8) erwähnte Oberdruide.

Hatte Augustus nur römischen Bürgern die Ausübung der gallischen Religion untersagt, so wurden angeblich unter dem Prinzipat des Tiberius (14–37) die Druiden und »die Gesellschaft von Sehern und Medizinmännern« (*hoc genus vatum medicorumque*) abgeschafft (Plin. *nat. hist.* 30, 13; H2 393–399), aber das Verbot griff nicht durch, denn Suetonius berichtet, dass erst Claudius im Jahr 43 der »gallischen Religion der Druiden mit ihrer ungeheuren Schrecklichkeit« den Todesstoß versetzt habe (*Claud.* 25,5, H2 515).[13] Danach wird auch *gutuater* kaum mehr als ein Ehrentitel gewesen sein, mit dem man sich vielleicht so schmückte, wie sich die Professoren der Hochschule von Bordeaux ihrer druidischer Herkunft rühmten (s. S. 99). Im Übrigen gibt es genügend Hinweise, dass die Funktion der Druiden – abgesehen von großen (Menschen-)Opfern – als Wahrsager, Magier, Kalenderspezialisten u.s.w. fortbestanden.

Druidenpolitik

Die Druiden konnten fallweise (wie auch die Barden; s. S. 143 ff.) beachtliche politische Macht ausüben. Poseidonios (bei Diodorus 5, 31,5; H1 147) berichtete, dass die »Philosophen« und Dichter zwischen streitende Heerscharen treten und Frieden stiften konnten, woraus man auf das Ansehen dieser beiden Klassen schließen und die hohe Bedeutung als »öffentliche Personen« erkennen kann.

Das Verhältnis der Druiden zum Stammesoberhaupt scheint in gewisser Weise der mittelalterlichen Spannung zwischen *sacerdotium* und *imperium*, also der Kirche gegenüber der (weltlichen) Herrschaft, vergleichbar. Hier konnte es natürlich zu politischen Meinungsverschiedenheiten kommen, wie aus einer Episode im letzten gallischen Kriegsjahr deutlich wird, als bei den Aeduern ein

---

13 Es wurde ein Irrtum Suetons vermutet, da *Claudius* mit dem *Nomen gentile Tiberius* hieß, mir nicht sehr wahrscheinlich; Haarhoff (1920), 15.

42

Druidenpolitik

Streit zwischen Convictolitavis und dem aus königlicher Familie stammenden Cotus, zwei Anwärtern auf die höchste Würde im Stamm, entsteht. Mit Unterstützung Caesars erlangt der von den Priestern (Druiden?) gemäß der Stammesverfassung gewählte Convictolitavis das Amt (*b. G.* 7, 32,2–4.).

Der Geblütsadel, der ja ursprünglich auch eine sakrale Funktion hatte, die im Sakralkönig ihre wichtigste Ausprägung fand, wurde hier also zurückgestellt und statt dessen ein von den Priestern nominierter weltlicher Würdenträger, also eine Art Konsul, gewählt. Diesen Beamten nannte man bei den Aeduern und auch bei anderen Stämmen *vergobretus.* Das zugrundeliegende gall. **wergobritos* enthält sicher die Elemente urkelt. **werg-* ›Werk; *wirken*‹ (abret. *guerg* ›wirksam‹) und **brit-* ›Urteil‹, das ja auch in air. *breithem, brithem* ›Rechtskenner‹ enthalten ist.[14] Ganz allgemein erwies sich die politische Macht der Druiden in der Einrichtung dieses »höchsten Magistrats«, dessen Funktionsname man mit ›der Urteilwirkende‹ übersetzen könnte, da er als »weltlicher Arm« der Druiden Macht über Leben und Tod seiner Stammesgenossen hatte (*b. G.* 1, 16,5). Der Vergobret als höchster Magistrat wurde jährlich von den Druiden gewählt oder konnte wie Diviciacus selbst Druide sein, entstammte jedenfalls nicht zwangsläufig dem Orden wie meiner Meinung nach der *gutuater.* Zumindest bei den Aeduern war es für ihn tabu, das Stammesgebiet zu verlassen (*b. G.* 7, 33, 2). Der Vergobreten-Titel findet sich auch inschriftlich auf einem Grabstein im Santonenland und einer Vase aus dem Gebiet der Bituriges (Lambert [1995], 137f.). Dazu kommen noch Münzen der Lexovier, die deshalb hochinteressant sind, weil auf ihnen die beiden Namen *CISIAMBOS* und *CATTOS* mit dem Zusatz *VERCOBRETO* erscheinen. Diese Wortform, die vielleicht ein alter Dual ist, zeigt, dass es zumindest bei diesem Stamm zwei Beamte dieses Ranges gab, die ihr Amt kollegial oder gar dioskural führten. Denkbar wäre auch, dass die janusköpfigen Münzbilder, wie sie z.B. bei den Vindelikern (in der Gegend um Augsburg) erscheinen, zu vergleichen sind. Möglicherweise hat im einen oder anderen Fall das Vorbild der römischen Konsuln gewirkt. Noch offen ist die

---

14   Weniger zuversichtlich bzgl. der Etymologie Lambert (1995), 137f.

Das Geheimwissen der Druiden, Magier und Seher im Altertum

Frage, ob die problematische Lesung *viros veramos* ›oberster Mann‹ auf einer Felsinschrift in Peñalba de Villastar (Provinz Teruel) als Amtsbezeichnung mit dem Vergobreten zu vergleichen ist.[15]

Dion Chrysostomos (*recusatio magistratus* 32,5 = *oratio* 49,8) zeigt um 100 n. Chr. die einstige Machtverschiebung vom Sakralkönig zum Druiden sehr plastisch,[16] wenn er sagt: die Druiden seien »in der Mantik und der übrigen Weisheit bewandert. Ohne diese durften die Könige nichts tun oder beschließen, sodass in Wahrheit jene herrschten, die Könige aber, die auf goldenen Thronen saßen, große Paläste bewohnten und kostspielig tafelten, Gehilfen und Diener ihres Willens wurden« (H2 458–460).

In Britannien hingegen, das als Hochburg des Druidentums galt (*b. G.* 6, 13,11f.) und das gleichzeitig ein die Römerzeit überdauerndes Königtum auszeichnete, scheinen auf dem ersten Blick solche Spannungen zwischen *sacerdotium* und *imperium* gefehlt zu haben, weil der König selbst als Sakralkönig einen Teil der kultischen Aufgaben wahrnahm. So zeigen Münzen des römerfreundlichen Königs Cunobelinus, der zwischen 10 und ca. 40 n. Chr. regierte, einen Mann in einer Art Kultgewand vor einem Altar, der in der Rechten ein Zepter, in der Linken eine tête coupée hält (B2 596). Ist es der König selbst oder wird ein Druide nach eben vollzogenem Menschenopfer dargestellt? Insbesondere die Icenen-Königin Boudicca verband 60 n. Chr. ihre Funktion als Herrscherin durch das Hasenorakel mit der einer Prophetin, wie wir bei Cassius Dio (62, 6,1–3; 7,2f.) lesen. Das eben erwähnte Kultverbot des Claudius von 43, der sich in Britannien allerdings selbst als Gott verehren ließ, wie Seneca in seinem giftigen Nachruf der »Verkürbissung« (*Apocolocyntosis* 8,3) auf den verhassten Kaiser erwähnte (H2 282), hat jedoch nicht gleich gegriffen, denn auch

---

15 Die ausführliche Interpretation der Felsinschrift erwähnt den *viros veramos* allerdings nicht mehr; Meid (1996b).

16 Es scheint in Gallien ab dem 2. Jh. v. Chr. eine »Revolution« gegeben zu haben, in deren Verlauf bei vielen Stämmen das Sakralkönigtum durch eine Art »Republik« unter Führung des Adels und des Druidentums abgelöst wurde. Während z.B. die *Senones* und *Suessiones* noch Monarchien waren, hatten die *Nervii, Remi, Lemovices, Arverni, Helvetii* und *Allobroges* bereits das Stadium von Adelsrepubliken erreicht; Wenskus (1961), Karte 2.

44

Druidenpolitik

Plinius meinte (*nat. hist.* 30,13 H2 394), dass es aussehe, als hätten sogar die persischen Magier ihr Wissen aus Britannien bezogen. Bei den Ereignissen im Jahr 62 n. Chr. spielten die Druiden und die heiligen Haine von Anglesey (*Mona insula*) eine wichtige Rolle, wie Tacitus (*ann.* 14, 30, 1; 3) berichtet: »Da stand am Ufer entlang die gegnerische Schlachtreihe, dichtgedrängt von Waffen und Männern; dazwischen liefen Frauen hin und her, die in der Art von Furien im Totengewand und mit herabfallenden Haaren Fackeln vor sich hertrugen; die Druiden ringsum stießen mit zum Himmel erhobenen Händen schreckliche Verwünschungen aus. Dieser neuartige Anblick versetzte die Soldaten in Bestürzung, sodass sie sich, wie reglose Körper mit schlaffen Gliedern, den Verwundungen aussetzten.« Jedoch der Feldherr Suetonius Paullinus kann sie zur Gegenwehr motivieren. Nach dem Sieg seiner Truppe wurden »die Haine, die den Riten eines grausamen Aberglaubens geweiht waren, … umgehauen: Denn mit dem Blut von Gefangenen die Altäre zu besprengen und die Götter mittels menschlicher Eingeweide zu befragen, hielten sie für eine heilige Pflicht« (H2 493). Dieser Bericht über die Druiden von Anglesey sollte in der englischen Literatur noch im 19. Jh. z. B. bei Alfred Tennyson nachwirken und eines der ideologischen Leitmotive der »Welshness« werden. (Hutton [2011], 211f., 241f.). 1942/43 wurden im See von Llyn Cerrig Bach auf Angelsey bedeutende Opferfunde gemacht, welche durchaus die bei Tacitus vermittelte Vorstellung der Insel als druidisches Rückzugsgebiet stützen können.

Die gerade erwähnte Boudicca verwüstete zwei römische Städte und richtete in ihnen ein Blutbad an. »Das Schrecklichste und Bestialischste aber war Folgendes: Sie hängten die vornehmsten und hübschesten Frauen nackt auf, schnitten ihnen die Brüste ab und nähten diese an ihre Münder, sodass es aussah, als würden sie ihre Brüste essen. Danach spießten sie die Frauen auf spitzen Pfählen auf, die sie der Länge nach durch den ganzen Körper trieben. Und all dies vollführten sie, während sie zugleich opferten, Gelage abhielten und sich Ausschweifungen hingaben, sowohl an ihren anderen heiligen Stätten als insbesondere im Hain der Andraste [der Siegesgöttin]« (Cassius Dio 7,2f.; H3 170, 174). Vorausgegangen war dieser Racheaktion der Boudicca die Misshandlung ihrer

Töchter. Die Mastektomie (Brustverstümmelung) ist auch sonst bei Kelten und anderen Völkern belegt. Der Schluss, dass Boudicca selbst Priesterin oder gar Druidin gewesen sei, ist keineswegs zwingend, wohl aber ist anzunehmen, dass die Menschenopfer unter druidischer Leitung durchgeführt wurden und somit das Wirken dieser Priester bezeugen. Wie die Druiden von Anglesey ist auch *Boudicca*, wie die berühmte Bronzeplastik von Thomas Thornycroft von Westminster Bridge der »Queen Boadicea« (1902) lehrt, zu einer Leitfigur Britanniens geworden (B2 307, 309).

Im Vergleich zum kontinentalen Keltentum wirkt die britannische Lebenswelt eher archaisch. Der Streitwagen etwa, der in Gallien zur Zeit Caesars längst außer Gebrauch gekommen war, wurde dort noch eingesetzt, und in ähnlicher Weise könnten der Nacktkampf (Birkhan [2006]), die teilweise Promiskuität (B1 214, 872), die Körperbemalung (Birkhan [2007]) – auch mit Feindesblut – und vielleicht auch die (rituelle) Anthropophagie samt dem Genuss von Menschenblut[17] in Britannien und insbesondere Irland als Relikte früherer, einst weiter verbreiteter Kulturerscheinungen angesehen werden. Der hl. Hieronymus kann sogar fragen: »Was soll ich von anderen Völkern sprechen, wo ich doch selbst als junger Mann in Gallien [sc. hörte oder sah (?)], dass sich die Atticoti – ein britannischer Stamm – von Menschenfleisch ernährten, die, wenn sie in den Wäldern auf Schweine-, Rinder- oder Schafherden stießen, den Hirten und den Frauen die Hinterbacken und Brüste abzuschneiden pflegten und diese allein als Delikatessen erachteten?« (*Adversus Iovinianum* 2, 7; H3 377f.). Dass es sich hier um eine reine Gräuelpropaganda handelt, ist evident. Der Kannibalismus ist ein Topos, der gerne den »Wilden« zugeschrieben wird, ohne sicher bezeugt zu sein. Die Archäologen leiten ihn etwa aus zur Markentnahme aufgeschnittenen Knochen ab, wie sie sich auch in den »Opferheiligtümern« (s. S. 76) finden.

Doch im Allgemeinen müssen wir eingestehen, nicht zu wissen, wie sich die britannischen Sakralkönige zu den Druiden verhielten, ob etwa letztlich ein ähnliches Verhältnis herrschte wie der Sage

---

17   B1 484, 802f., 848f.; H1 152f.; H3 236–238 (zu Solinus *collectanea* 22,3); 375, Anm. 2168.

nach in Ulster zwischen dem König Conchobur und »seinem« ihn »leitenden« Druiden Cathbad oder auch in der hochmittelalterlichen Arthursage zwischen Utherpendragon und Merlin. Auch in Irland ging die Wahl des Königs zweigleisig vor sich, einerseits nach dem Geblüt aus dem Kreis der Königssippe, andererseits auf Grund prophetischer Praktiken der Druiden, später des *fili*, wie wir aus der Sage von Conaire Mór ersehen, der durch den »Stierschlaf« (s. S. 169) zum König bestimmt wird.

Gleichzeitig ist festzuhalten, dass im Gegensatz zu Irland die Druiden in Britannien schon vor Ende der Römerzeit von der Bildfläche verschwunden waren und ihr Name während des Mittelalters fast ganz in Vergessenheit geriet (s. S. 182).

Das ist deswegen kurios, weil ja in der neuzeitlichen Literatur seit der Barockzeit die Druiden gerade in Wales in ihrer Wichtigkeit – in Wertschätzung oder Verteufelung – einen steilen Aufstieg erlebten (s. S. 214 ff.).

Kultorte

Soweit die Druiden das politische Wirken steuerten, ging es von einer exklusiven Druidenversammlung in einem heiligen Hain im Carnutenland aus, von dem man glaubte, dass er die Mitte ganz Galliens bilde (*b. G.* 6, 13,10). Hier waren im Frühjahr 52 der schon erwähnte mutmaßliche (?) *gutuater Cotuatus* und ein gewisser Conconetodumnus gewählt worden, unter deren Führung am vereinbarten Tag die Carnutes die römischen Geschäftsleute von Cenabum (Orléans) massakrierten. Ein Neufund in Chartres vom Juli 2005 in Form von vier Weihrauchgefäßen (*turibula*), welche die Himmelsrichtungen symbolisierten, mit jeweils vier magischen Aufschriften zeigt, dass die Mittelpunktsymbolik auch in der provinzialrömischen Zeit noch aktuell war (Marco Simón [2012]). Leicht ließen sich weitere Beispiele für die religiöse Bedeutung des Zentrums etwa in gallischen, aber auch inselkeltischen Ortsnamen wie *Mediolanum* ›Ebene der Mitte‹ anführen. Es gibt über 40 Orte dieses Namens, der bekannteste ist der Hauptort der gallischen Insubrer *Milano* ›Mailand‹ (Delamarre [2003], 221f.). Bei den

Inselkelten ist air. *Mide* > angloirisch *Meath* ›Mitte‹ am berühmtesten. Dort bezeichnet der *ail na mírenn* ›Stein der Aufteilung‹ (heute *Cat Stone* genannt) in Westmeath den angeblichen Mittelpunkt Irlands. Ein »Nabelstein«, der dem griechischen Omphalos in Delphi entsprach, war wohl auch der mit Latènemustern reich verzierte Turoe-Stone, weiters der Stein von Castlestrange und der Cippus von Kermaria in der Bretagne. In gewisser Weise gehört auch der »Stein des Schicksals« (*Lía Fáil*) von Tara hierher (B2 200f., 463, 465, 467f.). Das Alter dieser religiösen Mittelpunktsymbolik (vgl. germ. *Midgard*) ist evident.

Der »Wald« steht für das Abgelegene, oft auch Wilde, jedenfalls für das Naturhafte, in dem sich auch gerne die Götter aufhalten. Er muss keineswegs als »finster« gedacht sein, wie der gallischen Bezeichnung *leucutiom* zu entnehmen ist, die eher einen lichten Hain meint (Delamarre [2003], 200). Das gilt wohl auch für das *nemeton*, das die Inschrift von Vaison als Kultort der Göttin Belisama, die auch mit Minerva gleichgesetzt wird, erwähnt. Allerdings scheint das Wort, das ursprünglich nur den Hain bezeichnete, später die allgemeinere Bedeutung ›Heiligtum‹ angenommen zu haben: der Frauenname *Nemetogenna* bezeichnet also eigentlich ›die im *nemeton* Geborene‹, die ›Tochter des heiligen Hains‹ oder ›Tempels‹. So sind Zusammensetzungen mit *nemeton* durchaus geläufige Orts- oder Personennamen. Das Wort lebt übrigens auch in altsächsisch *nimidas* ›Waldheiligtüm‹er‹ weiter und ist von lat. *nemus* ›Hain‹ nicht zu trennen.

Der heilige Wald hatte also, wie das Beispiel des Carnutenwaldes zeigt, als eine Art sakraler Thingstätte auch politische Bedeutung. Die spätantiken *Adnotationes* zu Lucan wussten, dass sich die Druiden in den Hainen verabredeten, um »über die Art der Opfer zu disputieren« (H2 313). Als Beratungsstätte diente auch der *drynémeton* (gr. *drynaímeton*) genannte Kultort der kleinasiatischen Galater, den Strabon (*geogr.* 12, 5, 1) als Treffpunkt der überregionalen Ratsversammlung der Trokmer, Tolistobogier und Tektosagen nennt. Die Deutung seines Namens hängt eng mit der Deutung des Druidennamens zusammen (s. S. 35) und wurde dementsprechend bald als ›sehr heilig‹, bald als ›Eichenhain‹ verstanden. In einem Epigramm des Iberers Martial liest man (4, 55,23) vom heiligen

»Eichenhain von Buradon [Name eines Gottes], durch den selbst der faule Wanderer zu Fuß geht.« Aber auch später ist die Eiche einer der wichtigsten Kultbäume der Kelten – denken wir an anglisierte irische Ortsnamen wie *Derry*, *Kildare* oder *Durrow*, die alle das altirische Eichenwort *daur*, *dair* enthalten – und aufs engste mit den Druiden, später den Heiligen wie etwa St. Columcille verbunden sind.

Auch der *Forêt de Nevet* (südwestlich von Locronan, Dép. Finistère) wird schon auf Grund seines Namens als ein solches *nemeton* angesehen. In Kärnten lernen wir durch die Tabula Peutingeriana, der hochmittelalterlichen Kopie einer römischen Straßenkarte des 4. Jh.s n. Chr., ein *Tasinemetum*, also wohl einen ›Eibenhain‹ (zu gallo-roman. *taxus* ›Eibe‹) kennen (H3 429f.). Der Mittelpunktsymbolik war man sich offensichtlich auch in dem britannischen »Hain der Mitte« (*Medionemetum*) besonders bewusste (H3 512).

Diesem lieblichen Wald stand aber auch der schreckliche gegenüber, wenn er speziell mit dem Totengott zu tun hatte. Einen solchen gab es vermutlich bei den tartessischen Kelten, wenn John Kochs Deutung von *bᵃastᵉebᵘuŕoi* ›im Eibenwald des Todes‹ auf einem Stein aus dem südportugiesischen S. Martinho das Richtige trifft (Koch [2012], 255f., 261). Hochberühmt ist eine Stelle bei Lucan (1, 450f., 453f., 444–446) um 62/63 n. Chr., wo es heißt: »Auch ihr, Druiden, habt die barbarischen Riten und den sinistren Brauch der Opfer wieder aufgenommen … Tief liegende Haine bewohnt ihr in entlegenen Wäldern.« Dort wird »mit grausamem Blutopfer der gnadenlose Teutates und der durch seine wilden Altäre grausame Esus und des Taranis Altar, der nicht milder ist als der der skythischen Diana« – gemeint sind die Menschenopfer für Artemis in der Iphigenia-Sage – besänftigt (H2 295). Der Topos der wegen der Opfer schaurigen Haine lebt bei Claudius Claudianus (*de consulatu Stilichonis* I, 228–231) mit Bezug auf den herkynischen Wald (das deutsche Mittelgebirge) weiter (H3 354f.). Das Grauen angesichts von Menschenopfern finden wir auch bei Plutarch (*de superst.* 13 p. 171 B), der sogar fragt, ob es nicht besser wäre, überhaupt keine Vorstellung von Göttern zu haben, als solche wie die Gallier und Skythen, die sich am Menschenblut weiden (H2

522f.). Das caesarfeindliche Bürgerkriegsepos des Lucan erfreute sich auch als Schullektüre großer Beliebtheit und wurde mehrfach schon in der Spätantike kommentiert: durch »Bemerkungen« (*Adnotationes*), »Glossen« und am wichtigsten durch die Berner Scholien (*Commenta Bernensia*), die in das 4. Jh. zurückgehen. Diese bemerken dazu (1, 450; H2 317), dass die Gallier keine Tempel gehabt hätten, sondern ihre Götter nur in Hainen verehrten, was natürlich in Ansehung der vielen gallischen Tempelfunde falsch ist.

Die dichteste Schilderung der geheimnisvollen druidischen Wirkungsstätte gibt Lucan jedoch an jener Stelle, wo er Caesar mit der druidischen Religion konfrontiert (3, 399–426): »Da war ein Hain, niemals entweiht seit Menschengedenken, dessen verschlungene Äste umfingen dunkle Luft und kalte Schatten, indem die Sonnenstrahlen von oben ferngehalten wurden. Diesen haben keine ländlichen Pane noch Silvane, die Herren der Haine, noch Nymphen inne, sondern ein Götterkult von barbarischem Ritus; Altäre sind aufgerichtet mit schrecklichen Schlachtbänken und jeder Baum ist mit Menschenblut geweiht. Wenn die lange Dauer, die die Götter bewundert, Vertrauen verdient, so scheuen sich Vögel, sich auf jenen Zweigen niederzulassen, und wilde Tiere, in dem Dickicht zu lagern. Weder ein Wind regte sich, noch die aus schwarzen Wolken geschleuderten Blitze trafen diesen Wald, und obwohl die Bäume ihr Blattwerk keinem Lufthauch aussetzen, wohnt in ihnen ein eigener Schauder. Aus dunklen Quellen stürzt reichlichst Wasser und traurige, kunstlose Götterbilder ragen unförmig geschnitzt aus Strünken. Selbst der Moder und die Blässe des faulenden Holzes setzen in Schrecken; so fürchten sie nicht geheiligte Götterbilder von gewöhnlicher Gestalt: so sehr steigert sich die Angst, wenn man die Götter, die man fürchten soll, nicht kennt. Außerdem geht das Gerücht, dass oft bei einem Erdbeben die hohlen Kavernen dröhnen, dass Eiben umstürzen und sich wiederum erheben, dass Waldbrände auflodern ohne Feuer und dass sich Schlangen rings um die Baumstämme ringeln. Nicht besuchen diesen Hain die Völker, um ihn von näher zu verehren, sondern haben ihn den Göttern überlassen. Wenn Phoebus am Mittagshimmel steht oder dunkle Nacht den Himmel beherrscht, dann wagt selbst der Priester nicht einzutreten, aus Angst den

Herrn des Haines zu überraschen. Diesen Wald heißt er [= Caesar] mit Axthieben zu fällen ...« (H2 305). Das Verbot, einen heiligen Hain nachts zu betreten, weil sich dann die Götter darin aufhielten, kennen wir auch vom Süden der Iberischen Halbinsel, wo ein sehr archaischer Steinkult des Herakles geherrscht haben soll (H1 106). Das Bild des schrecklichen Hains, von druidischen Gräuelopfern besudelt, lebte in der zweiten Hälfte des 18. Jh.s in der englischen Literatur wieder auf (Hutton [2011], 198–204).

Heilige Pflanzen und Schlangen-Ei

Der Druidenname wird mit Recht von dem keltischen Wort für ›Eiche‹ abgeleitet, deren Kult gut bezeugt ist. So hieß ein von Polybios (5, 77,2; 78,6) zweimal erwähnter galatischer Volksstamm *Aigosages* ›Eichensucher‹ mit jenem Wort, das auch auf Deutsch mit *Eiche* und mit englisch *oak* klare Entsprechungen hat (IEW 13). Diese Eichenbezeichnung begegnet meiner Meinung nach in ganz späten, frühmittelalterlichen Glossaren noch als *egones*, *aegones* und anderen Varianten in der Bedeutung ›ländliche Priester‹ (*sacerdotes rustici*),[18] was freilich nicht unbedingt ›Druiden‹ bedeuten muss (diese Deutung ablehnend H3 503). Die Berner Scholien zum Bürgerkriegsepos des Lucan behaupten, dass die Druiden nach dem Genuss von Eicheln zu prophezeien pflegten (H2 318), offenbar, weil die göttliche Kraft der Eiche von ihnen Besitz ergriffen hatte und sie nun, wie der Grieche sagte, *entheói* ›des Gottes voll‹ waren.

Ein höchst kurioses Beispiel von Eichendivination sah man im *Querolus sive Aulularia*, einer anonymen lateinischen Komödie des frühen 5. Jh.s n. Chr. Hier schickt der Hausgeist (*Lar*) den ärmlichen Bauern *Querolus* (etwa ›Griesgram‹), der nach Reichtum verlangt, in ein gallisches Nest an der Loire, wo Recht und Gesetz auf altväterliche Weise auf den Kopf gestellt erscheinen: »Dort

---

18 Das Wort wird – unter Missachtung des Anlautes – auch mit lat. *agō, -ōnis* ›der das Opfertier tötende Priester‹, einem altitalischen Kultterminus gleichgesetzt; H3 21.

leben die Leute noch nach dem Recht der Wilden, dort gibt es keine Faxen, dort holt man die Todesurteile aus den Eichen und schreibt sie auf Knochen…« (dazu H3 384–386). Freilich ist es sehr zweifelhaft, ob man hier berechtigt ist, die nicht genannten Druiden in den Text, der wohl von aufständischen Bauern (*bagaudae*) handelt, hineinzuinterpretieren.

In die Richtung der Eichenverehrung weist wohl auch der berühmte Mistelkult, den C. Plinius Secundus 77 n. Chr. (*nat. hist.* 16, 249–251) bezeugt, der sich in Sachen Druiden betont aufgeklärt gibt. Dennoch: Kein anderer antiker Text hat die Druiden, ja vielleicht die gallische Religion überhaupt, populärer gemacht als dieser (dazu H2 365).

»Nichts halten die Druiden – so nennen sie ihre Magier – für heiliger als die Mistel und den Baum, auf dem sie wächst, sofern es nur eine Eiche (*robur*) ist. Schon von sich aus wählen sie Eichenhaine und vollziehen keine heilige Handlung ohne das Laub dieser [Bäume], sodass es den Anschein haben kann, dass sie in griechischer Deutung davon auch ihren Namen Druiden haben. [Plinius vergleicht hier zu Recht das griechische Eichenwort *drỹs*]. Sie glauben in der Tat, dass alles, was auf ihnen [den Eichen] wächst, vom Himmel gesandt und ein Zeichen des von Gott selbst erwählten Baumes sei. (250) Sie [die Mistel] ist aber ziemlich selten aufzufinden, und wenn sie gefunden wurde, wird sie mit großer Feierlichkeit geholt, vor allem am sechsten Tag des Mondes, der bei ihnen den Beginn der Monate, Jahre und nach dreißig Jahren den eines Zeitabschnittes bildet, weil er schon genügend Kräfte habe und noch nicht halbvoll sei. Sie nennen sie mit einem Wort ihrer Sprache die ›alles Heilende‹. Nachdem man ein Opfer und das Mahl unter dem Baum nach rechtem Brauch vorbereitet hat, führen sie zwei Stiere von weißer Farbe herbei, deren Hörner dann zum ersten Mal umwunden werden dürfen. (251) Ein mit einem weißen Gewand bekleideter Priester besteigt den Baum, schneidet sie [die Mistel] mit einer goldenen Hippe ab; sie wird in einem weißen Tuch aufgefangen. Endlich schlachten sie dann die Opfertiere und beten, der Gott möge die Gabe glückbringend machen für diejenigen, denen er sie gab. Sie glauben, dass durch ihren Trank

Heilige Pflanzen und Schlangen-Ei

jedwedem unfruchtbaren Tier Fruchtbarkeit verliehen werde und dass es ein Heilmittel gegen alle Gifte sei. So groß ist häufig der Aberglaube der Völker in nichtigen Dingen.«

Entgegen Hofeneder, der sich ausführlichst mit dem Mistel-kapitel beschäftigt (H1 366–379), bin ich jetzt der Meinung, dass Plinius die besser bekannte Nordische Mistel (*Viscum album*) und die Eichenmistel oder Riemenblume (*Loranthus europaeus*) zusammenwirft. Für die Nordische Mistel spricht, dass sie in Gallien häufig vorkommt und dass das Primärwissen des Gelehrten sich vorwiegend auf Gallien bezieht, während die Riemenblume mehr in Südosteuropa, aber auch im Donauraum und in Tschechien zu Hause ist. Sie käme in Frage, falls Plinius doch auch eine griechische Quelle verwendete, was gleichfalls erwogen wurde. Das Problem besteht darin, dass, während die Eichenmistel, die stellenweise ganz gewöhnlich, insgesamt aber weniger häufig ist, fast nur auf Eichen schmarotzt, die häufige Nordische Mistel extrem selten, d.h. so gut wie nie, auf Eichen vorkommt. Ist dies einmal doch der Fall, so wird der Baum geradezu zu einer Berühmtheit wie die wundertätige Misteleiche auf dem Hof Le Bois de Gage bei Isigny-le-Buat (Dép. Manche), die noch im 20. Jh. von heilungsuchenden Epileptikern verehrt wurde.[19] Um es anders zu sagen: Die immergrüne Nordische Mistel ist eindrucksvoller als die laubabwerfende Eichenmistel und hat den Anschein jedenfalls für sich, wenn auch die extreme Sel-tenheit der Eichen als Wirtspflanzen ein arger Schönheitsfehler ist.

Lehrreich ist in diesem Fall eine Nachfrage bei der Sibylle, die Aeneas auf seiner Unterweltfahrt berät. Es ist die berühmte Stelle vom »Goldenen Zweig«, wo Vergil (*Aen.* 6, 136f.) sagt: »Es verbirgt sich an schattigem Baum ein Zweig, golden an den Blättern und dem biegsamen Stängel«. Dies scheint sich, wie ja bekanntlich oft vermutet wurde, auf die Nordische Mistel zu beziehen, wenn auch zu bemerken ist, dass sie erst verdorrt goldfarben wird und dass auch das Holz nicht zäh, sondern geradezu spröd ist. Später

---

19 Tubeuf (1923), 169. Der etwa 400-jährge Baum ist heute im Begriff abzu-sterben oder schon tot. Ein Blick in das Internet zeigt, dass mit Eichenmis-telpräparaten und künstlich mit Misteln infizierten Eichensetzlingen ein schwunghafter Handel betrieben wird. Andererseits lässt sich dem Internet entnehmen, dass es schon mehrere jüngere Misteleichen gibt.

aber sagt Vergil, das Thema wieder aufgreifend (205–207): »Wie in der Kälte des Winters die Mistel mit neuem Laub ergrünt, das nicht ihr Wirtsbaum hervorbringt, und mit safranfarbiger Frucht die Stämme umgibt…« und verrät damit, dass auch er die beiden Mistelarten vermischt, denn nur die Eichenmistel wirft das Laub ab und hat safranfarbene Beeren, die der Nordischen sind bekanntlich reinweiß.

Zusammenfassend muss man sagen, dass wir nicht wissen, auf welche der beiden Schmarotzerpflanzen sich Plinius mit seiner Nachricht bezieht. Dass die Nordische Mistel angeblich über eine bescheidene Heilkraft verfügt, ist natürlich in diesem Zusammenhang irrelevant. Interessanter ist, dass man nach 1300 auf den Bericht des Plinius über den druidischen Mistelkult zurückgriff und nun ein »Eichenmisteltraktat« entstand, der sogar ins Altfranzösische übersetzt wurde. Freilich ist auch die Gleichsetzung des Goldenen Zweigs mit der Mistel, auch wenn sie eine lange Tradition hat, keineswegs über jeden Zweifel erhaben, ja vielleicht entspricht dem goldbelaubten Zweig der Typus, wie er uns im Kultbäumchen von Manching vorliegt, besser (s. S. 116, 163).

Ich kann hier den Bericht über die weiteren druidischen Wunderdinge bei Plinius anfügen.

Da ist die Pflanze *selago* (nat. hist. 24, 103), die dem meist kriechenden Sadebaum oder Sebenstrauch (*Juniperus sabina*) ähnelt. »Sie wird ohne Verwendung von Eisen gesammelt, indem man die rechte Hand durch die Tunika hindurch (auf die Seite), wo die linke Hand ist, führt, als wolle man sie stehlen. Dabei soll man weiß gekleidet sein und rein gewaschene, nackte Füße haben; und bevor sie gesammelt wird, soll man ein Opfer aus Brot und Wein darbringen. Sie wird in einem neuen Tuch fortgetragen. Die Druiden der Gallier haben überliefert, dass man sie gegen jegliches Übel bei sich haben soll und dass ihr Rauch gegen alle Augenschäden helfe.« Hier wurde die interessante Erklärung vorgeschlagen, dass die Pflanze beim Ausreißen dadurch getäuscht werden solle, dass man so tut, als käme man ihr mit der linken Hand nahe, die das Gewächs als harmlos ansieht (H2 380–382).

Das gilt vielleicht auch für die folgende Pflanze, von der Plinius sagt (*nat. hist.* 24, 104): »Dieselben [= Druiden] haben eine an

Heilige Pflanzen und Schlangen-Ei

feuchten Stellen wachsende Pflanze, *samolus* genannt, die mit der linken Hand von nüchternen Personen gegen Erkrankungen von Schweinen und Rindern gesammelt werden soll. Der Sammler darf sich dabei weder umsehen noch die Pflanze woanders als in den Wassertrog legen, wo sie für den Trank zerkleinert wird« (H2 380–382). Dass diese Pflanzen heute nicht mehr zu identifizieren sind, ist angesichts der vagen Beschreibung selbstverständlich, wenn auch gelehrte Botaniker früherer Jahrhunderte *selago* mit dem Tannenbärlapp (*Lycopodium selago*) gleichsetzten, der bei oberflächlicher Betrachtung wie eine dahinkriechende Koniferenart aussehen könnte. Der *samolus* wurde eher als gelehrte Lesefrucht mit der Salzbunge (*Samolus valerandi*) identifiziert, eigentlich nur auf Grund des feuchten Standortes. Der nach Plinius gallische Name der Pflanze könnte etwa als **sămólos* ›Sommerling‹ verstanden werden, wäre der Name als **sāmólos* auszusprechen, so könnte er sich auf eine beruhigende Wirkung des Krautes beziehen.

Die dritte Zauberpflanze, die ich früher unbedenklich zu *selágo* und *samólus* stellte, ist die in flachen, feuchten Gegenden wachsende *verbenáca*. Plinius unterscheidet (*nat. hist.* 25, 105f.) eine reicher beblätterte weibliche von einer sparsamer beblätterten männlichen Form, eine Unterscheidung, die übrigens noch im Hochmittelalter weiterlebte, wo der gelbblühende Raukensenf (*Sisymbrium officinale*) als die männliche Form des sonst blassblau blühenden »weiblichen« Eisenkrautes (*Verbena officinalis*) galt. Nach Plinius verwenden sie die Gallier für Losbefragungen und Prophezeiungen, die Magier jedoch »flippen bei ihr aus« (*insaniunt*), indem sie glauben, sie sei nur beim aufgehenden Sirius zu gewinnen, wobei weder Sonne noch Mond scheinen dürfen. Sobald man der Erde Honigwaben und Honig geopfert hat, macht man mit Eisen einen Kreis um die Pflanze, reißt diese mit der linken Hand heraus und hält sie in die Höhe. Blätter, Stengel und Wurzel werden separat im Schatten getrocknet. Dieses Allheilmittel soll Fieber vertreiben und dem damit Eingeriebenen die allgemeine Sympathie sichern. Hofeneder hält es für unwahrscheinlich, dass mit den hier genannten »Magiern« (*magi*) Druiden gemeint seien, ja dass die Aussage über den speziellen Umgang der Magier mit der Pflanze etwas mit Gallien zu tun habe (H2 386f.). Mich überzeugt allerdings seine

Argumentation nicht ganz. Ich verstehe den Text so, dass Plinius auch mit den Magiern Gallier meinte. Man könnte höchstens fragen, ob mit den *magi* tatsächlich Druiden gemeint sein müssen und nicht etwa gewöhnliche Zauberer oder »Medizinmänner« (s. S. 42). Das wird sich wohl nicht endgültig entscheiden lassen. Meine Deutung scheint mir aber insofern vertretbar, als ja auch die schon genannten Zauberpflanzen *selago* und *samolus* mit den Druiden zusammengebracht werden. Nach meiner Meinung sagt hier Plinius: Die Gallier verwenden *verbenaca* für Prophezeiungen und bei der Einbringung der Pflanze haben die Zauberer oder Druiden, die die Pflanze besonders als Fiebermittel und zum Sympathiezauber verwenden, ihr eigenes befremdliches Ritual.

Plinius erwähnt noch zwei Heilkräuter, das Kraut *rodarum* mit roten Blättern, das sich nicht identifizieren lässt und die meist mit dem Heil-Ziest (*Betonica officinalis*) gleichgesetzte *herba Vettonica*, die wohl wichtige Heilmittel waren, deren Gewinnung aber nicht mit magischen Praktiken verbunden war (H2 383–386).

Nicht bei Plinius genannt ist die Pflanze *belenuntia* (H2 347f.; B1 583) – es gibt eine Reihe von Nebenformen zu diesem Namen, der letztlich noch in ags. *beolone* fortlebt –, die das halluzinogene *Bilsen*kraut bezeichnete, das die Römer auch *herba Appolinaris* ›Apollinisches Kraut‹ nannten. Möglicherweise hat die sehr flache Steinschale von Saint-Chamas (Dép. Bouches-du-Rhône) zur Aufnahme eines solchen Räuchermittels gedient. Wenn auch die Druiden keine Ekstatiker waren, so scheint ihnen als Propheten und Wahrsagern doch auch Apollon *Belenus* besonders nahegestanden zu haben (s. S. 99).

Das spektakulärste der Wunderdinge ist allerdings das »Schlangen-Ei«, von dem wir bei Plinius (*nat. hist.* 29, 52–54; H2 388–393) lesen: »Außerdem gibt es eine Art von Eiern, die bei den Galliern in großem Ansehen steht, die von den Griechen nicht erwähnt wird. Wenn sich Schlangen in großer Zahl zusammenrollen, formen sie diese in geschickter Umschlingung mit dem Speichel ihres Schlundes und dem Schaum ihrer Körper; man nennt es *urinum*. Die Druiden sagen, es werde mittels Zischen in die Höhe geschleudert und es müsse mit einem Tuch aufgefangen werden, damit es nicht die Erde berühre. Der Räuber müsse zu Pferde fliehen, da

Ei-Ablage der Wellhornschnecke – das »Schlangen-Ei«?

ihn die Schlangen so lange verfolgen, bis sie durch irgendeinen dazwischenliegenden Fluss aufgehalten werden; eine Erprobung [der Echtheit] des Eies sei, wenn es gegen den Strom treibe, selbst wenn es in Gold gefasst ist; und dazu meinen sie, wie die Klugheit der Magier scharfsinnig im Verbergen von Betrügereien ist, dass es zu einer bestimmten Zeit des Mondes erlangt werden muss, als ob es in der Macht des Menschen stünde, dass dieses Tun der Schlangen [mit der bestimmten Zeit des Mondes] zusammenfalle. Ich habe tatsächlich ein solches Ei von der Größe eines kleineren runden Apfels gesehen, ausgezeichnet durch eine knorpelige Schale mit zahlreichen Saugnäpfen wie bei den Armen eines Polypen. Von den Druiden wird es für das Gewinnen von Rechtsstreitigkeiten und den Zugang zu Königen außerordentlich gepriesen; so groß ist der Schwindel, dass ein römischer Ritter aus dem Land der

Vocontier, da er bei einem Prozess ein solches [Ei] um die Brust trug, vom vergöttlichten Kaiser Claudius, so weit ich weiß, lediglich aus diesem Grund hingerichtet wurde.« Das lässt sich als einen druidenfeindlichen Akt erklären, da der Kaiser ja auch deren Opferpraxis verbot (Suetonius, *Claud.* 25,5).

Während man im 18. Jh. glauben konnte, die aufgeklärten Druiden hätten bereits die Kugelgestalt der Erde gekannt und diese in dem Wunderding abgebildet, was die Römer in ihrer Rückständigkeit nicht durchschaut hätten, oder das Wunderding für einen Kristall oder ein Straußenei hielt (Hutton [2011] 186, 258f.), vermuteten andere, das »Windei« (*urinum* < gr. *oúrinon* ist nur eine Konjektur), das in der Forschung als [*ovum*] *anguinum* ›Schlangen-Ei‹ erscheint, sei ein versteinertes Seeigelskelett gewesen. Dies ist freilich recht unwahrscheinlich, weil ein solches nicht schwimmen würde und weil es Plinius erkannt hätte. Am ehesten trifft Stuart Piggott mit seiner Vermutung ins Schwarze, dass es sich um die ungefähr kugelförmig verwachsene Eiablage der im Atlantik beheimateten und dem Mittelmeer unbekannten Wellhornschnecke (*Buccinum undatum;* Abb. S. 57) gehandelt habe. Diese werde Plinius fremd gewesen sein. Sie ist auch so leicht, dass sie auf dem Wasser schwimmt – wenn auch nicht gegen den Strom (Piggott [1975], 117f.).

Kultgewand und Würdezeichen

Die Pliniusstelle vom Mistelschnitt (*nat. hist.* 16, 251) und der *selago*-Gewinnung (*nat. hist.* 24, 103) vermittelt uns leider nur eine allzu vage Vorstellung vom Ritualgewand des Druiden, dessen Farbe Weiß auf die kultische Reinheit deutet. Nach Tírecháns Vita des hl. Patrick waren auch die Druiden Irlands weiß gekleidet (Tírechán § 42,2). Vermutlich war das Gewand auch eher aus Leinen als aus Wolle. Von einer Gürtung lesen wir nichts. In unseren neuzeitlichen Vorstellungen – außer bei modernen Verblödungs-Inszenierungen der Oper »Norma« – entspricht der Bedeutung des Druidenstandes ein eher hieratisches weißes Kultgewand. Aber man kann durchaus fragen, ob dieses überall und für alle Anlässe

galt und ob die trikotartige Kleidung des »bezopften Initiations-
meisters« auf dem Gundestrup-Kessel (Abb. S. 23) die priesterliche
Funktion eines Druiden ausschließt.

Die im Buddhasitz thronende männliche Gestalt vor dem
»Schädelportal« von Roquepertuse (B2 499) könnte einen Drui-
den in seiner Kultkleidung darstellen und dann an das Portal der
Opferheiligtümer erinnern (s. S. 71 f., 75), ebenso gut aber auch
einen Heros, Gott oder Fürsten. Er trägt auf der Brust eine Art
Überwurf aus großen Quadraten und unter der Taille eine Art
enganliegendes Trikot, das bis zu den halben Oberschenkeln reicht.
Die sehr muskulösen Waden sind nackt.

Ganz vereinzelt ist das Textzeugnis, dass heilige Handlungen
mit bedecktem Haupt durchzuführen waren. Es findet sich in den
Berner Scholien zu Lucan (1, 427f.) und behauptet, dass der Stamm
der *Aedui* seinen Namen von dem griechischen Wort für Ehrfucht
(*aidōs*) hätte, weil sie als erste bei den Kulthandlungen ihr Haupt
bedeckten, sei es, um sich den Anblick von etwas Widrigem zu
ersparen, sei es aus Ehrfurcht vor den Göttern (H2 315). Abgesehen davon, dass diese Etymologie nach heutigem Wissen falsch ist,
bleibt offen, ob das ganze Volk das Haupt zu bedecken hatte oder
nur der amtierende Druide. Einer Stelle beim Kirchenhistoriker
Sozomenos (vor 450) könnte man entnehmen, dass die Priester
gallischer Tempel die Eintretenden mit einer Art »Weihwasser-
wedel« besprengten, was gleichfalls wenig signifikant ist (H3 436).

Auf der Ebene der Sachkultur scheinen mir in diesem Zusammenhang die eiserne Krone von Roseldorf (Niederösterreich; Holzer [2008], 41f.), die aus Bronzeblech gefertigten Diademe und eine
Krone derselben Art, die in Hockwold-cum-Wilton (Co. Norfolk)
gefunden wurden, besonders eindrucksvoll. Aus Cavenham Heath
(Co. Suffolk) stammen zwei Diademe und ein Kopfschmuck, der
aus fünf mit Ketten verbundenen Bronzescheiben besteht.[20] Daraus, dass die Diademe in ihrer Weite verstellbar waren, folgert man
mit Recht, dass jedes nicht einer Person allein gehörte, sondern von
verschiedenen Mitgliedern einer Gemeinschaft, vielleicht in historischer Abfolge, getragen wurden, und da liegt eben der Gedanke

---

20   Green (1998), 60, 116; B2 592f.

an ein Priesterkollegium näher als an eine egalitäre Adelsgruppe, die sonst nicht belegt ist. Dies wäre einer der ganz wenigen archäologischen Hinweise auf das Druidentum. Eine merkwürdige Stelle bei Florus (*epit.* 1,33) erwähnt von Olyndicus, dem Führer eines Aufstandes in Hispanien (um 170 v. Chr.), dass er »gleich einem Wahrsager eine silberne Lanze schwingend, als ob sie vom Himmel geschickt sei«, die Aufmerksamkeit aller auf sich gezogen hätte (H2 598ff.). Wenn wir auch den Wert des Beleges insgesamt und dann aber auch im Hinblick darauf, ob es hier um einen *vātis* oder Druiden geht, offen lassen, dann könnte die Lanze auch als eine Art Stab durchaus ein altes Würdezeichen dieser Kultpersonen sein.

Neben den gerade erwähnten Würdezeichen, die mir noch relativ verlässliche Indizien zu sein scheinen, hat Miranda Green auch den merkwürdigen Geweihfund von Hooks Cross (Hertfordshire) mit Druiden in Verbindung gebracht, denen sie damit auch schamanische Praktiken zuschreiben wollte (Green [1998], 33, 58). Mit demselben Recht ließe sich das Hirschgeweih von Roseldorf (Niederösterreich) vergleichen (Holzer [2008], 42f.). Wenn es bei den Kelten vielleicht auch eine Art von Schamanen gab, worauf Sagengestalten wie die Merline und Verwandte weisen (s. S. 192 ff.), so ist doch der Schamane, wie wir ihn aus der Ethnologie kennen, kaum mit unserem Druidenbild aufgrund der antiken Ethnographen zu vereinen. Dem philosophischen Druiden fehlt nämlich das ekstatische Element, das Motiv der Jenseitsfahrten und umgekehrt dem Schamanen meist die priesterliche Gelehrtenfunktion, die für den Druiden so charakteristisch ist. Auch der als *Cernunos* bekannte geweihtragende Gott hat nichts mit den Druiden zu tun. Sieht man von dem Geweihfund ab, so fehlen m. W. auch Funde speziell schamanischer Paraphernalien, etwa Reste von Trommeln, Trommelschlägeln, »Eisenrippen« und »-knochen« u.a.

Mantik und Opfer

Im Gegensatz zu Caesar, der überhaupt keine mantischen Funktionen erwähnt, hatte Poseidonios (und die ihn Zitierenden) zwischen Druiden und Sehern unterschieden, wozu dann als dritter Stand der »Intelligentsia« noch die Barden kamen, wenn er (bei Diodor 5, 31,2–4) sagte: »Es gibt ferner [neben den Barden] eine Art von Philosophen und Gottesgelehrten, die ungewöhnliche Verehrung genießen und die sie Druiden nennen. Auch machen sie Gebrauch von Wahrsagern (gr. *mánteis*), die sie großer Anerkennung für würdig halten. Diese sagen mit Hilfe der Vogelschau und des Opfers von Tieren die Zukunft voraus, und das ganze Volk gehorcht ihnen. Vor allem, wenn sie über gewichtige Angelegenheiten Untersuchungen anstellen, haben sie eine befremdliche und unglaubliche Sitte: Sie weihen einen Menschen dem Tod und stoßen ihm an der über dem Zwerchfell liegenden Stelle ein Messer in den Leib, und während dieser getroffen niederstürzt, erkennen sie aus der Art des Falles, dem Zucken der Glieder und überdies aus dem Fluss des Blutes die Zukunft, im Vertrauen auf eine alte und langgeübte Beobachtung in diesen Dingen. Es ist bei ihnen Sitte, dass keiner ein Opfer verrichtet ohne einen Philosophen. Denn sie sagen, Dankopfer dürfen den Göttern nur durch Menschen dargebracht werden, die des göttlichen Wesens kundig seien und gleichsam dieselbe Sprache sprächen, und mit deren Hilfe müssen auch die guten Dinge erfleht werden. Aber nicht nur in friedlichen Angelegenheiten, sondern auch in denen des Krieges hören sie vor allem auf diese Philosophen und die lyrischen Dichter, und zwar nicht nur die eigenen Leute, sondern auch die Feinde …« (H1 147–152).

Nach der Mitte des 4. Jh.s n. Chr. fasste Ammianus Marcellinus noch einmal das einschlägige Wissen über die Vorgeschichte Galliens zusammen (15, 9,8): »In diesen Gegenden wurden die Menschen allmählich zivilisierter, und die Beschäftigung mit den freien Wissenschaften blühte auf, angeregt von den Barden, Euhages und Druiden [= *drysidas*]. … Die Euhages erforschten (?) und versuchten die Geheimnisse der Natur zu ergründen. Die Druiden, geistig über den anderen stehend, schlossen sich zu strengen Gemeinschaften zusammen, wie es die Autorität des Pythagoras festgesetzt hat, und erhoben sich zur Erforschung verborgener, hoher Dinge; auf rein Menschliches blickten sie herab und verkündeten, dass die Seelen unsterblich seien« (H3 318, 323–325).

Diese neben und unter den Druiden stehenden, hier *euhages* genannten Seher, die sich nicht immer von den Druiden unterscheiden lassen, wenn es etwa um das kaiserzeitliche Verbot von Prophezeiungen geht,[21] heißen bei Strabon (*geogr.* 4, 4,4f.) gr. *ouáteis*, also gesprochen *vátīs*, womit wir zur zweiten Gruppe der vermutlich durch Geheimwissen ausgezeichneten Sakralpersonen kommen. Diesem durch Poseidonios bezeugten Wort für den Ekstatiker steht im Lateinischen *vátēs*, *vátis* gegenüber, entweder durch Urverwandtschaft oder Entlehnung in der Gallia cisalpina, das in den lateinischen Glossaren des Frühmittelalters im Sinne von ›Priester‹, ›Prophet‹ oder ›Dichter‹ geläufig ist (H3 500f., 520). Dem urkeltischen **vátis* entsprechen das altirische Etymon *fáith* ›Dichter‹, das kymrische *gwawd* ›Gedicht; Satire‹, im Altnordischen *óðr* ›Gesang‹, im Deutschen *Wut*. Lat. *vátēs* dient zur Bezeichnung des inspirierten Dichters, vorzüglich des keltisch-stämmigen römischen Nationaldichters P. Vergilius Maro (70–19 v. Chr.) aus der Gegend von Mantua, den man im viktorianischen England nicht zufällig für einen Druiden halten sollte (Hutton [2011], 226). M. Terentius Varro hat das lateinische *vátēs* in der typisch antiken Weise »etymologisiert«, die noch Isidor von Sevilla (*etymologiae* 8, 7,3) zitierte: entweder ist es nach *vis mentis* ›Geisteskraft‹ benannt oder aber nach einer bestimmten Kraft (*vi quadam*) und Raserei (*vesania*) oder aber weil sie ihre Rhythmen »verflechten« (*viere*).

Das urkeltische Wort hat übrigens bis in die Gegenwart unter einer Narrenkappe versteckt weitergelebt: Mit griechischen Lettern geschriebenes *ouáteis* wurde in der Neuzeit von Keltenmystikern, die in der griechischen Schrift nicht ganz firm waren, zu †*Ovates* zurechtbuchstabiert und ist so – wie wir noch sehen werden – in den neuzeitlichen Druidenorden zu einem eigenen Grad, ursprünglich einer Art »Druiden-Geselle« (s. S. 222, 234), geworden oder ist »kymrisiert« zu *Ofydd* mit der walisischen Namensform

---

21 So bei dem bedeutenden Juristen Ulpianus, der zwischen 202 und 209 in Rom wirkte, in *de officio proconsulis* 7, 3f.; H3 148–150.

Mantik und Opfer

des römischen Dichters *Ovidius* zusammengefallen (Hutton [2011] 157)! Eine andere Entstellung ist das oben erwähnte, nur bei Ammianus Marcellinus vorkommende *euhages*, das eine Fehltranskription für gr. *euagḗs* ›rein, heilig‹ zu sein scheint, welches selbst wieder aus *ouatḗs* (in griechischen Großbuchstaben) verlesen sein wird. Jedenfalls ist dies die nächstliegende Erklärung, denn auch das folgende *drysidas* ist gewiss nichts anderes als der entstellte Druidenname (*druidas*; vgl. H2 226.).

Ich vermute, dass es das Moment der Inspiration – und wohl auch der Ekstase war –, das den *vātis* von dem eher philosophisch-wissenschaftlich agierenden und kontemplativen Druiden unterschied. Ob nun diese mantischen Menschenopfer, die ja eines komplizierten Deutungssystems bedurften, nur von den **vātīs* ausgeführt wurden, oder doch auch in den Zuständigkeitsbereich der Druiden fallen konnten, wie Caesar (*b. G.* 6, 13,4 und 6, 16,2–4) eindeutig sagt, scheint Poseidonios durch die folgende Angabe zu entscheiden, wenn er nämlich berichtet, dass kein Opfer ohne »Philosophen« – d.h. Druiden – vorgenommen werde, was speziell auch für Dankopfer gelte. Man könnte es sich so zurechtlegen, dass aus seiner Sicht die Opferhandlung, der richtige Zeitpunkt und die richtige Durchführung, wozu z.B. auch die Beachtung der Lateralität gehörte, denn nur die rechte Seite war den Göttern lieb, wie wir von Poseidonios (bei Athen 4, 36) wissen (H1 114), Druidensache war. Dementsprechend bemerkt auch Plinius (*nat. hist.* 28, 25): »Beim Beten führen wir die Rechte an den Mund und drehen den ganzen Körper herum, was in Gallien nach der linken Seite geschieht, weil sie es für ehrfürchtiger halten« (H2 387). Insbesondere waren wohl die dabei zu sprechenden oder zu singenden Gebete Aufgabe des Druiden, während die richtige Auslegung der spezifischen Situation der ekstatischen Einfühlungsgabe des *vātis* überlassen blieb.

Wenn Strabon von einem im Alpenvorland hausenden Barbarenvolk schreibt, dass dieses aus Angst vor Rache in seiner Grausamkeit nicht nur alle Männer und männlichen Kinder morde, sondern auch jene schwangeren Frauen, von denen die Seher (*mánteis*) sagten, dass sie Knaben gebären würden, so ist nicht ganz klar, ob sich diese Nachricht auf die keltischen Vindeliker

Das Geheimwissen der Druiden, Magier und Seher im Altertum

oder doch die unkeltischen Rhäter bezog (Strabon, *geogr.* 4, 6,8; H2 233–235). Während M. Tullius Cicero (*pro M. Fonteio* 14,31; H2 21–23) scharf gegen die Menschenopfer, die ja noch zu seiner Zeit üblich waren, polemisierte, aber nicht erwähnte, wer sie darbrachte, ist bei Caesar auffällig, dass offenbar auch die Aufgaben des *vātis* vom Druiden wahrgenommen werden, den er in seinen Ethnologischen Exkursen (s. S. 31-34) als einzigen Kultfunktionär nennt. Eine vergleichbare mantische Menschenopferpraxis scheinen die sprachlich nicht zu den Kelten gehörigen, aber ihnen nahe verwandten Lusitanier (in Portugal),[22] sowie die teilweise keltisierten ursprünglich germanischen Kimbern (s. S. 79 f.) geübt zu haben.[23] Die Römer legten ihrer Leber- und Eingeweideschau keine Menschen (mehr) zugrunde, wie sie ja auch in ihrer Opferpraxis mit Ausnahme der »außerordentlichen Opfer«[24] und einem von Caesar 46 v. Chr. durchgeführten Menschenopfer (Cassius Dio 43, 24,3f.) von dieser Ritualform seit 97 v. Chr. abgekommen waren. Die Geheimwissenschaft der Eingeweidebeschauer (*haruspices*) rief bei Skeptikern wie dem alten Cato den berühmten Satz hervor, der heute fälschlich in dem Ausdruck »Augurenlächeln« weiterlebt.[25]

---

22 »Sie verrichteten Opfer mit Eingeweidebeschau ohne diese herauszuschneiden und sie wahrsagen auch aus den Adern in der Brust, indem sie sie betasten. Kriegsgefangene wurden vor der Eingeweideschau durch Mäntel verhüllt [wahrscheinlich aus Angst vor dem Blick], im übrigen wahrsagte man aus dem Fall des Opfers nach dem Eingeweidestich« (Strabon *Geogr.* 3, 3,6; H2 207).

23 Strabon, Geographie 3, 3,6 und 7, 2,3; dazu H1 151; H2 235–239; dort auch weitere Belege zur Eingeweideschau bei Kimbern, Galatern und Britanniern.

24 Die *sacrificia extraordinaria* bestanden darin, dass man einen Gallier und eine Gallierin sowie einen Griechen und eine Griechin auf dem Rindermarkt, dem *Forum boarium*, lebendig begrub (Liv. 22, 57; Pluarchos *quaestiones Romanae* 83 p. 283 F). Dieses Opfer wurde im Jahr 228 (226?) vor dem Krieg gegen die Boier und Insubrer durchgeführt, dann wieder im Jahr 216 nach der für die Römer katastrophalen Schlacht bei Cannae in einer besonderen Notlage, zuletzt wohl im Jahr 114 v. Chr., stets auf Weisung der Sibyllinischen Bücher. In der Kaiserzeit bestand die Erinnerung an diese Opfer in irgendeiner Form weiter, was sogar der Christ Minucius Felix (*Oct.* 6, 1) erwähnt, wobei im November auf dem Rindermarkt eine geheime Zeremonie stattfand, deren Einzelheiten man nicht kennt.

25 »Wohlbekannt ist der alte Spruch Catos, er wundere sich, dass ein Haruspex nicht lächle, wenn er einen anderen Haruspex sehe.« Das Bonmot hat Cicero (*de divinatione* 2, 24, 51) überliefert.

Mantik und Opfer

Der Geograph Strabon (*geogr.* 4, 4), der bekanntlich gleichfalls auf Poseidonios zurückgreift, verteilt die Aktivitäten etwas anders, wenn er die Vates als Opferpriester und Naturkundige bezeichnet. Die Druiden beschäftigen sich bei ihm »neben der Naturkunde auch mit Moralphilosophie; sie gelten als die Gerechtesten, und deswegen werden ihnen die Entscheidungen in privaten wie öffentlichen Streitfällen anvertraut, sodass sie früher sogar Kriege entschieden, und Heere, die sich eine Schlacht liefern wollten, davon abgehalten haben. Besonders in Mordfällen wurde ihnen das Urteil anvertraut.« Sie sollen auch geglaubt haben, dass es einem Land gutgehe, wenn es viele Druiden habe (H2 223f.). Danach seien die Druiden doch vorwiegend Philosophen und Juristen gewesen, die eigentlich nichts mit Opfern zu tun hatten. Jedoch am Ende des folgenden Abschnitts stellt Strabon, nachdem er sich über die Kopftrophäen ereifert hat, fest: »Die Römer haben dem nun ein Ende gemacht, ebenso wie den Opfer- und Wahrsagepraktiken, die gegen unsere Gesetze verstoßen. Denn einem zum Opfer geweihten Menschen stießen sie ein Messer in den Rücken und wahrsagten aus seinen Zuckungen. Sie opferten nie ohne Druiden. Auch von anderen Arten von Menschenopfern wird berichtet: Manche nämlich erschossen sie mit Pfeilen und (manche) hängten sie auf Pfählen in den Heiligtümern auf …« (H2 223f.). Die Anwesenheit eines Druiden war beim Menschenopfer also doch fundamental, ob er nun den Zeremonialdolch führte oder nur die richtigen Gebete sprach oder sang, bleibt hiernach offen.

Ganz einmalig ist der Bericht des Iustinus (26, 2, 2f.; H3 300–302), dass die Galater etwa 266 v. Chr. vor einer Schlacht nach der Eingeweideschau an den Opfertieren, die auf einen katastrophalen Ausgang deutete, in einem riesigen Gemetzel ihre eigenen Frauen, Kinder und Alten abgeschlachtet hätten in der Hoffnung, auf diese Weise die Götter doch noch umstimmen zu können. Ich habe diese Stelle selbst früher für bare Münze genommen – und wie andere Forscher zu früh auf 277 angesetzt –, neige aber jetzt der Auffassung zu, dass hinter der krassen Schilderung doch eher griechische Propaganda steht.

In Zusammenhang mit Fruchtbarkeit brachte M. Terentius Varro (*antiquitates rerum divinarum* 16 F 24) die Menschenopfer, welche

Das Geheimwissen der Druiden, Magier und Seher im Altertum

die Kelten dem Saturn darbrachten (H2 45ff., 136f.). Hier besteht das Problem, dass wir bei den Festlandkelten eigentlich keinen Gott kennen, der als Fruchtbarkeitsgott mit dem altitalischen *Saturnus* vergleichbar wäre. Schränkt man die Funktion dieses Gottes auf den Reichtum ein, was meiner Meinung nach zulässig wäre, so könnte man ihn am ehesten mit dem gallischen Gott *Sucellus* in meiner Deutung als Gott des Reichtums identifizieren (B1 610f.). Dann bliebe aber Varros Bezug auf die Fruchtbarkeit ungeklärt.

Die Druiden sind also keinesfalls vom Menschenopfer freizusprechen, mögen auch dessen Zuckungen von den darauf spezialisierten *vātīs* interpretiert worden sein. Diese unterschieden sich von den römisch-etruskischen *haruspices* dadurch, dass sie auch Künftiges vorhersagten, wie die Berner Lucanscholien (zu 1, 585) bemerken.

Natürlich waren Druiden und *vātīs* auch beim Tieropfer tätig. Doch war dies, obwohl den Kelten ganz sicher geläufig, den antiken Autoren zu wenig spektakulär, um es genauer zu beschreiben. Freilich wird es gelegentlich neben dem Menschenopfer erwähnt, so ein Pferdeopfer 150 v. Chr. bei den Lusitaniern in Spanien (Livius *Periocha* 49; H2 197), von denen allerdings nicht ganz sicher ist, in wie weit sie ihrer Kultur nach zu den Kelten gehörten.

Eine scheinbare Ausnahme macht Vergil (*georg.* 3, 486–493), indem er recht genau die Opferung von Tieren bei den Norikern schildert, als dort angeblich die große Tierseuche wütete (H22 89–94). Dieser Beleg ist gerade deswegen interessant, weil er deutlich die Grenze unseres Wissenshorizonts aufzeigt, denn die Philologie und Geschichtswissenschaft konnten sehr wahrscheinlich machen, dass die Viehseuche entweder nicht existierte oder von Vergil phantastisch ausgeschmückt wurde, und das gilt auch vom Opferritus, der dem italischen Brauch entspricht.

Rätselhaft bleibt uns der *carag(i)us,* nach frühchristlichen Autoren eine Art Wahrsager oder Zauberer zur Zeit des hl. Eligius (etwa 589–659), für dessen Namen ich keine Erklärung aus dem Keltischen finde.[26]

---

26 Gallisch *kār-* ›lieben, lieb‹ + *ag-* ›antreiben‹ im Sinne eines Liebeszwangs erscheint mir zu weit hergeholt, eher könnte man das Wort für germanisch halten und mit urgerm. *har(u)gaz* ›Steinhaufen, Opferstätte‹ (IEW 532) verbinden. Jedenfalls scheidet es hier aus.

Mantik und Opfer

Ganz besonders haben es die sogenannten »Wicker Men« der Druiden den folgenden Generationen angetan – bis in die jüngste Zeit, wie ein Horrorfilm von 1973 (Regie: Thomas Hardy) mit Christopher Lee in einer der beiden Hauptrollen beweist. Seit der antiquarischen Rückbesinnung in der Frühen Neuzeit wurde dieses Motiv sehr gerne als Zeichen des Uralt-Barbarischen und »Wilden« dargestellt (Birkhan [1999], 756f.).

Worum handelt es sich?

Caesar erwähnt an der oben genannten Stelle (6, 16,4) die riesigen, aus Ruten (»wicker«) geflochtenen Korb-Gebilde, die freilich entgegen dem Film und der Populärvorstellung keineswegs Menschengestalt haben mussten, sondern einfach riesige Gefäße sein konnten. Sie wurden angeblich mit lebenden Menschen gefüllt und dann in Brand gesetzt. Dieser Bericht findet sich auch bei Strabon, der dieses Opfer in einen größeren Umkreis stellt, wenn er sagt (*geogr.* 4, 4.5): »Sie opfern nie ohne Druiden. Auch von anderen Arten von Menschenopfern wird berichtet: Manche nämlich erschossen sie mit Pfeilen und (manche) hängten sie auf Pfählen in den Heiligtümern auf, oder sie verfertigten einen Koloss aus Stroh und Holz, steckten da Weidevieh, allerhand Wildtiere und Menschen hinein und verbrannten es zur Gänze« (H2 224, 229–231). Für beide Stellen wurde letztlich Poseidonios als Quelle vermutet. An einer von Diodor (5, 32,6) zitierten Stelle berichtet er: »Entsprechend ihrer Wildheit handeln sie auch bei ihren Opfern auf eine außerordentlich frevelhafte Weise: Verbrecher halten sie nämlich fünf Jahre lang in Gewahrsam, kreuzigen sie zu Ehren der Götter und verbrennen sie mit vielen anderen Opfergaben auf riesigen Scheiterhaufen. Ebenso verwenden sie auch die Kriegsgefangenen als Opfer zu Ehren der Götter. Einige von ihnen wiederum töten zusammen mit den Menschen auch die im Krieg erbeuteten Tiere oder verbrennen sie oder bringen sie auf andere Weise ums Leben« (H1 153–155).

Diese Brandopfer hat man auch als ungenaue Reminiszenz der »Wicker Men« verstehen wollen, doch scheint mir das weniger überzeugend, denn die hier erwähnten Verbrennungen von gekreuzigten Verbrechern und von Kriegsgefangenen auf Scheiterhaufen sind viel blassere Aussagen, die einem geradezu die Frage aufdrängen, warum Diodor ausgerechnet die Wicker Men verschweigt, wenn er sie in seiner Vorlage Poseidonios gefunden hat. Da diese nur durch Caesar und Strabon (etwa 64/63 v. Chr. - etwa 24 n. Chr.) bekannt sind, vermute ich jetzt (anders: B1 800), dass Poseidonios sie gar nicht erwähnte, sondern erst Caesar in die ethnographische Tradition einführte, von dem Strabon seinen Bericht dann übernahm, allerdings aus einer zusätzlichen Quelle auch über das Mitverbrennen von Tieren erfahren hatte. Die erwähnte Kreuzigung war den Kelten übrigens sowohl als Strafe wie Opferritual völlig fremd. Sie entspricht vielmehr dem Aufhängen an Pfählen im Heiligtum bei Strabon. Das Hängeopfer, das ja auch bei den Germanen von großer Bedeutung war, könnte in der berühmten Vorstellung vom »mehrfachen Tod« in der inselkeltischen Tradition weiterleben. Auf Erhängen oder Erdrosseln weisen auch die Befunde der (schlecht erhaltenen) irischen Moorleiche von Castleblakeney und eines Geopferten in La Tène hin (B1 866).

Seit dem berühmten Buch über die »Wald- und Feldkulte« (2 Teile, Berlin 1875/1877) von Wilhelm Mannhardt werden Verbrennungen von Tieren (Katzen, Füchse, Schlangen) besonders in Frankreich mit den Wicker Men verglichen. Dabei handelt es sich aber um Mitsommerbräuche, denen Tiere zum Opfer fielen, die entweder Hexentiere waren oder sonst als schädlich galten. Vergleichbar ist nur das Rutengeflecht, in dem sie verbrannt wurden.

Was aber war der Sinn des von Caesar und Strabon berichteten Wicker Men-Opfers?

Hier hat Hofeneder den Finger auf die richtige Stelle gelegt, wenn er auf die Fünfjahresperiode bei der Verbrecherverbrennung und im gallischen Kalender hinwies (H1 155). Der Sinn ist meiner Meinung nach ein Gesamtopfer, das ein glückliches neues Lustrum einleiten sollte. Dabei kommt dem Menschenopfer, das ja vorwiegend aus Verbrechern bestand, eine besondere Bedeutung zu, es sollte als Reinigungsopfer alle ungebüßte Schuld tilgen und es sollte durch die geopferten Wild- und Haustiere den Ertrag der Jagd und der Viehzucht sichern. Wenn Strabon erwähnt, dass auch Stroh eine große Rolle gespielt habe und nicht nur die Weidenruten, aus denen die angeblichen »Wicker Men«

bestanden, so betrifft dies vielleicht auch noch die rein agrarische Seite dieses Opfers, das auch den Ertrag an Feldfrüchten gewährleisten sollte.

Doch treten wir nun einen Schritt zurück! Wenn wir davon ausgehen, dass diese Analyse einigermaßen das Richtige trifft, so muss man sich doch fragen, worin bei diesem Opfer, das ja wohl angesichts des ganzen Stammes vor sich ging und das z. B. als Fruchtbarkeitsopfer jedem Stammesangehörigen verständlich sein musste, eigentlich das Geheimwissen gelegen haben kann. Wenn es überhaupt mit esoterischem Wissen zu tun hatte, dann am ehesten durch Entsühnungs- und Kalenderspekulationen. Aber auch da werden die Nicht-Druiden wohl verstanden haben, dass der Übergang von einem Lustrum zum andern eine bestimmte sakrale Grenze bildete, die in spektakulärer Weise wahrgenommen werden musste.

Archäologische Hinweise auf druidisches Wirken?

Hier wären natürlich all jene Grabfunde zu beachten, in denen der Leib in auffälliger Weise zerstückelt wurde, denn sie könnten auf die Orakeltätigkeit der Druiden und *vātēs* zurückgehen. So könnte man sich gut vorstellen, dass etwa die zerstückelte Kinderleiche vom Hillfort von Wandlebury (Cambridgeshire) der Rest eines vielleicht mantischen Opfers ist. Auch andere Veränderungen am Skelett *post mortem* wären im Auge zu behalten. Sie betreffen meist den Kopf, und es ist besonders interessant, dass Begräbnisbräuche mit Verlagerung des Kopfes in Britannien auch in der Römerzeit weiterlebten. Dazu gehört die in Lankhills (bei Winchester) beobachtete Gewohnheit im späten vierten nachchristlichen Jh., den Kopf vom Leichnam abzutrennen und etwas disloziert zu begraben. Dies geschah bei Kindern, vor allem aber bei älteren Frauen. Die Vermutung, dass dieser Brauch auf Furcht vor »Hexen« und ihrem Wissen zurückgeht, ist nicht von der Hand zu weisen. In anderen Fällen wie in Dorset waren an den abgeschnittenen Köpfen die Unterkiefer entfernt worden, offenbar um die Toten daran zu hindern, noch Verwünschungen und Zaubersprüche auszustoßen (B1 860).

Ob das Druidenwerk oder schlicht ad hoc geübter Aberglaube war, ist kaum zu entscheiden.

Unsere besondere Aufmerksamkeit gebührt der Moorleiche des »Lindow Man«: Wenn die Druiden Menschenopfer darbrachten, dann war das berühmte Mooropfer ihr spektakulärstes auf uns gekommenes Werk.

»Lindow Man« wurde im August 1984 in Lindow Moss bei Wilmslow (Cheshire) entdeckt. (Green [1998], 80f.). Selbstverständlich war dieser Fund in jeder Hinsicht angetan, die größte Aufmerksamkeit auf sich zu ziehen, handelte es sich doch um die bisher einzige Moorleiche eines vermutlichen Kelten aus Britannien, die außerdem so gut erhalten war, dass das Gesicht so rekonstruiert werden konnte, wie es zu Lebzeiten ausgesehen haben mochte (B2 272).

»Lindow Man« lebte im 1. Jh. n. Chr., war ein kaum über 25 Jahre alter Mann mit rotblondem Schnurrbart, glattrasierten Wangen und gepflegten Fingernägeln, was darauf hindeutet, dass er vermutlich keine manuelle Tätigkeit ausgeübt hat. Uns interessieren hier nur jene Aspekte, die mit seinem gewaltsamen Tod zu tun haben. Er kam durch einen Schlag, wohl mit einer Axt, auf den Hinterkopf zu Tode und wurde darüber hinaus noch erwürgt. Zudem wurde ihm die Kehle durchgeschnitten. Er wurde nackt in kauernder Haltung in einem flachen Moortümpel beigesetzt, ob als Opfer für eine Gottheit (des Stammes, der Flur, des Rechts), ob als hingerichteter Gesetzesbrecher oder beides zusammen, ist nicht zu ersehen.

Allerdings wurde auf eine Reihe altkeltischer Traditionen vom mehrfachen – gewöhnlich dreifachem – Tod einer Person hingewiesen. »Lindow Man« hätte dann exemplarisch so etwas wie eine Summierung der drei in den Lucanscholien genannten Todesarten, die wir bei dieser Gelegenheit erwähnen wollen, erlitten: »Teutates Mercurius wird bei den Galliern so besänftigt: in ein volles Fass wird ein Mensch kopfüber versenkt, sodass er dort erstickt. Hesus [= Esus] Mars wird so besänftigt: ein Mensch wird an einem Baum aufgehängt, bis er seine Glieder infolge des Blutvergießens zerteilt hat (?). Taranis Dispater wird auf diese Weise bei ihnen besänftigt: in einer hölzernen Wanne werden einige Menschen verbrannt ...« (H2 317). Wie man sieht, könnte nur das Erhängen zu Ehren des

Archäologische Hinweise auf druidisches Wirken?

Esus mit der Erwürgung des »Lindow Man« verbunden werden.
Dennoch ist es denkbar, dass die Opferung des jungen Mannes drei
Gottheiten zugleich gegolten hat, die wir allerdings nicht mit der
Trias des Lucan bzw. den Berner Scholien aus dem 4. Jh. in zwei
Handschriften in Bern aus dem 9. Jh. (H2 312f.) verbinden und
identifizieren können.

Wenn die antiken Autoren wie Caesar (6, 17,3–17,5) auch die
Opfer von Kriegsbeute an irgend einem heiligen Ort erwähnen,
so passt dies zunächst zu Depositions- und späteren Fundorten
wie La-Tène am Neuenburger See in der Schweiz, der für eine
ganze Stilepoche namengebend wurde und durch seine reichen
Waffenfunde bekannt ist. Unerwähnt bleibt aber, dass es eigene,
z.T. aufwändige bauliche Anlagen gab, die als Opferplätze dienten,
wobei es sich keineswegs immer um Waffenopfer handeln musste.
Gemeint sind die meist erst in jüngerer Zeit entdeckten Opferschächte und die Opferheiligtümer, wie sie etwa in Bayern und in
der Picardie gefunden wurden.

Das Problem der Opferschächte hängt eng mit dem der sogenannten »Viereckschanzen« – ein irreführender Name – zusammen.[27] Das sind ursprünglich rechteckig eingefriedete Plätze von
etwa 140 x 60 m, die sich ihrer Verbreitung nach in einem Streifen
von der unteren Seine nördlich der Alpen bis Tschechien hinzie-
hen. Sie gehen etwa in die Zeit des 5. bis 1. Jh.s v. Chr. zurück und
liefern den Archäologen gewaltige Probleme. Man sah in diesen
Einfriedungen Kultorte, in denen Umzüge, Umritte, Rennen oder
andere »Spiele« durchgeführt wurden, aber auch rein profane Anlagen etwa zu Versammlungszwecken. Die erstaunliche Fundarmut
verbietet den Gedanken an dauerhafte Besiedlung. Man hat daher
das gewaltige Viereck, das Lovernios für seine potlatch-Aktion
errichtete, trotz der unvergleichlich größeren Ausmaße zum Vergleich herangezogen (s. S. 145), was allerdings nur sehr bedingt
möglich ist (H1 122f.).

Gewöhnlich nach Osten zu – nie nach Norden, weil diese Him-
melsrichtung bei der »Orientierung« links lag und bei den Kelten
negativ tabuisiert war – befand sich eine Art Portal. In einem

---

27   Dazu Günther Wieland, in: Haffner (1995), 85–99.

Das Geheimwissen der Druiden, Magier und Seher im Altertum

solchen Geviert waren dann eine oder mehrere Opfergruben, über denen in der Spätzeit manchmal ein kleiner Holzbau errichtet wurde. Gelegentlich konnten auch Spuren der Vorform des gallischen Umgangstempels in dem Geviert ausgemacht werden, so in der berühmten Anlage der *Boii* in Mšecké Žehrovice (Bez. Rakovník; Tschechien), wo ja auch das berühmte, oft abgebildete Latène-Köpfchen eines torquestragenden und schnurrbart-geschmückten Gottes, Fürsten, Kriegers, Barden – oder gar Druiden ? – herstammt (B2 225). Wie immer man die Viereckschanzen selbst beurteilt, viele der »Gruben« waren nicht etwa nur gewöhnliche Brunnenschächte, sondern hatten wohl kultische Bedeutung. Sie konnten sehr tief sein, so der Schacht von Holzhausen (südlich von München) etwa 36 m oder der von Dunstable (Bedfordshire) über 38 m. Besonders in Aquitanien gab es auch Opferschächte,[28] die wie jener von Saint-Rémy-des Monts (Dép. Sarthe) mit 58,57 m eine noch größere Tiefe erreichten. Diese beachtliche Tiefbauleistung wirkt wie eine Illustration von Caesars Angabe, dass die Aquitanier bei Grabungs- und Minierungsarbeiten besonders große Erfahrung hätten (*b. G.* 3, 21,3). Allerdings ist nicht klar, wie hoch bei ihnen das keltische Element zu veranschlagen ist. Laut Caesar (*b. G.* 1, 1,2) unterschieden sie sich durch Sprache, Einrichtungen und Gesetzen von den Galliern und Belgern.

Wir müssen davon ausgehen, dass die Kultschächte keine genuin keltische Erfindung waren, sondern schon lange bestanden, von den Kelten jedoch übernommen, vielleicht umgedeutet und in die Viereckschanzen einbezogen wurden. Der Gedanke, dass die Opfertätigkeit zum Aufgabenbereich der Druiden gehörte, ist nicht von der Hand zu weisen. Die Deutung der Schächte ist aber wegen der Uneinheitlichkeit ihrer Verfüllung schwierig. Bald sieht es aus, als hätte man einer männlichen oder weiblichen Todesgottheit oder aber auch einer Fruchtbarkeitsgottheit geopfert oder einer Gottheit wie dem altirischen *Tigernmas*, der beides zugleich war. Die Adressaten dieser Gaben wären dann durch die reichlich nachgewiesenen Tier- und Menschenopfer versöhnt oder ernährt worden.

---

28   A. Haffner, in: Haffner (1995), bes. 37–41.

Archäologische Hinweise auf druidisches Wirken?

Solche Opferspuren zeigt der 1997 in Leonding (Oberösterreich) gemachte Fund mit den – wie man nach der Ausgrabung annahm – deutlichen Hinweisen auf Menschenopfer (B2 550, 551). Es waren über 9 menschliche Skelette, bzw. Skelettreste, von Männern, Frauen, einem Kind sowie von bestimmten Tieren (Hasen und Caniden), »die in ihrer Lage nicht auf reguläre Bestattung, sondern auf Sturz in die Grube wiesen und durch Ansengungs- und Ankohlungsspuren darauf deuteten, dass sie von einer Art Scheiterhaufen in die Grube gestürzt waren, wo das Feuer vergloste« (B2 S. 44). Der Sensationsfund löste großes Rauschen im Blätterwald aus: Endlich hatten auch die Linzer ihren Druiden mit seinen Menschenopfern! Inzwischen regt sich Skepsis und fordert weitere Untersuchungen der Knochenreste, die zum Teil krankheitsbedingte Skelettveränderungen aufweisen (Leskovar – Traxler [2008]).

Völlig anders geartet und besonders bedeutend ist der Fund eines holzverschalten 20 m tiefen Wasserschachts in der Viereckschanze von Fellbach-Schmiden im Großraum Stuttgart (Haffner [1995], 15). Hier kann man die Anlage durch dendrochronologische Bestimmung der Verschalungshölzer, die im Mai/Juni 123 v. Chr. gefällt wurden, relativ gut datieren. Keramikreste und Tierknochen erweisen, dass der Schacht nicht als gewöhnlicher Brunnen diente. Durch minutiöse Untersuchung konnte festgestellt werden, dass sich über dem Schacht eine elegante Holzschnitzerei befand, die mit Auripigment gelb bemalt war. Sie zeigte einen sich aufbäumenden Hirsch sowie zwei gegenständige Ziegenböcke, zwischen denen sich einst eine menschliche Gestalt befand, die die Tiere umfangen hielt (B2 109). Der Gedanke, dass hier eine »Herrin der Tiere« (gr. *pótnia thērṓn*) abgebildet war, ein letztlich kleinasiatisches, aber weitverbreitetes Bildmotiv, ist nicht von der Hand zu weisen.

In Aquitanien wurden solche Schachtanlagen zweifelhafter Keltizität wegen der häufigen Skelettfunde auch als »puits funéraires« bezeichnet. In dem zum Teil ausgemauerten Opferschacht 20 von Le Bernard (Dép. Vendée) fand sich auf dem Grunde die Figur einer thronenden Muttergottheit, darüber in mehreren Schichten, die durch Steinlagen voneinander getrennt waren, Sprosse von Hirschgeweihen, Tongefäße und -scherben, Knochen von Hase,

73

Pferd, Hund, Ziege, Schaf, Schwein und Rind, darüber eine dicke
Holzkohlenschicht, die auf Änderung des Opferritus weisen könn-
te, und darüber wieder Bruchsteinmauerwerk mit Keramikresten.
Schon in der Antike wurde dieser Schacht zugemauert (B2 552).

Ich möchte bei solchen Opferstätten an den altrömischen *mundus,* wie die Opfergrube in Rom hieß, denken. Zur Erläuterung
können wir als wichtigste Stelle aus Ovids Festkalender (*fasti,* 4,
819–829) zitieren. Am 22. April feierte man die Gründung Roms:
wobei [Romulus] »eine Grube gräbt bis zum festen Grund. Man
wirft dort Früchte, wirft Erde hinein … Angefüllt wird sie wieder
danach, ein Altar wird errichtet, und auf dem neuen Herd zündet
ein Feuer man an.« So wie der *mundus* in Rom verschlossen wurde,
so hat man auch die Opferschächte in Aquitanien verschlossen.
Die Opfergaben des Romulus waren eigentlich der Muttergottheit
Ceres zugedacht, in Le Bernard 20 einer Matronengottheit. Das
Gründungsopfer markiert zugleich die Gründung Roms. Allerdings ist die fundarme Viereckschanze wohl kaum der Ausgang
einer größeren Siedlung gewesen, und nicht jede Opfergrube ist
in einem solchen Geviert gelegen. Nicht zuletzt gibt es ja auch
Opferhöhlen, die natürliche Kavernen und nicht vom Menschen
ausgeschachtet sind wie die Durezza-Schachthöhle in Kärnten
(Gleirscher [2008b]).

Der oft makabre Aspekt der keltischen Opfergruben und
-schächte scheint schlecht zum Bild des *mundus* bei Ovid zu passen, doch galt nach Plutarch (*Rom.* 11, 2) diese Grube auch als
Eingang »zu den traurigen und unterirdischen Göttern« (Varro
bei Macrob. *Sat.* 1, 16,18), als ein dem *Dispater* und der *Proserpina*
geweihtes Heiligtum. Diese Koinzidenz scheint doch typologisch
einen Teil der keltischen Opfergruben abzudecken.

Die düstere Version des *mundus* hat höchst bemerkenswerte
Entsprechungen im alten Irland. Zu bestimmten Terminen, am
Vorabend des 1. Mai (*Beltaine*) und vor allem des 1. November
(*Samuin, Sam[h]ain*) stand der Zugang zur Anderen Welt offen,
was sich durch höhere Aktivität der *fairies* offenbarte. Das beste
Beispiel eines solchen *mundus* als Eingang in die Andere Welt, die
zugleich das Totenreich ist, bietet der Felsspalt von Cruachain, heu-
te Rathcroghan (Co. Roscommon), mit seiner bemerkenswerten

Ogam-Inschrift (B1 841; B2 544f.), die den Helden *Fraech* als Sohn der »Muttergottheit« *Medb* nennt (CIIC 12). Er heißt *Uaigh na gCat* ›Höhle der Katzen‹ (nach Katzendämonen) und war vielleicht Teil einer Kulthöhle (Souterrains?). Die Sage *Echtra Nerai* (›Neras Abenteuer‹) schildert, wie der Krieger *Nera* zu *samuin* dort in die Andere Welt und in einen Grabhügel (*síd*) gerät, wo er vom drohenden Untergang des Reiches von Connacht erfährt. Wieder in diese Welt zurückgekehrt, wendet er die Katastrophe ab, indem er das Königspaar veranlasst, den feindlichen *síd* aufzugraben.

Nichts hat in den letzten Jahrzehnten unsere Kenntnis des keltischen Opferwesens so beeinflusst wie die Entdeckung der sogenannten Opferheiligtümer in der Picardie (und auch anderwärts).[29]
Diese Kultorte sind primär Opferstätten, die durch Opfergräben und durch bestimmte Opfertypen (Menschen-, Tier- und andere Opfer) gekennzeichnet sind. Sie hatten eine beachtliche Kontinuität, denn obwohl sie im 3. Jh. v. Chr. besonders frequentiert waren und mit der römischen Eroberung der Opferritus abkam, lebten sie doch bis zum Ende des Heidentums weiter. Allerdings waren jetzt in ihrem Geviert gallische, später gallorömische Tempel errichtet.
Eines der beiden besten Beispiele ist das Heiligtum von Ribemont-sur-Ancre (Dép. Oise), das überhaupt als der »besterhaltene und reichste latènezeitliche Kultplatz des keltischen Europas« gilt.[30] Hier ist die Kontinuität als Kultzentrum noch tief in die Kaiserzeit durch Tempel, Thermen und Theater besonders eindrucksvoll. Das alte Heiligtum bestand aus drei etwa quadratischen Einfriedungen von ca. 40 m Seitenlänge und Gräben. Es war mit hohen Palisaden eingefriedet, die, mit Schilden behangen, offenbar die Sicht von außen auf das Innere verbergen sollten und durch die ein Portal führte, das mit Menschenschädeln bestückt war. Alle drei Vierecke lagen in einem durch einen Wall gebildeten großen ovalen Erdwerk. Außerhalb des einen Vierecks fand sich eine mindestens 60 m² große Fläche, die mehr als 20.000 menschliche Knochen und Waffen bedeckte. Da die Schädel fehlten und sich die Knochen

---

29   Zum Folgenden Haffner (1995), speziell Brunaux (1995).
30   Brunaux (1995), 66.; dazu jetzt Stephan Fichtl, in: LKA 2, 1582–1584.

noch im anatomischen, die Waffen im funktionalen Verband befanden, schloss der Ausgräber Jean-Louis Brunaux, dass die enthaupteten Leichen in mumifizierter (luftgetrockneter) Form in voller Bewaffnung auf einer Art Balustrade aufgestellt waren, die später einbrach und zerstört wurde, so dass die Mumien herabfielen, wo sie in gelegentlich extrem verdrehter Form zu liegen kamen. Die ganze Balustrade dürfte etwa 120 geköpfte Krieger (jugendliche und junge erwachsene) von überdurchschnittlicher Körpergröße (über 1,75 m) eng aneinander gedrängt in vier oder fünf Reihen getragen haben. Der Befund wurde so gedeutet, dass es sich hier um eine höchst wichtige Opferstätte für einen Kriegsgott handelte, dem das ganze feindliche Heer, phalanxartig aufgestellt, geweiht worden war (Brunaux [1995], 70ff.). Die erbeuteten Köpfe werden wohl als Trophäen mitgenommen worden sein.

Innerhalb des Gevierts fanden sich u. a. gegen 2000 Menschenknochen von Ober- und Unterschenkel, die mit Pferdeknochen so zusammengesetzt worden waren, dass sich kleine Knochenhäuschen ergaben, deren Innenraum mit Hüftknochen gepflastert war. In der Nähe eines dieser Gebilde lagen Reste menschlicher Knochen, denen man das Mark entnommen hatte. Ob es gegessen oder etwa für andere Zwecke entnommen worden war, lässt sich natürlich nicht entscheiden (Brunaux [1995], 74). Ringsum fanden sich mehrere tausend latènezeitliche Metallsachen, insbesondere Waffen. Die Größe der gesamten Anlage deutet darauf hin, dass sich hier das religiöse Zentrum einer überstammlichen Amphiktyonie befand, das der Verehrung eines Kriegsgottes galt, hinter dem wir vielleicht *Taranis* vermuten dürfen. In dem nahegelegenen *Samarobriva* (Amiens) wurde ein Tongefäß mit der Sgraffito-Aufschrift *Taranuos* gefunden (H2 325). Die keltischen Kultaktivitäten in Ribemont enden zu Anfang des 1. Jh.s v. Chr., also im Wesentlichen mit den römischen Kontakten.

Ein weiteres Musterbeispiel für diese Kultheiligtümer ist die nicht allzuweit entfernte Anlage von Gournay-sur-Aronde (Dép. Oise). Sie besteht aus einem Geviert von etwa ähnlichen Dimensionen wie Ribemont. Es war von einem holzverschalten Graben mit trapezförmigem Querschnitt umgeben, hinter dem sich wieder ein hoher Palisadenzaun zur Geheimhaltung des dahinter Befindlichen erhob.

Das Eingangstor war mit Stier- und Menschenschädeln, aber auch mit Waffen und Teilen von Kampfwagen behängt. Hinter der Palisade verlief parallel zu ihr ein holzverschalter Graben mit V-förmigem Querschnitt, in dem sich verwesende Kadaver befanden. Dabei wechselten solche von Schaf und Schwein mit Menschenleichen beider Geschlechter – also anders als in Ribemont. Zwischen den Tier- und Menschenknochen lagen unbrauchbar gemachte, also geopferte Waffen, insgesamt über 2000. Hinter dem Opfergraben befand sich eine ovale Opfergrube von etwa 3 m Länge, die von neun kleineren kreisförmigen Gruben umgeben war. Es wird vermutet, dass man die Menschen- und Tierkadaver zuerst in der Zentralgrube verwesen ließ, bevor man sie auf die Opfergräben aufteilte. Es fanden sich Knochen alter Rinder, deren Schädel am Tor ausgestellt waren, und Knochenreste von Lämmern, Ferkeln und Hunden, die auf Opferschmäuse weisen, aber auch Münzen. Die Waffen waren auf Pfählen nach Art von Tropaia angeordnet – solche Ruhmessäulen erwähnt auch Claudius Aelianus (*varia historia* 12, 23; H3 191f.), der berichtet, dass die Kelten Siegeszeichen errichteten, um ihre Taten zu verherrlichen und Denkmäler ihrer Tapferkeit zu setzen. Über der Zentralgrube erhob sich ein nach Osten orientiertes Gebilde, das, wie auch ein davor stehender Pfosten, wohl im Kult, vielleicht als »Bühne«, eine Rolle gespielt haben wird.[31]

Um 125 v. Chr. wurde das Heiligtum »geräumt«, zum Teil abgebrannt, die Gräben aufgefüllt und eingeebnet. Im 1. Jh. v. Chr. baute man über den Gruben einen quadratischen Tempel, so als hätte man die Opfergrube als eine Art *mundus* interpretiert. Das sehr schlichte Gebäude wurde später durch einen kleinen Umgangstempel, gegen Ende des 1. Jh.s v. Chr. durch einen gallorömischen Tempel aus Stein ersetzt.[32] Vielleicht war dies schon eine Folge des Gallischen Krieges und der Pazifizierung Galliens. Die picardischen Heiligtümer, insbesondere Gournay, bestätigen im Übrigen Caesars Mitteilungen (*b. G.* 6 17,3–17,5) über depotartige Waffenopfer (s. S. 33 f.).

---

31   Dazu im Detail Brunaux, in: Brunaux – Rapin (1988), 143ff.
32   Brunaux (1988), 8ff.; Brunaux (1995), 56ff., 66; Thierry Lejars, in: LKA 1, 680–682.

Das Geheimwissen der Druiden, Magier und Seher im Altertum

Es gibt noch mehr Opferplätze dieser Art, wenngleich nicht von diesen Ausmaßen. So in Saint-Maur (Dép. Oise), aber auch in Mirebeau (Dép. Côte-d'Or), wo allerdings die Opferpraxis etwas anders aussah und Spuren geopferter Menschen fehlen. Weitere Heiligtümer eines ähnlichen Typus finden wir z.B. in Niederösterreich in Roseldorf,[33] in Ungarn in Pilismarót-Basaharc, aber auch in der Gegend von Velem-Szent Vid und am See Velence bei Pákozd. Und man hat ihn neuerdings auch von den tolistobogischen Galatern aus dem antiken Gordion (etwa 100 km südwestlich von Ankara) kennengelernt (s. S. 39).[34] Gerade von den Galatern stammt ebenso die älteste Nachricht von keltischen Menschenopfern überhaupt aus dem 3. Jh. v. Chr. durch Sopatros (bei Athen. 4, 51; H1 61), und ihm stellt sich das große Menschenopfer der Galater von 167/166 v. Chr. an die Seite. Hier wurden die bestaussehenden und in der Blüte ihrer Jahre stehenden Kriegsgefangenen bekränzt und geopfert, während man die andern einfach tötete (Diodoros 31, 13; H2 81f.).

Kein antiker Autor, keine Inschrift nennt die Viereckschanzen, die Opfergräben und Opferheiligtümer. Sie lehren uns, wie unvollständig wir informiert wären, hätten wir nur die antiken Autoren und frühmittelalterlichen Quellen der Inselkelten. Solange keine Zeugnisse auftauchen, die dagegen sprechen, was ja angesichts der erschöpften Quellenlage bei den alten Autoren mehr als unwahrscheinlich sein dürfte, müssen wir annehmen, dass die genannten Kulteinrichtungen in den Kreis druidischer Tätigkeit fielen. Sie müssen es gewesen sein, welche in den Viereckschanzen die uns unbekannten Kulthandlungen durchführten und in den zuletzt genannten Heiligtümern das großangelegte Opferwesen organisierten. Auch wenn es sich nur um Waffenopfer (Gleirscher [2008a]) handelte wie etwa in Förk (Kärnten), muss wohl ein Priester an der Sakralhandlung beteiligt gewesen sein. Wieweit sie mit Geheimhaltung – man denke an die Palisaden als Sichtschutz – und Geheimwissen etwa bei der Durchführung der Opfer, der Errichtung der »Knochenhäuser«, überhaupt der Planung der ganzen Anlagen einherging, wird sich nie mit letzter Sicherheit entscheiden lassen.

---

33   Holzer [2008], 43; Lauermann (2008).
34   Keith De Vries – Mary M. Voigt, in: LKA 1, 673.

Heilige Frauen

Häufig wurde angenommen, dass es schon im keltischen Altertum auch Druidinnen gegeben habe. Als Beleg wurden drei Stellen aus späten Kaiserviten angeführt, in denen die als *dryadae* bezeichneten Wahrsagerinnen erscheinen sollten. Doch hat hier der kritische Hofeneder gezeigt (H3 337f., 341–350), dass diese Annahmen völlig haltlos sind, ja dass eine lange Liste von Keltologen (inklusive meiner Wenigkeit) hier einem antiken Schwindler, der sich »Flavius Vopiscus« nannte, aufgesessen ist. Wie es zu der merkwürdigen Benennung *dryadae* ›Eichennymphen‹ kam und gar zu *drysadae* (H3 250f.), bleibt mir dennoch unklar. Welche Rolle auch immer spätantike Wahrsagerinnen spielten oder spielen hätten können, mit der wohlorganisierten druidischen Gelehrten- und Priestergesellschaft sind sie gewiss nicht vergleichbar. Was natürlich nicht bedeutet, dass es im keltischen Gebiet keine Priesterinnen griechisch-römischer Gottheiten gegeben hätte wie die berühmte Artemispriesterin Kamma, die Plutarch zu einem Muster der Treue verklärte.[35] Anders im alten Irland, wo wir sicherere Nachrichten über Druidinnen (*bandhrúid*) – neben Seherinnen (*banfháith*, *banfhilid*) – haben. Für das alte Britannien erwähnt Solinus (*collectanea* 22,7), dass sich sowohl Männer wie Frauen der Mantik annahmen, wenn er auch nicht explizit von Druiden spricht (H3 238–240).

Wenn von Priesterinnen und mantischen Menschenopfern die Rede ist, dann bildet Strabons Bericht vom Menschenopfer bei den Kimbern einen vieldiskutierten Grenzfall. Es heißt in der Geographie (7,2,3): »Über eine Sitte der Kimbern berichtet man folgendes: Ihre Frauen, die am Heereszug teilnahmen, wurden von weissagenden Priesterinnen begleitet, hellhaarigen [oder: grauhaarigen], die weiße Gewänder, leinene und mit Spangen befestigte Umhänge und einen bronzenen Gürtel hatten und barfüßig waren. Diese gingen den Kriegsgefangenen durch das Lager mit dem Schwert entgegen, bekränzten sie und führten sie zu einem etwa zwanzig Amphoren fassenden Bronzekessel. Sie hatten auch eine Leiter, die

---

35 Plutarchos *mul. virt.* 20 [Kamma 257–258]; H2 524f.; vgl. ibid. 535f.

Das Geheimwissen der Druiden, Magier und Seher im Altertum

eine [der Priesterinnen] bestieg und jedem, der [zu ihr] emporge-
hoben wurde, über dem Kessel die Kehle durchschnitt. Aus dem in
den Kessel strömenden Blut gaben sie eine Art Weissagung. Andere
schnitten die Leiber auf und aus der Eingeweideschau verkündeten
sie den Ihren laut den Sieg« (H2 235–239).

Zwar sind die Kimbern ihrer Herkunft nach eindeutig Germanen – ihr Name ist im nordjütischen Landschaftsnamen
Himbersysael (jetzt *Himmerland*) bis heute erhalten –, doch folgte
ihrem Auszug um etwa 120 v. Chr. eine lange Wanderperiode,
die sie zunächst nach Böhmen in das Land der keltischen *Boii*
führte, sodann nach Schlesien und weiter in das Land der letztlich
keltischen Skordisker im heutigen Serbien, wo man sich ja auch
den Gundestrup-Kessel (s. S. 22–26) entstanden denkt, sodann in
die Ostalpen in den Bereich der Noriker und Taurisker, wo es in
der Steiermark 113 v. Chr. zu einer ersten Auseinandersetzung mit
den Römern kam. In der Schlacht von Noreia erlitten diese eine
berühmte Niederlage. Nur ein einsetzendes Gewitter verhinderte
für die Römer das Schlimmste. Immer im keltischen Gebiet ver-
bleibend zogen die weiterhin siegreichen Kimbern über Gallien
bis auf die Iberische Halbinsel und dann Richtung Italien, wo sie
bekanntlich bei Vercellae in der Poebene 101 v. Chr. den römischen
Truppen unter Führung des Gaius Marius und des Quintus Luta-
tius Catulus unterlagen. Man muss annehmen, dass sie auf dieser
etwa 20-jährigen Wanderschaft stark keltisiert wurden. Sie hatten
als Waffe die keltische Wurfkeule *cateia* übernommen, und ihre uns
bekannten Personennamen *Lugius, Claodicus, Boiorix, Caesorix*
sind keltisch, ob es sich nun um Umbenennung eines Germanen
nach keltischer Namenmode oder um Keltisierung älterer germanischer Namen handelt (Birkhan [1970], 494–498).

Der Wanderweg über das Skordiskergebiet bietet eine verlo-
ckende Möglichkeit, den Auffindungsort des berühmten Silber-
kessels mit seinen östlichen Motiven und seiner thrakischen
Machart im dänischen Moor von Raevemosen bei Gundestrup in
Himmerland – also der Kimbernheimat – zu erklären. Es ließe sich
leicht verstehen, wenn der Kessel als Beutegut in die alte Heimat
zurückgelangt wäre. Es wäre kein Einzelfall, denn Reste ähnlicher,
allerdings figural gar nicht oder bescheidener geschmückter

80

Bronzekessel fand man in Brå (Ostjütland), Sophienborg (Seeland) und Rinkeby (Fünen).

Unter diesen Umständen ist es nur naheliegend, dass man die schon erwähnte mutmaßliche Initiationsszene (s. S. 23 f.) mit dem Menschenopferbericht bei Strabon zusammenbrachte. Das scheitert natürlich an den Einzelheiten: Der »bezopfte« »Initiationsmeister« ist keine Frau, von einer Tötung keine Spur zu sehen, das vulva-artige Gebilde kein Kessel und auch die wegreitenden Krieger mit ihren Helmzimieren ergäben keinen Sinn. Außerdem entspricht das von Strabon angegebene Volumen von 20 Amphoren (ca. 520 lt.) eher dem Fassungsvermögen des Kessels von Hochdorf (ca. 500 lt.), während der Gundestrup-Kessel (ca. 50 lt.) entschieden zu klein ist. Es ist denkbar, dass ein Bronzekessel allerdings von vergleichbarer Machart auf einem Podest stand, auf das die Opfer hinaufsteigen mussten, wohl um die Opferung durch Durchschneidung der Kehle für das umstehende Kriegsvolk deutlich sichtbar zu machen. Eine solche Sakralhandlung mit anschließender Prophezeiung war gewiss eine Art »Staatsakt«. Ob nun die »hellhaarigen« – d.h. weiß- oder grauhaarigen oder aber blonden – Frauen unbestimmten Alters als Trägerinnen keltischen Geheimwissens zu verbuchen sind, muss natürlich letztlich offenbleiben.

Das mantische Vermögen der Frau wird besonders bei der *Veleda* ganz deutlich. Von dieser Seherin, aus dem keltisch-germanischen Grenzbereich, die wohl als Vorbild der »Norma« in der gleichnamigen Oper Vincenzo Bellinis (1831) weiterlebt (B3 486–490), wissen wir vor allem durch Publius Cornelius Tacitus, der sowohl in der *Germania* als auch in den *Historiae* auf sie zu sprechen kommt.

In der *Germania* (8, 2) führt er sie als Beispiel für die hohe Wertschätzung der Frau bei den Germanen an: »Sie glauben sogar, dass ihnen etwas Heiliges und Seherisches innewohne, und sie wiesen weder ihre Ratschläge von sich noch ließen sie ihre Auskünfte unbeachtet. Haben wir doch zur Zeit des *divus Vespasianus* erlebt, wie Veleda lange bei vielen für ein göttliches Wesen gehalten wurde. Aber schon früher wurden Aurinia und viele andere verehrt, doch nicht aus Kriecherei und als ob sie erst Göttinnen aus ihnen machen müssten« (H2 475–480). Das Problem der *Aurinia*, deren

Das Geheimwissen der Druiden, Magier und Seher im Altertum

Namen man gewöhnlich in *Albruna* änderte, können wir hier
beiseite lassen, weil Tacitus ja nichts Genaueres zu der Verehrten
angibt.

Anders die Veleda, die in ihrer Funktion als Seherin in den Jahren 69/70 in die Geschichte dadurch eingriff, dass sie am Aufstand
der Bataver unter Iulius Civilis beteiligt war. Er nützte die Unruhen
in Italien aus, wobei er sich auf angebliche Weissagungen und eine
Art »prophetischer Geschichtsphilosophie« der Druiden stützte.
Diese bewirkte, dass nach dem Brand des Kapitolinischen Tempels
am 19. Dezember 69 n. Chr. im Zuge von Bürgerkriegshandlungen
des Vierkaiserjahrs die gallische Widerstandsbewegung aufflamm-
te, wobei Tacitus (*hist.* 4,54) bemerkte: »Aber nichts hatte in gleicher Weise dazu verleitet, dass sie glaubten, das Ende für das Reich
sei gekommen, wie der Brand des Kapitols. Einst sei die Stadt zwar
von Galliern erobert worden, da aber Iuppiters Wohnsitz unver-
sehrt geblieben sei, habe das Reich fortbestanden. Jetzt sei durch
das fatale Feuer ein Zeichen himmlischen Zorns gegeben und
die Weltherrschaft Völkern jenseits der Alpen verheißen worden,
weissagten die Druiden in nichtigem Aberglauben« (H2 485–489).

Hier treten – 26 Jahre nach dem Verbot ihrer Kulte durch Claudius also! – die Druiden als Propheten mit starkem politischem
Interesse hervor – als Geschichtsphilosophen und Futurologen,
nicht aber als Ekstatiker. Anders die Seherin Veleda, die Iulius
Civilis für seine Absicht eines Aufstandes der linksrheinischen Ger-
manenstämme unter Beteiligung der rechtsrheinischen bemühte.
Ziel soll die Errichtung eines von Rom unabhängigen Reiches im
germanischen Raum gewesen sein. Auch der Keltenstamm der
Treverer (um Trier) und einige Stämme Galliens schlossen sich
an. Nachdem bereits wichtige Orte wie Xanten, Bonn und Neuß
eingenommen waren, konnte der eben an die Macht gekommene
Vespasian die Herrschaft des Imperiums wieder herstellen, was
Civilis zur Kapitulation und zum Ende seiner kurzlebigen Impe-
rialphantasie zwang.

Während des Aufstands wurde nach seiner Gefangennahme
(*hist.* 4, 61,2) »der Legionslegat Munius Lupercus … neben anderen
Geschenken der Veleda übersandt. Diese Jungfrau aus dem Stamm
der Bructeri übte eine weitreichende Herrschaft aus, entsprechend

Heilige Frauen

einer alten Sitte bei den Germanen, wonach sie viele Frauen für
Prophetinnen und, wenn der Aberglauben sich steigert, für Göttinnen halten. Damals wuchs das Ansehen der Veleda; denn sie hatte
den Germanen ihren Erfolg und die Vernichtung der Legionen
geweissagt« (H2 490). Den skeptischen Tencteri [bei Neuß] wurde
verheißen (*hist.* 4, 65,3f.): »Wir werden als Schiedsrichter Civilis
und Veleda haben, von denen unsere Abmachungen feierlich bestätigt werden sollen. Als man so die Tenkterer besänftigt hatte,
wurden Gesandte mit Geschenken zu Civilis und Veleda geschickt,
und sie setzten alles nach den Wünschen der Agrippinenser durch.
Es wurde jedoch untersagt, Veleda persönlich aufzusuchen und
sie anzusprechen. Man verwehrte ihnen ihren Anblick, damit sie
mehr Ehrwürdigkeit besitze. Sie selbst wohnte in einem hohen
Turm. Ein unter den Verwandten Auserwählter überbrachte Fragen
und Antworten wie eine Mittelsperson der Gottheit« (H2 ibid.),
Details, die an die Rolle des Priesters im antiken Orakel erinnern.
Nachdem Civilis römische Schiffe am Rhein erbeutet hatte, wurde
die Trireme des Praetors die Lippe aufwärts geschleppt und Veleda
zum Geschenk gemacht (*hist.* 5, 22,3). Nach Niederschlagung des
Bataveraufstandes wurde aber Gnade in Aussicht gestellt und die
Seherin und ihre Verwandten ermahnt, sich in den Dienst der
römischen Sache zu stellen (*hist.* 5, 24,1).

Damit verschwindet sie für uns vielleicht von der Bildfläche,
allerdings tritt später als ihre funktionelle Nachfolgerin eine Jungfrau namens Ganna hervor (Cassius Dio 67, 5,3). Wenn Statius
(*silvae* 1, 4,90) von den »Bitten der gefangenen Veleda« spricht, so
ist nicht klar, ob noch die Veleda des Civilis gemeint ist oder das
Wort als Funktionsname sich auf eine andere Seherin bezieht. Auch
in einer nicht mehr auffindbaren griechischen Inschrift wurde in
einem Spottgedicht einer Jungfrau Veleda (gr. *Belḗdan*) gedacht,
welche die Rheinanwohner verehrten.[36] Durchaus möglich, dass
die Prophetin von der Lippe gemeint war.

Dass die *Veleda* als Prophetin Trägerin von Geheimwissen war,
steht wohl außer Frage. Problematisch ist nur, ob das keltische
Element stark genug war, um eine ausführliche Diskussion in

---

36   Birkhan (1970), 554, Anm. 1740; neuerdings H2 475m. Anm. 3444.

Das Geheimwissen der Druiden, Magier und Seher im Altertum

diesem Buch zu rechtfertigen. Während dem Germanischen eine entsprechende Wortbildung, die ihrem Namen zugrundeliegt, fehlt, ist diese in den keltischen Sprachen sehr gut bezeugt: einerseits in kymrisch *gweled* ›sehen‹, andererseits im altirischen Namen des Sehers *fili*, Genitiv *filed*, die auf *welēts* und *weletos* zurückgehen müssen. Die Seherin heißt altirisch *banfilid*, wobei *ban-* ›weiblich‹ bedeutet. Tatsächlich ist ja der urirische Genitiv *UELITAS* auf der Ogaminschrift von Crag (Co. Kerry) belegt (CIIC 251), und die Inschrift auf dem Bleiplättchen von Mans scheint den Nominativ in gallischer Orthographie als *VIIL[II]TS* mit der geläufigen Schreibung *II* für *e* zu enthalten (Delamarre [2003], 311). Dass der Name der *Veleda* als Funktionsname hier dazugehört, wurde in jüngerer Zeit nie bestritten. Schwierig ist nur die sprachgeschichtliche Erklärung des *-d-*, wo man ein *-t-* erwarten würde. Bemerkenswert ist jedenfalls, dass die germanische Jungfrau in ihrem Turm in Westfalen einen keltischen Funktionsnamen getragen hat. Von einer Druidin muss sie sich wohl dadurch unterschieden haben, dass sie nicht die lange Ausbildung eines solchen Gelehrten hinter sich hatte, dass sie keine Opfer durchführte, völlig entrückt und abgehoben von der Öffentlichkeit residierte und eben mit hoher Wahrscheinlichkeit nach Sprache und Habitus eine Germanin war.

Jungfräuliche Prophetinnen gab es auch bei den Keltiberern: Der spätere Kaiser Galba erfuhr aus dem Mund einer adeligen Jungfrau, dass er sich gegen Nero erheben solle und der nächste Kaiser aus Hispanien kommen werde. Ein Iuppiterpriester aus Clunia (Provinz Burgos) entdeckte in seinem Heiligtum ähnliche Prophezeiungen, die angeblich vor zweihundert Jahren von einem Mädchen ausgesprochen worden waren (Suetonius, *Galba* 9,2; H2 519).

Nachdem in Britannien in den 50-er Jahren n. Chr. ein Tempel für den vergöttlichten Claudius errichtet worden war, und seine Priester ein aufwändiges Leben führten, ereigneten sich allerlei Vorzeichen, die von visionären Frauen interpretiert wurden. Tacitus (*ann.* 14, 32,1) gibt die allgemeine Stimmung wider: So »fiel ohne ersichtlichen Grund das Standbild der Victoria in Camulodunum [jetzt Colchester] herab, und zwar rückwärts gewandt, als ob es vor den Feinden weiche. Und bis zum Wahnsinn verwirrte Frauen weissagten, der Untergang stehe bevor, fremd klingendes

84

Lärmen habe man in ihrer Kurie vernommen, das Theater habe widergehallt von Geheul und im Mündungsgebiet der Themse sei das Bild der vernichteten Kolonie erschienen. Sogar der Ozean habe ein blutrotes Aussehen gehabt, und als die Flut zurückwich, seien Gebilde von Menschenleichen zurückgeblieben. Diese [Vorzeichen] wurden von den Britanniern als Anlass zur Hoffnung, von den Veteranen als Grund zur Furcht ausgelegt« (H2 498f.).

Gleichfalls als heilige Prophetinnen (gr. *prománteis hiéreiai*) wirkten die Frauen auf der Kanalinsel Sena, von denen Pomponius Mela (3, 48) berichtet: »Sena im Britannischen Meer gegenüber den Gestaden der Osismii ist berühmt für die Orakelstätte einer gallischen Gottheit, deren Priesterinnen durch dauernde Jungfräulichkeit geheiligt und neun an der Zahl sein sollen; man nennt sie Gallizenae und glaubt, sie seien aufgrund einzigartiger Fähigkeiten begabt, Meere und Winde durch ihre Zaubersprüche zu erregen, sich in jedes beliebige Lebewesen zu verwandeln und zu heilen, was für andere unheilbar ist, das Zukünftige zu wissen und es vorherzusagen; aber sie tun dies nur für Seefahrer, und zwar lediglich für diejenigen, die zwecks Befragung zu ihnen gesegelt sind.«[37]

Man hat diese Tradition wegerklären wollen, indem man sie als eine Art Kontrafaktur zu der homerischen Sage von der Göttin Kirke (Odyssee 10, 212ff.) angesehen hat, die alle Besucher ihrer ganz im Westen gelegenen Insel in Tiere zu verwandeln pflegte. Die Neigung, eine erstaunliche singuläre Nachricht auf Grund gewisser Ähnlichkeiten mit einer wohlbekannten Sage sozusagen aus der Welt zu schaffen, ist gerade angesichts der bruchstückhaften keltischen Traditionen durchaus naheliegend und gewährt dem Argumentierenden das Bewusstsein einer bestimmten Überlegenheit, weil er ja durch seine Kritik eben nicht der Tradition »aufgesessen« ist. So verständlich diese kritische Haltung ist, so bedenklich ist sie, weil damit alle wirklichen oder scheinbaren Übereinstimmungen

---

37 H2 272–274. Dort auch Salomon Reinachs Versuch, Sena mit der Kirkeinsel gleichzusetzen. Vielleicht nicht nur dem Typus nach lässt sich die Insel bei Britannien vergleichen, auf der sich gewaltige Wetterphänomene ereignen, wenn eine wichtige Person stirbt. Allerdings erwähnt Plutarch nicht, dass diese Insel nur von Frauen bewohnt gewesen wäre; Plutarchos *de defectu oraculorum* 18 p. 419 E – 420 A; H2 532.

Das Geheimwissen der Druiden, Magier und Seher im Altertum

mit Bekanntem dazu führen, eine erstaunliche neue Information zu verlieren. Im Gegensatz zur Kirke verwandeln sich die *Gallizenae* allerdings selbst. Die Insel *Sena* möchte ich mit der *Île de Sein* vor Pointe du Raz in der Bretagne identifizieren. Die schwer verständliche Kollektivbezeichnung dieser Priesterinnen oder Prophetinnen hat Bernhard Maier ingeniös auf **Galli genas vocant* ›die Gallier nennen sie Jungfrauen‹ (gall. **gena* ›Jungfrau‹) zurückgeführt (Maier [2001], 95f.). Ebenso gut könnte *Gallizenas* auf **Galli senas* zurückgehen, dann hätten die Gallier die »Ewigjungfräulichen« einfach ›die Alten‹ genannt, eine Bezeichnung, die im religiösen Kontext nicht unbedingt einen negativen Beigeschmack haben musste. Freilich müsste dann offen bleiben, wie sich der Inselname *Sena* zu dieser Bezeichnung der Prophetinnen verhält und jedenfalls auch, welcher gallischen Gottheit diese Orakelstätte geweiht war.

Eine sehr merkwürdige Tradition, die stark auf religiöses Geheimwissen auch unter Frauen weist, geht wieder auf Poseidonios zurück, von dem sie Strabon übernommen hat, wenn er in seiner »Geographie« (4, 4, 6) berichtet: »Im Ozean, sagt er, liege eine kleine Insel, nicht weit hinaus im Meer, vor der Mündung des Flusses Liger [Loire]. Diese bewohnen die Frauen der Samniten [was vielleicht ›die Versippten‹ im Sinne ritueller Verwandtschaft im Namen des Gottes bedeutet], die von Dionysos besessen seien und diesen Gott mit (Mysterien-)Riten und anderen kultischen Handlungen gnädig stimmten. Kein Mann dürfe die Insel betreten, aber die Frauen selbst würden zum Festland fahren, um mit ihren Männern Umgang zu pflegen und dann wieder zurückzufahren. Es gebe dort den Brauch, einmal im Jahr das Dach des Heiligtums abzudecken und noch am selben Tag vor Sonnenuntergang wieder zuzudecken, wobei jede Frau eine Ladung (für das Dach) herbeitrage. Welcher ihre Ladung entglitte, die würde von den anderen in Stücke gerissen, und die Teile trügen sie unter Jubelrufen um das Heiligtum herum und hörten nicht eher auf, als bis ihre Raserei ein Ende gefunden habe. Es komme immer so, dass jemand der Frau, die das erleiden solle, einen Stoß versetze.«[38]

---

38 H1 132–136. Späte Nachklänge bei Priscianus (frühes 6. Jh.), Eustathios (Mitte 12. Jh.) und Pseudo-Nikephoros Blemmydes; H3 455f., 553, 567f.

Heilige Frauen

Dieser merkwürdige Bericht scheint sich zunächst auf eine in der Loiremündung liegende »Fraueninsel« vom Typus der irischen *Tír na mban* ›Frauenland‹ zu beziehen, doch stellt jetzt Hofeneder mit Recht die Zusammenhänge mit der griechischen Dionysostradition, bei dem sich sogar die Details des abgedeckten Hausdachs und des Strauchelns findet, in den Vordergrund. Er hält es nicht für möglich, »über die hellenozentrische Perspektive hinauszugelangen oder sie einfach wie eine lästige Brille abzulegen« (H1 136). Auch ich bin nicht von der Historizität des Berichteten überzeugt, gebe aber zu bedenken, dass an der Loiremündung doch wohl kaum mit wirklich dorthin verschlepptem Dionysoskult zu rechnen sein wird. Die Zerstörung und Wiederherstellung des Tempeldachs scheint am ehesten als ein kosmogonischer – vielleicht jahreszeitlicher – Erneuerungsritus verstanden worden zu sein, der nur dann für die Welt und die Menschheit segensreich vor sich gehen konnte, wenn er mit einem Menschenopfer verbunden war, das somit zu einem Bauopfer wurde. Die ekstatische Verzückung der Frauen und die Umstände des Menschenopfers ließen Poseidonios an Bacchantinnen denken. Selbst angesichts des enormen Zufalls, der in der Ähnlichkeit des Opfers und seiner Bestimmung liegen müsste, kann ich mir keine andere Erklärung dieser extrem seltsamen Übereinstimmung vorstellen, als dass ihr doch ein weniger reißerischer Kern zugrunde liegt, den wir vielleicht bei Dionysios Periegetes in seiner Erdbeschreibung (*orbis descriptio* 570–74) oder bei Avienus (*descriptio orbis terrae* 751–754) fassen können (H2 579f.; H3 249). Dort ist gleichfalls von Bacchantinnen die Rede, jedoch fehlt das Motiv des Tempelbaus und das Menschenopfer. Ob dieses quasi-bacchantische Treiben durch eine halluzinogene Droge oder etwa durch Rhythmus und Tanz ausgelöst war, können wir nicht wissen. Allerdings hat nach der indischen Mythologie Indra die Welt als ekstatischer Tänzer erschaffen, aber von einem Tanz der Frauen ist ja eigentlich nicht die Rede, wenn auch von einem Umkreisen des Heiligtums unter Jubelrufen, und dennoch kann man sich des Eindrucks nicht erwehren, dass eine Art von Weltschöpfungsmythos dem Kult zu Grunde lag, der aber nach dem Vorbild des Dionysoskultes umerzählt wurde.

Magische Texte

Wir haben die Frauen zwar nicht als gelehrte Druidinnen, jedoch als Seherinnen und Priesterinnen eines ekstatischen, vielleicht kosmogonischen Kultes kennengelernt. Sie treten aber auch als Trägerinnen magischen Geheimwissens hervor, insbesondere in einer langen Inschrift, die in der Tradition der antiken Fluchtäfelchen (*defixionum tabellae*) steht. Es ist die 1983 gefundenen Fluchtafel (»le plomb du Larzac«) von l'Hospitalet-du-Larzac (zwischen Lodève und Millau, Dép. Aveyron) aus der Zeit um 100 n. Chr. Diese unregelmäßig-rechteckige Bleitafel mit einer ursprünglichen Abmessung von 26 x 14 cm lag zusammengefaltet auf einer kugelförmigen kleinen Aschenurne, die etwa eine Handvoll verbrannter Menschenknochen enthielt. Im gleichen Grab fand man eine absichtlich stark beschädigte halbkugelförmige Urne. Die Aufschrift *gemma* bietet nach Meinung der Ausgräber und Textinterpreten den Namen der verbrannten Toten. Ein Eisenring mit Resten von Glasschmelz dürfte wegen seines geringen Durchmessers von einer Frau getragen worden sein. Die jetzt in zwei Teile zerbrochene Bleitafel war vermutlich aus magischen Gründen mit einer Nadel durchbohrt worden. Sie enthält mehr als 160 in römischer Kursivschrift von zwei verschiedenen Händen geschriebene Wörter und ist somit der zweitlängste gallische Text.

Auf Grund mangelnder Überlieferung ist unsere Kenntnis des Gallischen keineswegs so gut, dass man den Text völlig eindeutig und zuverlässig übersetzen könnte. Einzelne Wortformen werden in Spezialstudien behandelt. Die allermeisten Wörter finden sich ja nur in dieser langen Inschrift und müssen mit sprachvergleichenden Methoden auf Grund der inselkeltischen Sprachen und des zuverlässig rekonstruierten Indogermanischen ihrer grammatischen Funktion und Bedeutung nach erschlossen werden. Andererseits ist der Text aber soweit verständlich, dass man sogar bestimmte stilistische Merkmale wie etwa Stabreime feststellen kann.[39]

---

39   Mees (2008), 173, 175, 177, 179–181.

Um dem Leser eine Vorstellung zu ermöglichen, gebe ich die ersten neun Zeilen der ersten Seite des ersten Fragments samt einem Übersetzungsversuch von Wolfgang Meid wieder:[40]

in sinde se bnanom bricto[m], [i]n eianom anuana sana(a) anderna brictom uidluias uidlu tigontias so adsagsona seue[rim] tertionicnim lidssatim liciatim eianom uo dunoderce lunget utonid ponc nitixsintor si[es] duscelinatia int e(i)anon anuana esi andernados brictom.

»Gegen diese der zauberkräftigen Frauen, gegen ihre besonderen weiblichen (oder: ›infernalischen‹) Namen (ist) dies der (Gegen)zauber der (geheimes) Wissen praktizierenden (wörtlich: ›stechenden‹) weisen Frau. Die Verfolgerin soll Severa (und) Tertionicna magisch beschwört und gefesselt unter die Öffnung ihres Grabhügels platzieren. Und wenn sie etwa Schadenzauber praktizieren (wörtlich: ›hineinstechen‹) sollten, sollen von üblem Omen behaftet ihre Namen sein. Es ist dies die Frauenschar der Zauberkräftigen.«[41]

Ein anderer Gelehrter hat bei der gleichen Tagung eine etwas andere Übersetzung des ersten Satzes vorgelegt:

»Gegen dieser Frauen (Genitiv Plural) Zauber gegen deren Namen die untenstehenden (der) Zauber (der) Magierin Magien (der) stechenden (ist) dies« (Schmidt [1996], 34f.).

Ich könnte nun noch die französische Übersetzung von Pierre-Yves Lambert (Lambert [1996], 66–68) und andere hinzufügen, um dem Leser die Übereinstimmungen, die Differenzen, die tastenden

---

40   Wer das Gallische einigermaßen richtig aussprechen will, gehe von den lateinischen Ausspracheregeln aus, wobei *c* immer als [k], *x* als *ch*, *ct* und *xt* als *cht* zu sprechen sind und der Wortakzent im Gegensatz zum lateinischen immer auf der vorletzten Silbe eines Wortes [wie z.B. in lat. *vagína*] liegt. Im folgenden Text bezeichnen [ ] durch den abgebrochenen Rand fehlende, ( ) aus linguistischen Gründen zu ergänzende Buchstaben, die irrtümlich oder aus Nachlässigkeit ausgefallen sind, aber erschlossen werden können.

41   Meid (1996), 43–45. Der Text auch bei Delamarre (2003), 338f.

Annäherungen an den Text, die leichten grammatischen Varianten und die relative Ratlosigkeit in wenigen Einzelfällen vor Augen zu führen.

Auf den oben angegebenen Textabschnitt folgen die Namen von etwa 12 Frauen, die offenbar einen magischen Verband bildeten. Dabei wird mehrfach zwischen Mutter (*matir*) und Tochter (*duxtir*) unterschieden, was nicht auf physische, sondern kultische Verwandtschaft oder Ziehtochterschaft der genannten Zauberinnen hinweist, wobei die Mystagogin als »Mutter«, die Initiandin mit dem hier erstmals belegten Wort für ›Tochter‹ bezeichnet wird. Daneben taucht mehrmals als rätselhafte Titel- oder Funktionsbezeichnung das Wort *dona* auf. Es soll die magische Gefährlichkeit der Frauen *Severa* und *Tertionicna* (oder auch nur der *Severa Tertionicna*) durch ein Abkommen neutralisiert werden. Insbesondere soll vor Gericht keine Niederlage durch irgendwelchen Schadenzauber dieser Frau(en) entstehen. Eine vertragliche Einigung mit *Severa* (und ?) *Tertionicna* soll zu einer Art »Nichtangriffspakt« der beiden Gruppen von Magierinnen führen. Das »Geheimwissen«, von dem dieses Buch handelt, würde nach Wolfgang Meid auf Gallisch *uidluia* heißen (s. oben).

Am Ende des Textes hatte eine andere Hand hinzugefügt: »… *Aia Cicena* …, dass du nahe und beständig seiest, Bewirkerin der guten Wünsche, dass jene nicht die Furcht seien wessen auch immer. Sei keine unterirdische Loswerferin unter den neuen Gräbern wessen auch immer!«

Diese *Aia* wird im Frauenkatalog der ersten Seite als Tochter einer zu dem Magierinnen-Verband gehörigen *Adiega* genannt.

Sicher ist jedenfalls, dass der Text von weiblicher Zauberei handelt. Das auch in Chamalières im gleichen Zusammenhang vorkommende gall. Wort *brictom* (eigentlich *brixton*), vielleicht ein etymologischer Verwandter unseres Wortes *sprechen* oder von aind. *bráhman* ›Gebetsformel; Spruch‹, korrespondiert recht genau mit den inselkeltischen Wörtern air. *bricht*, kymr. (*lled-*)*frith* ›Zauber(spruch), Beschwörung‹. So ergibt sich ein Vorklang altirischer Sätze wie *brechtaib ban mberar* ›er wird von Zaubersprüchen von Frauen erfasst‹ oder *fri brichtu ban ocus gobann ocus druad* ›gegen

90

die Sprüche von Frauen, Schmieden und Druiden‹ (s. S. 127) – oder als Vorklang eines »neu-altgallischen« Segenswunsches: *brixton dagon gabi!* ›hab guten Zauber!‹ Sicher ist jedenfalls, dass der Text von zwei rivalisierenden Gruppen von Zauberinnen berichtet und dass bei der Deposition der Bleitafel der magische Verband, dem *Severa* (und?) *Tertionicna* nicht angehörte(n), wahrscheinlich in einem bestimmten magischen Schutzverhältnis zu jener Zauberin (?) *gemma* stand, auf deren Aschenurne die Bleitafel lag. Die mehrfach ausgesprochene Furcht vor dem »zauberkräftigen Mund« der Magierinnen erinnert an die »Hexengräber« aus Dorset mit den entfernten Unterkiefern (s. S. 69).

Auf männliche Magier mit ähnlicher Funktion wie die der »Hexen« von Larzac stößt man bei der Inschrift von Chamalières, einem Vorort von Clermond-Ferrand, der schon in der Antike, wie die vielen Votivgaben zeigen, durch seine Thermalquelle eine beachtliche Rolle spielte. Das hier gefundene Bleiplättchen in der Größe von 6 x 4 cm enthält 12 Zeilen in römischer Kursive, deren Buchstaben nur 1–2 mm groß sind, wodurch der Schreiber immerhin 60 Wörter auf der winzigen Fluchtafel unterbrachte. Der Text beginnt mit einer Anrufung des arvernischen *Maponos*. Dies ist ein vor allem in Britannien gutbezeugter jugendlicher Gott, Sohn der Muttergöttin *Matrona*, den man seiner Funktion nach in diesem Zusammenhang eigentlich zunächst nicht erwartet. Der mittelkymrischen Tradition nach war dieser *Mabon mab Modron* seine ganze Jugend hindurch und bis ins Mannesalter ein Gefangener der »Hexen« oder »Zauberweiber« (*gwidonot*) von Gloucester (Birkhan [1989] I, 53, 176). Vielleicht verlieh der gallische Vorklang dieser inselkeltischen Sage dem *Maponos* einen Nimbus, der ihn zur besonderen Peinigung der Verfluchten prädestinierte.

Der Text besagt etwa:

»Ich rufe den Maponos Arveriiatis mit Hilfe der Kräfte der unterirdischen Götter an, dass du mit der Magie der unterirdischen Götter peinigen mögest: C. Lucius Florus Nigrinus als Ankläger, ferner Aemilius Paterinus, Claudius Legitimus, Caelius Pelignis [sic!], Claudius Paelignus, Marcius Victorinus, Asiaticus, den Sohn des Adsedillos und alle jene, die einen falschen Eid ablegen würden.

Was den angeht, der geschworen hat, so mögen sich alle geraden
Knochen deformieren! Ohne Augen sehe ich (*exsops pissiiumi*) ...«

Die zwei letzten Zeilen sind unklar. Sie enthalten wohl einen Fluch,
der dreimal wiederholt wird.[42]

Ob der hier den Fluch Aussprechende wirklich oder »magisch«
blind war (s. S. 124) und etwa Druide, muss natürlich offen bleiben.
Gegen die Vermutung, dass ein solcher am Werk war, kann man
wohl nicht einwenden, dass die Druiden die Schrift ganz und gar
abgelehnt hätten, denn wie Caesar sagte, bedienten sie sich ihrer
ja zu profanen Dingen. Es scheint mir denkbar, dass sie, nachdem
Kaiser Claudius ihre großen Opfer verboten hatte (Suetonius
Claud. 25,2), sich nun – neben der Arbeit am Kalender und der
reinen Gelehrtentätigkeit – auch einfacheren magischen Aufgaben
widmeten, für die das Schriftverbot nicht galt. Aber selbst wenn
dem nicht so war, so setzen diese Fluchtexte (*defixiones*) doch ein
gewisses Maß an esoterischem Wissen voraus.

Das gilt übrigens auch für Fluchtexte in lateinischer Sprache, die
sich an keltische Gottheiten wenden. So insbesondere für Britanni-
en, wo das Druidentum ja nicht ganz entmachtet war. Eine große
Zahl solcher Fluchtafeln fand sich im Tal des Uley (Gloucestershi-
re) oder in Bath, wo z.B. die keltische Göttin Sulis oder auch Nep-
tunus und Mercurius zur Aufklärung von Diebstählen beschworen
werden. Nicht selten ist der Anlass für die Verfluchung Eifersucht;
so in einer Inschrift aus Bath (RIB 154), wo der Fluchende wünscht:

»Möge der, der mir Vilbia entführt hat, flüssig werden wie Wasser; möge die, die sie auf so schamlose Weise zugrunde gerichtet
hat, die Sprache verlieren! Ob die oder der Schuldige nun Velvinna,
Exsupereus, Severinus, Augustalis, Comitianus, Catusminianus,
Germinilla oder Iovina ist!«

Auch auf dem Kontinent finden sich vergleichbare Fluchtafeln, die
sich an eine keltische Gottheit richten. So erscheint der »Widder-
gott« Moltinus zusammen mit Mercurius auf einer Fluchtafel aus

---

42 Delamarre (2003), 337 (Text). Übersetzung u.a.: Schmidt (1980); Evans
    (1996).

Veldidena (Wilten bei Innsbruck). Er sollte dort den Dieb zweier Halsketten dem feurigen Monster Cacus, einem Ungeheuer der römischen Mythologie, überantworten. Besonders wirkungsvoll musste es allerdings sein, wenn man die verhasste Person dem Totengott oder Führer ins Totenreich Ogmios (s. S. 150) anempfahl. Aus Brigantia (Bregenz) kennen wir zwei Fluchtäfelchen: eines aus dem 1. Jh. n. Chr., auf dem dieser Gott gebeten wird, all jenen namentlich genannten Männern zu schaden, die gegen eine gewisse *Brutta* in einem Prozess aussagen würden. Auf einem Täfelchen des 3. Jh.s n. Chr. geht es um Liebesangelegenheiten (B2 392f.): eine *AMC* genannte weibliche Person wird dort dem Totengott Dis Pater und seiner »Herrin« (Proserpina?) überantwortet. Aber auch Ogmius wird eingesetzt: Er möge der verfluchten Rivalin an der Gesundheit schaden: ihr am Anus, an den Nieren, den Genitalien, den Fersen, den Ohren und am Herzen etwas antun. Darüber hinaus möge er ihr auch an ihrem »Kästchen« (dem Handarbeitskörbchen oder Schmuckkästchen?) schaden, all das den Geistern überantworten, so dass die arme *AMC* nie mehr heiraten könne (H3 90f.).

Kehren wir von diesen Fällen, bei denen druidische Beteiligung unsicher ist, zu jenen Funktionen zurück, die nach den Autoren in deren unmittelbaren Aufgabenbereich fielen!

Druiden- und Arztgräber

Die Archäologie schien lange die Auskunft über das Alter und die Verbreitung des Druidentums zu verweigern. Ich sage das, obwohl die Archäologin Miranda Green (1998) schon allerlei Funde zusammengetragen hat, die sich großteils gut mit der Annahme druidischer Herkunft vertragen, aber eben keineswegs zwingend sind. In der Tat wurde auch schon mehrfach darauf hingewiesen, dass angeblich noch kein Druidengrab entdeckt worden sei, obwohl man schon seit Langem mit einem solchen Fund rechnet.

Schon aus der Zeit der ersten Druidenbegeisterung in Deutschland besitze ich die »Abhandlung über den Grabhügel eines altteutschen Druiden im Fürstenthume Eichstätt« von einem

Das Geheimwissen der Druiden, Magier und Seher im Altertum

gewissen Dr. Franz Anton Mayer, Stadtpfarrer in Eichstätt und korrespondierendem Mitglied der Königlich Bayerischen Akademie der Wissenschaften, Eichstaett 1831. Mayer pflegte, wie er sich ausdrückte, »die Knochen manches hier beerdigten Landsmannes ihrer alten Steindecke zu entlasten und sich für diesen Liebesdienst die neben ihm entdeckten Seltenheiten zuzueignen« (S. 4). In einem dieser Hügel, der wegen der abgebildeten Fußzierfibel aus der Späthallstattzeit stammen muss, stieß Mayer nun auf ein Skelett, das er unbedenklich als das eines Druiden ansprach, nachdem er bereits 1825 das Grab einer Druidin entdeckt zu haben glaubte. Kriterien der Zuordnung waren etwa die relativ reiche Grabausstattung bei gleichzeitigem Fehlen kriegerischer Paraphernalien. Wichtig für die Erkenntnis, dass es sich in dem einen Fall um eine Druidin gehandelt habe, ist etwa ein Bronzering, der in der Nähe des Unterleibs gefunden wurde und den Mayer für einen Ring zum Tragen eines rituellen Steinmessers, wie er es im Grab des Druiden gefunden zu haben glaubte, interpretierte. Abgesehen davon, dass Mayer sich ungefähr um 600 Jahre irrte, ist das Rekonstruktionsverfahren von dem neuzeitlichen nicht so verschieden. Auch »unsere« Archäologie schließt aus dem Zierstirnband und aus der Lage von Fibeln in einem Körpergrab in Deal (Kent) darauf, dass der Tote entweder ein Anführer oder ein Druide gewesen sei (Green [1998], 60).

Da man bei archäologischen Ausgrabungen stets auf Nebenumstände bei der Beurteilung des Status des oder der Toten angewiesen ist, wäre freilich die erste Frage, woran man ein Druidengrab als solches erkennen könnte, da doch beim Glauben an die Wiedergeburt der Seele möglicherweise gar nicht oder nur in beschränktem Ausmaß mit Grabbeigaben zu rechnen ist (s. dazu unten S. 131 ff.). Natürlich soll damit nicht dem umgekehrten Schluss Vorschub geleistet werden, dass die Brandbestattung und die Erdbestattung mit wenigen Beigaben etwa schon ein Beweis für das Wirken der Druidenlehre sei. Aber es ist auch der Rückschluss verboten, dass das scheinbare Fehlen von »Druidengräbern« die geringe Bedeutung oder überhaupt die Absenz dieses Standes bezeichne.

Geht man von der Hypothese aus, dass die Druiden auch die ärztliche Kunst ausübten, so wäre es naheliegend, die sogenannten

94

Druiden- und Arztgräber

Arztgräber mit ihren Trepanationssägen, wie etwa die von München Obermenzing, Ratzersdorf-Pottenbrunn (Niederösterreich),[43] Galaţii Bistriţei (Rumänien) und Kiskőszeg-Batina (Kroatien) und andere als Druidengräber anzusehen, wobei man freilich die ärztlichen Instrumente nur aus Pietät mit in das Grab gelegt hätte und nicht etwa, weil man glaubte, dass die verstorbenen Arzt-Druiden sie nun im Jenseits brauchten. Die trepanierten Schädel von Bern-Tiefenau, Deisswil und Basel (Schweiz), Manching (Bayern), Nynice und Červené Pečky (Tschechien), Dvory und Hurbanovo (Slowakei), Klein Reinprechtsdorf, Guntramsdorf und Katzelsdorf (Niederösterreich; B1 450, 630f.; B2 613–615) würden jedenfalls das Wirken hochqualifizierter Ärzte bezeugen, die allerdings nach griechischem Wissen arbeiteten – und von denen es mir jetzt immer fraglicher erscheint, ob wir sie für die Druiden vereinnahmen dürfen.

Bei dem großen populärwissenschaftlichen Prestige der Druiden darf es nicht wundern, wenn ein schon 1996 gefundenes »Ärztegrab« in einem Kiesbruch bei Stanway nahe Colchester (*Camulodunum*; Essex),[44] ab 2008 nun als angeblich erster archäologischer »Hinweis auf die Existenz der sagenumwobenen Keltenpriester« in dem Nachrichtenmagazin »Der Spiegel« (am 18.02.2008) hochgespielt wurde, obwohl angesichts der schon bekannten Arztgräber der gewiss sehr bemerkenswerte Fund nicht so sensationell war, wie der Journalist, der bisher offenbar nur den Druiden Miraculix kannte, es sich wünschte. »Druiden gehörten bislang ins Reich der Mythologie – noch nie haben Archäologen nachweisen können, dass es sie wirklich gab«, kann es dann marktschreierisch-einfältig heißen, als ob die Druidenzeugnisse von Caesar, Diodor, Plinius, Tacitus und anderen »Mythologie« wären.

»Im Holzkammergrab fanden die Archäologen unterschiedliche Gegenstände, die auf eine druidische Nutzung deuten lassen, darunter ein Pfannenstövchen, verbrannte menschliche Überreste, einen Umhang mit Broschen, eine Steinkette, Wünschelruten, eine

---

43 Dazu jetzt Ramsl (2008) mit Hinweis auf ein bis dato unbekanntes propellerförmiges Artefakt aus Bein.

44 So weit ich sehe, liegt noch keine umfassende archäologische Publikation vor (sehr wohl eine über das Brettspiel). Man kann sich derzeit nur mit Internetadressen behelfen.

Das Geheimwissen der Druiden, Magier und Seher im Altertum

Aufguss-Schale, eine Art Brettspiel, von dem die Forscher glauben, dass es zum Wahrsagen genutzt wurde, und chirurgische Instrumente«, die auf römischen Einfluss hinweisen. Der Heiler hat, wie gut erhaltene Reste ergaben, einen Kräutertee aus Beifuß (*Artemisia vulgaris*) in das Grab mitbekommen. Besonders bemerkenswert und nun oft kommentiert ist das Brettspiel, dessen vollständig erhaltene Spielsteine aus Glas bei der Entdeckung in der »Eröffnungsstellung« standen. Sollten sie zu mantischen Zwecken dienen oder war der Bestattete nur ein begeisterter Spieler gewesen? Darüber, ob der Tote Druide war, sagt das Grab freilich wenig aus.

Gegen die Vereinnahmung der »Chirurgengräber« für Druiden spricht vielleicht der altkeltische Arzt-Name, der *līagis* (> air. *líaig*) aus älterem *lēgis* gelautet haben dürfte. Dieses Wort wurde, wie es scheint, ins Germanische übernommen und ergab got. *lekeis* (vgl. anord. *lǽknari*, mhd. *lâchenære* ›Arzt‹ > dt. Familienname *Lachner*). Das altirische Wort wird am glaubhaftesten auf vorkelt. *lēp-ag-* zurückgeführt und dieses mit aind. *lápati* ›schwatzen, flüstern‹ verbunden, was den Arzt primär als ›Flüsterer‹ bezeichnen würde, nicht als Operateur, dem man Trepanationen zutraute. Insoferne könnten die magischen Formeln bei Marcellus Empiricus (= M. von Bordeaux), deren Deutung extrem umstritten ist (H3 356–373), die letzten Ausläufer einst druidischer Praktiken sein. Übrigens: Auch wenn ich meine Leser enttäusche, ein Zaubertrank, wie ihn Panoramix/Miraculix braut, ist nirgendwo auch nur in Andeutungen bezeugt. Der entstammt der Phantasie der Asterix-Autoren!

Natürlich darf man annehmen, dass es mehrere Arten von Ärzten gegeben hat – so jedenfalls Augenärzte, deren Salbenrezeptstempel und Requisiten zum Starstechen archäologisch bezeugt sind –, warum dann nicht auch Chirurgen, die nach griechischem Vorbild Trepanationen durchführten? Neuerdings sollen sogar bestimmte übereinstimmende Verfahren der Schädeltrepanation zwischen Kelten und Chachapoyas in Nord-Peru die Annahme stützen, dass die Vorfahren der letzteren Kelten aus vorchristlicher Zeit gewesen seien.[45] Dabei besteht natürlich ein Zeitlimit, da die Kelten die Trepanation von den Griechen übernommen haben, wenn sie diese

---

45   Hans Giffhorn: Wurde Amerika in der Antike entdeckt? München 2013, 206ff.

Kunst überhaupt selbst ausübten. Im Grunde hindert uns ja nichts, die Funde trepanierter Schädel und der erhaltenen Schädelbohrer und -schaber wandernden griechischen Ärzten zuzuschreiben. Andererseits könnten die zur Trepanation führenden physischen und besonders psychischen Symptome doch auch in den druidischen Bereich fallen, wenn die zu operierende Person als von einem Dämon (gall. *dusius* ?) besessen galt und der Schädel geöffnet wurde, um den Dämon entweichen zu lassen. Angesichts der Stellung der Druiden als Universalgelehrte konnte es in der altkeltischen Gesellschaft etwa kaum medizinische Eingriffe auch geringeren Ausmaßes geben, die nicht mit Religion zusammengebracht wurden.

Welche Vorstellungen man sich später in Irland vom Gehirn machte, zeigt folgende Anekdote: Ein junger irischer Anführer *Cenn Fáelad* (›Haupt der [Wer-]Wölfe‹) *mac Ailella* († 678) wurde so schwer am Kopf verletzt, dass er ein Jahr lang gepflegt werden musste. Ein Teil des zertrümmerten Schädels wurde ihm zusammen mit dem Gehirn entfernt, wobei glücklicherweise gerade der für das Vergessen zuständige Teil herausgeschnitten wurde. Das Ergebnis war eine starke Verbesserung aller geistigen Fähigkeiten, und insbesondere der Merkfähigkeit, so dass *Cenn Fáelad* nun der Tradition nach den Prolog zum ersten Buch des Ogam- und Dichterlehrwerkes *Auraicept na néces* (›Handbuch der gelehrten Dichter‹ s. S. 166 f.) verfasste (McManus [1991], 184).

Wie man sieht, verlagert sich die Suche von einer nach Druidengräbern mit möglichen Körperüberresten dieser Priester zu einer nach dem Druidenwirken.

Druiden als Gelehrte

Was die eigentliche Lehre der Druiden angeht, so oblag ihnen zunächst die Wahrung der mythischen Traditionen, wie Caesar (*b. G.* 6, 18,1) berichtet, etwa die der Abstammung vom Totengott (lat. *Dis pater*), der Glaube, dass die Erscheinung dioskuraler Götter (deren Namen wir übrigens nicht kennen) vom Ozean her erfolgt sei (Timaios bei Diod. 4, 56,4; H1 59), und wohl auch der historischer Überlieferungen. Ammianus Marcellinus (15, 9,3–5) berichtet (H3

317), gestützt auf Timagenes, verschiedene Herkunftstheorien der Kelten, dass sie Nachkommen des überall umherschweifenden Hercules oder auch geflüchtete Trojaner seien (s. S. 129). Die berühmte Stadt *Alesia* hat der Halbgott einfach auf dem Durchzug mit seinen Scharen gegründet und dort den *Galátes*, Ahnherr der Galater, gezeugt, wie wir bei Diodor (4, 19,1f.; 5, 24,1–3; H2 64–69) lesen. Herakles erscheint als Inbegriff kultivierten Hellenentums, der barbarischen Riten wie dem Menschenopfer den Garaus macht – so etwa bei Dionysius von Halikarnass (*antiquitates Romanae* 1, 38,2; H2 136f.) – freilich nicht ganz, denn bis tief in die Spätantike hinein sind solche Opfer erwähnt, wenn auch oft nur als Lesefrucht eines gebildeten Autors wie etwa des Solinus (*collectanea* 21,1; H3 235f.).

Am interessantesten ist allerdings die Aussage der Druiden (*drysidae*) selbst, dass sie im Kern die Urbevölkerung Galliens bildeten, aber von den Inseln an der Küste Zuzug erhalten hätten und auch von jenseits des Rheins, nachdem sie von ihren früheren Wohnorten durch Kriege und Sturmfluten vertrieben worden waren. Hinter der letztgenannten Nachricht verbergen sich deutlich Reminiszenzen der Kimbern- und Teutonenzüge. Wie ist die Nachricht vom traditionellen und archaischen Druidentum in Britannien (*b. G.* 6, 13,11) in diesem Kontext zu werten?

Die hauptsächlichen »Quellen« dieses historischen Wissens werden Ortsnamenerklärungen und »Etymologien« gewesen sein – natürlich nicht im modernen linguistischen Sinn, sondern das, was wir geringschätzig »Volksetymologien« nennen und als »Antiquarian Learning« bezeichnen könnten. Das Wissen wird gemäß altem indogermanischem Brauch (Campanile [1981], 53ff.) in der Form aufzählender »Katalogdichtungen« weitergegeben worden sein, die wohl nicht selten oder sogar meist in Dreiergruppen wie die inselkeltischen »Triaden« strukturiert waren (s. S. 112, 231), wobei das Prinzip dahinterstand, dass das Wissen von Name und Herkunft einer Sache gleichsam zum Besitz der Sache und den Wissenden zu ihrem Beherrscher legitimiere.

Ganz ähnlich stellen sich ja auch die Rätsellieder der Edda (etwa das »Wafthrudnirlied«) dar, und im »Grimnirlied« entwirft Odin Fragmente und Grundzüge eines Wissenskanons, wie er auch den

Druiden als Gelehrte

Druiden in ihren Unterweisungen vorgeschwebt haben muss, natürlich um vieles umfassender, differenzierter und spitzfindiger, was die vieljährige Studiendauer erforderte. In der Lehrdichtung des *Ríg*, der *Rígsþula*, die ja keltisch-irisch beeinflusst zu sein scheint, selbst wenn sie erst im 13. Jh. entstand, wird die Herkunft des Königs auch etymologisch erklärt. Ganz allgemein sind die altnordischen *Þulur* › Wortreihen‹ solch archaische Merkversreihen zur Wissenbegründung.

Caesar hatte schon auf die naturwissenschaftliche Seite des Druidenunterrichts hingewiesen (s. S. 32). Dies aufgreifend führt Pomponius Mela (3, 19; H2 267, 269) aus, die Druiden gäben an, »die Größe und Gestalt der Erde und der Welt, die Bewegungen des Himmels und der Gestirne sowie den Willen der Götter zu kennen. In vielen Dingen unterrichten sie die Adeligen des Stammes, heimlich und lange Zeit, (nämlich) zwanzig Jahre, entweder in einer Höhle oder in abgelegenen Waldtälern.« Dabei liegt gegenüber Caesar die einzige Neuinformation in der Lokalisierung der Unterrichtsstätte.

Die Druiden erzogen dergestalt junge Leute zu »Wissenden« und bildeten selbst Gelehrtendynastien, aus deren Stand später Professoren der Hochschule von Bordeaux kamen. So rühmt Decimus Magnus Ausonius (ca. 310–395) in seiner »Erinnerung an die Professoren von Bordeaux« (*Commemoratio professorum Burdigalensium* H3 287–290) den Rhetor Attius Patera d. Älteren (4, 7–9), dass er in Bayeux aus »druidischem Stamm« (*tu Baiocassi stirpe Druidarum satus*) entsprossen sei und seine Familie dem Heiligtum des Gottes Belenus entstamme. Ein anderer war der »alte Phoebicius«, der gleichfalls am Belenus-Tempel gewirkt hatte, dies aber nicht einträglich genug fand und daher Professor der Grammatik wurde. Er stammte laut Ausonius (10, 1ff.) aus armorikanischem Druidengeschlecht (also von der Bretagne). Es ist natürlich kein Zufall, dass die Lehrer gerade am Tempel des Belenus gewirkt hatten, denn dieser Gott, der dem Apollon entsprach, stand neben Minerva dem Wissen und dann auch der Literarität am nächsten. Die Herkunft aus einer *stirps Druidarum* lieferte den intellektuellen Hintergrund und hatte offenbar noch in einer Zeit

99

Prestige, in der die Druiden in Gallien politisch längst – seit über 300 Jahren – bedeutungslos waren.

Die für unser heutiges Wissen sehr nachteilige Mündlichkeit der druidischen Lehren darf nicht den Eindruck erwecken, die Druiden wären »Schreibmuffel« und begeisterte Analphabeten gewesen, denn wir wissen ja von Caesar, dass sie sich für »profane« Zwecke, d.h. Anlässe, die nicht unmittelbar ihr Geheimwissen betrafen, sehr wohl der Schrift bedienten.

Das gilt auch und besonders für den Kalender. Seine Berechnung war dem Geheimwissen entsprungen. Bestand er aber nun einmal und war er am Forum für eine größere Öffentlichkeit von Lesekundigen, etwa für Beamte, Geschäftsleute, die Alltagsmagie ausübende Wahrsager u.s.w., zugänglich, so war er weitgehend der Esoterik entkleidet. Weitgehend, denn seine Verwendung zu mantischen Zwecken erforderte wohl immer noch Insiderwissen, das nicht unbedingt druidisches sein musste, gegen das aber der Apostel Paulus (*Gal.* 4,10) eiferte.

Im Département Ain liegt etwa 130 km westnordwestlich von Genf der kleine Ort Coligny im ehemaligen Stammesbereich der Ambarer. Dort wurden 1897 ca. 150 Fragmente einer Bronzetafel von etwa 148 x 90 cm entdeckt, in der in leicht lesbarer römischer Kapitalschrift ein fünf Jahre umspannender Kalender eingraviert ist.[46] Er ist kein Einzelfall, denn vom Lac d'Antre bei Villards d'Héria (Dép. Jura) ist ein weiteres, allerdings nur winziges, Kalenderfragment bekannt.

Der Kalender von Coligny ist mit seinen 2021 Zeilen und gegen 60 ausgeschriebenen oder abbreviierten Wörtern das längste gallische Sprachdenkmal – wenn auch kein »Text« im eigentlichen Sinn –, und stammt vom Ende des 2. Jh.s n. Chr. Er besteht aus einem Fünfjahreszyklus, dem ein Mondjahr von 12 Mondmonaten mit den Namen *Samon(i)-*, *Dumann-*, *Riuros*, *Anagantio*, *Ogronn*, *Cutios*, *Giamoni-*, *Simiuisonna-*, *Equos*, *Elembiu-*, *Edrini-* und *Cantlos* von jeweils 30 oder 29 Tagen zugrundeliegt. Durch Einschub von zwei Schaltmonaten (sog. Interkalarmonate) mit je 30 Tagen, die

---

46 RIG III; Lambert (1995), 109–115. Zum Coligny-Kalender hat sich eine eigene Spezialliteratur entwickelt.

merkwürdigerweise keinen Namen haben, ergibt sich ein Zyklus von 1835 Tagen, der unseren Fünfjahreszyklus (bei Vernachlässigung des Schalttags) von 1825 Tagen um 10 Tage überschreitet. Der erste Schaltmonat leitet den Fünfjahreszyklus ein, der zweite Schaltmonat, durch das Wort [am]bantaran als solcher bezeichnet (Delamarre [2003], 41), steht nach dem sechsten Monat des dritten Jahres. Er erhält die Bemerkung sonnocingos ›Sonnenlauf‹.

Über die Etymologie der Monatsnamen zu spekulieren würde zu weit führen. Sicher sind Ogronn mit dem Wort für ›Kälte‹ und Giamoni- mit dem für ›Winter‹ zu verbinden. Einen »Pferdemonat« Equos kannte man auch in Süditalien. Bemerkenswerter Weise entspricht der Name Samon(i)- sehr genau der alten irischen Festbezeichnung samuin (später samhain) für die kultisch wichtige Nacht vom 31. Oktober auf den 1. November (jetzt Hallowe'en). Dabei wird samuin (und dann auch Samon[i]) etymologisch mit unserem -sam- in Versammlung verbunden. Das widerspräche freilich der Deutung von Ogronn- und Giamoni- als Wintermonate. Verbinden wir aber Samon(i)- mit einem anderen wichtigen Versammlungstermin, dem ersten August (ir. Lugnasad, engl. Lammas), dann entsprächen Ogronn- und Giamoni- etwa dem Dezember und Februar.

Wie wurde der Kalender in der Praxis verwendet?

Am Beginn jeder der 1835 Tageszeilen befindet sich im Bronzeblech ein kleines Loch, in das man einen Stift steckte, um den jeweiligen Tag zu markieren. Genau Vergleichbares bietet der Stadtkalender von Antium (jetzt Anzio), südlich von Rom. Neben den Namen der Monate mit 30 Tagen steht der abbreviierte Vermerk mat[u, bei den kürzeren Monaten anm[atu, was sicher als ›günstig‹ (zu air. maith ›gut‹), bzw. ›ungünstig‹ (zu mkymr. anfad ›unglücklich‹, eigentlich ›ungut‹) zu verstehen ist. Es ist freilich nicht sehr wahrscheinlich, dass ein ganzer Monat als ›unglückverheißend‹ angesehen wurde. Hier ist wohl anzunehmen, dass ein Druide oder eine andere Person mit mantischem Geheimwissen die jeweils spezifische Situation auf Grund der allgemeinen interpretierte. Nach dem 15. Tag jedes Monats lesen wir den Zusatz atenoux, was etymologisch am ehesten ›Erneuerung‹ bedeuten dürfte (Delamarre [2003], 58). Wenn Plinius in seinem Kapitel über die Mistel sagt (*nat. hist.* 16, 250), dass Jahr und Monat bei den Kelten mit dem sechsten Tag des Mondes begonnen habe, und daher die Druiden ihren Mistelkult mit Vorliebe auf diesen Tag verlegten, weil da auch die Kraft der Mistel am stärksten sei (H2 365), dann wäre *atenoux* allerdings auf den ersten oder zweiten Tag nach dem Neumond gefallen und der Terminus ›Erneuerung‹ durchaus angebracht. Jeweils am 17. *Samon-* steht der Vermerk *trinox sam*[*on*] *sindiu* ›heute [ist] »Drei-Nacht« des *Samon-*‹, was wohl auf ein dreinächtiges oder -tägiges Fest zu deuten ist. Auch hier bleibt uns der genaue Sinn verborgen.

Manche Tage tragen den Zusatz *prinni loudin*, wogegen es an anderen Tagen *prinni laget* heißt. Es ist aufgefallen, dass ersteres vorwiegend bei *matu-*, letzteres bei *anmatu-*Monaten steht. Eine mir einleuchtende, wenn auch gewagte Vermutung sagt, dass diese Bemerkung sich auf das Werfen von Loshölzchen (*prinni* zu kymr. *prenn* ›Baum, Holz‹; *loudin* zu bretonisch *luziañ* ›verwirren‹ für ›aufwerfen‹) bezog, was vorwiegend an den »guten« *matu-*Monaten geschehen sollte, dagegen sollten an den »unguten« *anmatu-*Monaten die Stäbchen oder Späne »liegen bleiben« (*laget* zu unserm *liegen*). Die kürzeren, 29-tägigen Monate enden mit dem problematischen Wort *diuertomu*, das vielleicht ›ohne letzten [d.h. 30.] Tag‹ bedeutet (Delamarre [2003], 145). Auch die übrigen Eintragungen *amman, brigiomu* (viell. ›der kürzeste‹?), *ciallos* (›der Zweite‹?), *dib, exingi, gariedit, iug, iuos* am Anfang und Ende von Monaten, *peti ux, tiocobrextio* (›Gerichtstag‹?) bleiben nach wie vor weithin unverständlich, zum Teil auch, weil es sich ja um Abkürzungen handeln dürfte. Hinter manchen hat man auch mathematische Fachtermini der Interkalarrechnung vermutet.

Erstaunlich scheint, besonders wenn man andere antike Kalender vergleicht, dass jener von Coligny anscheinend keine Namen von Gottheiten enthält, wenn man von der einmaligen Eintragung *lugo* am 2. *Anagantio-* des fünften Jahres absieht, denn natürlich hat man darin den Namen des Gottes *Lugus* bzw. vielleicht auch der *Lugoves*, sehen wollen. Da sonst die Feste dieses Gottes am 1. August stattfanden, müsste man die obige Identifizierung von *Samon*(*i*)-, *Ogronn-* und *Giamoni-* aufgeben. Auch dass der Gott nur alle fünf Jahre gefeiert worden sein soll, ist erstaunlich. Aber die Eintragung erklärt sich möglicherweise ganz anders, denn gall. *luge-* kann auch ›Schwur‹ heißen,[47] d.h. »Tag der Vereidigung für ein fünfjähriges Amt« (?). Unklar ist auch, wieweit es sich bei den unverständlichen Tagesvermerken um Angaben zu Festen und Riten handelt oder um zivilrechtliche oder gar steuerrechtliche Hinweise für den profanen Alltag.

Abschließend ist nach der kultur- und religionsgeschichtlichen Bedeutung dieses Kalenders zu fragen. Das Werk wird gewöhnlich als hochstehend im Vergleich mit anderen archaischen Kalendern Alteuropas angesehen.[48] Ich verstehe vom Kalenderwesen zu wenig, um dies beurteilen zu können, aber im Vergleich zu dem damals schon über 200 Jahre im römischen Zivilleben geltenden julianischen Kalender ist der gallische von Coligny jedenfalls hocharchaisch. Dass es solche Kalender überhaupt im 1. und 2. Jh. n. Chr. noch gab, lässt sich einerseits aus gallischem Nationalismus erklären, der sich dem »Roman way of life« nicht unterordnen wollte, andererseits daraus, dass der Kalender wohl für mantische Zwecke verwendet wurde. Für beides kommen am ehesten Druidenkreise in Frage. Nach ihrer weitgehenden Entmachtung in Opferangelegenheiten unter Claudius (Suetonius *Claud.* 25,5) könnte man sich gut vorstellen, dass sie sich nun noch mehr auf die Theorie warfen. Ich sehe die druidische Hauptleistung in Sachen Kalender in der Römerzeit darin, dass sie den archaischen Mondkalender dem mediterranen Sonnenkalender anpassten, natürlich ohne den Mond in seiner Bedeutung zu entthronen – eine Mondfinsternis galt als schlimmes Ereignis (Polybios, 5, 78,1; H1 95) –, der Vollmond wurde bei den Keltiberern von der ganzen Familie, die nächtens vor den Häusern tanzte, begangen (Strabon, *geogr.* 3, 4,16; H2 214).

Wenn auch im 2. Jh. n. Chr. veraltet, so war dieser Kalender seiner Konzeption nach doch eine beachtliche intellektuelle Leistung, die auf die Festlandkelten beschränkt blieb, denn sie ist nicht mit der insularen (vor allem irischen) Vier-Fest-Jahreseinteilung zur Deckung zu bringen. Das für die Kalenderherstellung, -wahrung und -verbesserung notwendige spekulative Moment könnte man

---

47   Vgl. die etymologischen Anschlussmöglichkeiten bei Delamarre (2003), 210f.
48   Dillon - Chadwick (1967), 15; RIG III, 431f.

Das Geheimwissen der Druiden, Magier und Seher im Altertum

den Druiden wohl zutrauen, schreibt ihnen doch Caesar ausdrücklich neben kosmologischen auch astronomische Studien zu (*b. G.* 6, 14,6). Noch aus dem alten Irland wissen wir, dass sie für die Bestimmung der »glücklichen und unglücklichen Tage« zuständig waren.[49] Damit ist freilich nicht gesagt, ob das vom Kalender doch mit einiger Deutlichkeit erwähnte Losen mit Hölzern wirklich von Druiden vorgenommen wurde, oder von schlichteren zauberkundigen Magiern, insbesondere auch Magierinnen.

Ogam

Im Gegensatz zu den Kontinentalkelten, die sich schon vorhandener Schriftsysteme bedienten, was sogar für die höchst umstrittenen Schriftzeugnisse von Glozel[50] gilt, gelangten die Inselkelten im Laufe der Zeit doch zu einer sehr eigenständigen Schriftlichkeit. Es war der Ogam, in dem (leider fast ausschließlich aus Namen bestehende) urirische Inschriften hergestellt wurden. Wir haben schon die Inschrift von Killeen Cormac bei Colbinstown (Co. Kildare) in Ogam und lateinischen Buchstaben kennengelernt (s. S. 36).

Der Ogam[51] wurde oft mit den Runen verglichen: Beide Schriftsysteme – ursprünglich Geheimschriften – sind in der römischen Kaiserzeit entstandene Erfindungen von Barbaren, wurden wohl ursprünglich in Holz gekerbt, folgen dem Vorbild der mediterranen Schriftkultur und machen wie das Lateinische keinen graphematischen Unterschied zwischen Lang und Kurzvokalen. Im Gegensatz zu den aus 3 *ættir* ›Achter(gruppen)‹ bestehenden 24 Runen des *Futharks*, besteht Ogam aus 4 *aicmi* ›Familien‹ zu je 5 »Zeichen«.

---

49 TBC 130f.; Lambert (1995), 115 (zur druidischen Herkunft).
50 Aus Glozel bei Vichy (Dep. Allier) stammen etwa 3000 Objekte, von denen ca. 250 lakonisch kurze, oft nur aus einem Wort bestehende Ritzinschriften tragen. Sie gelten den meisten Keltologen als neuzeitliche Einritzungen eines (autistischen?) Fälschers in altes (!) Material. Demgegenüber bemüht sich der Chemiker Rudolf Hitz seit Jahrzenten um eine Deutung auf gallischer Basis, die allerdings zu keiner die Mitforscher völlig überzeugenden Deutung vordringen konnte; Hitz (2009); B3 750f.
51 Zum Folgenden vgl. Charles-Edwards (2000), 163–175; Birkhan (2010).

Ogam

In beiden Systemen sind die Buchstabennamen Appellativa – die Ogamnamen wurden später zu Namen von Gehölzen vereinheitlicht –,[52] beide Systeme wurden sakral oder magisch verwendet, soweit wir heute sehen, Ogam nur in Gedenk- bzw. Grabinschriften. So errichtet der Held Conall Cernach über dem Grab von CúChulainn und seiner Frau Éimer einen Stein mit Ogaminschrift. Die geheimnisvolle Aura, die beide Schriftsysteme umgab, führte dazu, sie für allerlei Geheimschriften und kryptographische Experimente zu gebrauchen.[53] Den alten Iren galt kurioserweise der Ogam als die vollkommenste Schrift, nicht aus »Nationalismus«, sondern weil sie als letzte erfunden wurde, d.h. die Erfahrungen, die man mit anderen Schriften hatte, angeblich schon in ihre Erfindung eingingen (Auraicept z.B. 95f.). Die Anordnung der Buchstaben verglich man mit der Tätigkeit eines Kletterers auf einem Baumstamm: erst rechts anlegen, dann links anlegen, dann umfassen ... (Auraicept 71–74). So besteht, im Gegensatz zu den Runenbuchstaben, der Ogam lediglich aus Strichen und Kerben an und auf einer baumähnlichen Längsachse, deren Typen und Zahl den Bezug zum System der Phoneme, der bedeutungsdifferenzierenden Laute, des Uririschen herstellt:

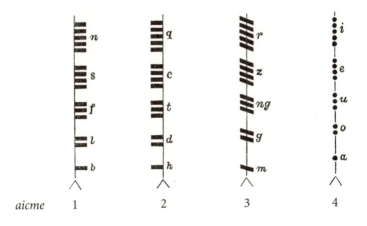

---

52 Auraicept 88–93; Hutton (2011), 44f.
53 Hieher gehören weithin die »scholastic Ogams«, wie McManus (1991), 128–166, sie nennt.

Das Geheimwissen der Druiden, Magier und Seher im Altertum

Wichtig ist die Anordnung der 20 Schriftzeichen (Grapheme) in 4 »Familien« (air. *aicme* [Sg.], *aicmi* [Pl.]), die jeweils aus 1 – 5 Punkten (Kerben) oder Strichen eines bestimmten Typus bestehen. Wer immer den Ogam erfunden hat, war ein Gelehrter, der die lateinischen Grammatiker und ihre Theorien kannte und sich daran orientierte. So hatte Aelius Donatus (ca. 320 - ca. 380), der Lehrer des hl. Hieronymus, auf der Basis früherer Grammatiker die Phoneme des Lateinischen wie folgt zusammengestellt:

vocales	A	E	I	O	U				
semivocales	F	L	M	N	R	S	X		
mutae	B	C	D	G	H	K	P	Q	T
Graecae litterae	Y	Z							

Bei den Namen der *mutae* wurde der Trägervokal -e- nach-, bei denen der *semivocales* vorausgestellt. Noch heute folgen wir diesem Prinzip im Großen und Ganzen, wenn wir *ef, el, em* …, jedoch *be, de, ge* … sagen.

Ich möchte nur kurz zusammenfassen, was mir an der Ogamerfindung besonders bemerkenswert erscheint:

Die Einführung von 4 *aicmi* mit jeweils 1–5 Kerben oder Strichen als Zeichen geht auf eine geheime Zeichensprache zurück, zu der man sich der Finger bediente. Dabei zeigte man mit 1–5 Fingern der einen Hand den Stellenwert eines Zeichens innerhalb einer *aicme an*, während die andere Hand die Nummer der entsprechenden *aicme* zwischen 1 und 4 angab. Meinte man beispielshalber *t* , so zeigte die rechte Hand die Zahl 3, die linke für die *aicme* zuständige die Zahl 2 usw. Das Interesse an solchen Fingersprachen ist für das Frühmittelalter auf den Britischen Inseln durch den hl. Beda Venerabilis und seinen Traktat über die »Fingersprache« (*De loquela per gestum digitorum*) zu belegen.[54] Ähnliche Systeme wurden noch in rezenten Zeiten in Schulklassen als »Geheimsprache« zum »Einsagen« praktiziert.

---

54   MPL 90, Sp. 685; CIIC, vi.

Während die Runenerfindung in das 1. oder 2. Jh. n. Chr. zurückgeht, ist die des Ogam wesentlich jünger, etwa mit dem 4. Jh. anzu-
setzen[55] – seltener wird das 5. Jh. vermutet. Und wenn die Runenin-
schriften auch Minitexte liefern, so bieten die Ogaminschriften keine
»richtigen Texte«, sondern vorwiegend Eigennamen im Genitiv, also
»[Grab des] X, Sohnes des Y«. Die Lektüre der Ogaminschriften ist
eine öde Angelegenheit und nur für den Wissenschaftler spannend,
der in der lautlichen Gestalt der Namen das Urirische als Basis des
Altirischen beobachten will oder etwa Namenstudien betreibt.

Als Erfindungsort des Ogam kommen nur die Britischen
Inseln, nämlich auf Grund der Verteilung der Inschriften und
der Kulturverhältnisse Südirland oder – meiner Meinung nach
wahrscheinlicher – Südwestwales in Frage, denn die erwähnte
Verwandtschaft mit der lateinischen Alphabettheorie ist natürlich
im *Imperium Romanum* oder an seiner Grenze leichter möglich
als in Irland, das, wie öfters formuliert wird, »nie ein römischer
Soldatenstiefel betreten hat«. Hingegen dürfte bereits Ende des
3. Jh.s die Kriegergruppe der *Déisi* (›Gefolgsleute‹) aus Leinster
in Britannien eingefallen sein und sich unter Eochaid Allmuir in
Südwestwales (Pembrokeshire) niedergelassen haben. Sie erhielt
von Kaiser Constans (337–350) den Status von *foederati*, verlor
aber unter Valentinian I. (364–375) diese herausragende Stellung.
Dieser Stamm lässt sich noch um 730 – jetzt kambrisiert – durch
den Herrscher Teudor mac Regin belegen und bildete den Ursprung des südwalisischen Königshauses von Demetien (*Dyfed*).
Noch heute bezeugen Ortsnamen und Ogam-Inschriften die einst
vorhandene irische Kriegerelite mit ihrer uririsch-altbritannischen
Zweisprachigkeit.[56] Tatsächlich enthält das Ogam-Alphabet Hinweise darauf, dass es ursprünglich auch für eine Sprache konzipiert
wurde, die Konsonanten enthielt, die dem Uririschen fremd, aber
dem Altbritannischen geläufig waren (*ng* [ŋ] und *h*). Weil man
aber doch nur urirische und keine urbritannischen Wörter schrieb,
blieben diese Konsonanten unverwendet.

---

55   So McManus (1991), 40f. (4. oder 5. Jh.); Charles-Edwards (1993), 147. Vgl.
      schon LHEB 156f.

56   Dillon - Chadwick (1967), 39; vgl. McManus (1991), 48f.

Die Erfindung des Ogam wird wohl das Werk eines Druiden gewesen sein, ein Werk, das nur bei oberflächlicher Betrachtung der Abneigung dieser Priestergelehrten zur Zeit Caesars gegen geschriebene Tradition widerspricht, denn diese Abneigung hat sicher nur für religiöse Überlieferungen, »mythische Wissenschaft« und die damit verbundenen Rituale gegolten und vielleicht auch nicht mehr in der Spätzeit, in der der Ogam entstand. Ich vermute, dass die andauernde Vorbildwirkung und der alltägliche Druck insbesondere der lateinischen Schriftlichkeit, die abgeschwächt auch noch nach dem allmählichen Abzug der Legionen ab dem frühen 5. Jh. weiterbestanden, dazu führten, dass jemand den Versuch machte, nun auch für das Urirische eine eigene Schrift bzw. Kryptographie zu entwerfen.

Während es mir früher unbezweifelbar schien, dass diese Persönlichkeit noch im Heidentum verwurzelt war, halte ich es jetzt für denkbar, dass sie bereits an der Schwelle zum Christentum gestanden haben könnte. Allerdings ist zu beachten, dass in der irischen Tradition der Ogam primär den Geruch des Archaischen hat. Die heidnischen Assoziationen scheinen dabei vor allem durch die sekundäre (!) Ähnlichkeit des Wortes *Ogam* mit dem Namen des altirischen Gottes *Ogmiu* bedingt zu sein. In der irischen Ulstersage des Hochmittelalters (7. - 12. Jh.) heißt es, dass der Held CúChulainn eine Wegsperre errichtete, indem er einen aus einer Rute gebogenen Reif über einen Steinpfeiler warf. Eine lange Ogaminschrift auf dem Reif bedrohte alle, die über den Steinpfeiler hinaus weiterzögen, mit dem Tod, wenn sie nicht vorher den Reif ebenso über den Pfeiler würfen wie CúChulainn (IHK 125f.). Hält man sich den sperrigen Schrifttypus des Ogam vor Augen, der sich ja nicht gerade für längere Texte empfiehlt, so kann man kaum am phantastischen Charakter solcher Erzählungen zweifeln.

Die schon erwähnte Ogaminschrift von Colbinstown (s. S. 36) ist die einzige, die wegen der Druidenerwähnung als wahrscheinlich heidnisch angesprochen werden kann. Dieser einen eher heidnischen Ogaminschrift stehen sehr viele gegenüber, die sich durch ein Kreuz als christlich zu erkennen geben. Auf dem Stein von Arraglen (Mount Brandon) erscheint die aus lat.-gr. *presbyter* entlehnte Priesterbezeichnung als ogamisch *QRIMITIR*, woraus dann air. *cruimther* ›Priester‹ wurde.

Eine Auszählung der Ogaminschriften[57] ergibt, dass in Irland nach Ausweis des Kreuzzeichens 11%, in Wales immerhin 37% von und für Christen gesetzt sind, wobei natürlich die Frage, ob Christen die Ogams immer mit Kreuzen versahen, so dass die ohne das Heilszeichen immer heidnisch sein müssen, offenbleibt. Der Ogam war also eine nur für »Fachgenossen« lesbare Geheimschrift, von der man wohl annahm, dass sie auch von Totengeistern und Dämonen verstanden würde. Dies gilt insbesondere für die nicht bei einem Grab befindlichen Memorialsteine, die sich natürlich nicht im Sinne eines modernen Denkmals an alle Vorübergehenden wenden, sondern wahrscheinlich als Besitzanspruch an Geister (anderer Toter) oder auch an menschliche Juristen. Thomas Charles-Edwards hat beide Annahmen miteinander versöhnt, indem er annahm, dass die auf der Inschrift genannten Toten das Land, dessen Gemarkung durch den Ogamstein bestimmt war, für die Nachkommen als Besitz reklamierten (Charles-Edwards [1993], 261–263).

Der Erfinder des Ogam, der vielleicht schon an der Schwelle zum Christentum stand, war jedenfalls wie der Aufbau der *aicmi* zeigt, ein großer Tüftler, der sich der antiken Grammatik verbunden fühlte. Darin sind ihm dann die Mönche gefolgt, die diese mutmaßliche Geheimschrift Jahrhunderte hindurch faszinierte und verlockte, sie durch weitere Verschlüsselung spielerisch zu verkomplizieren. So tritt sie uns in 93 Varianten im ›Handbuch der gelehrten Dichter‹ entgegen (s. S. 166) und stellt der Spitzfindigkeit der Mönche das schönste Zeugnis aus (Abb. S. 111).

---

57 Von den insgesamt etwa 370 Inschriften entfallen 316 auf Irland, 39 auf Wales, 5 auf die Isle of Man, der Rest aus Westengland und Südschottland; Charles-Edwards (1993), 147.

Druiden als »Philosophen«

Die Druiden des Altertums sind Priester, die Clemens von Alexandrien in seinen »Teppichen« (*Stromateis* 1, 15, 71) »Freunde der Philosophie« nennt – den Ausdruck »Druiden« will er kurioserweise nur für die Gallier gelten lassen – und ausdrücklich mit den indischen »Nackten Weisen« (Gymnosophisten) vergleicht, bei denen er wieder waldbewohnende Asketen (Sarmanen) von Brahmanen unterscheidet, um bei dieser Gelegenheit auch die Anhänger des göttlich verehrten Buddha zu erwähnen. Auch die persischen »Magier«, die die Geburt Christi in den Sternen lasen, werden herangezogen. Übrigens hat auch Dion Chrysostomos (*recusatio magistratus* 32,5 = *oratio* 49,7) die Druiden mit den persischen Magiern, mit den ägyptischen Priestern und den indischen Brahmanen verglichen (H2 457). Und als erster scheint – wie oben erwähnt (S. 38) – Sotion von Alexandria (zwischen 200 und 170 v. Chr.) die Druiden als »Philosophen« bezeichnet zu haben. Gymnosophisten und Druiden: Beide »philosophieren mittels rätselhafter Äußerungen und lehren, man solle die Götter ehren, nichts Böses tun und sich in Tapferkeit üben« (H1 79–81). Es ist klar, dass diese Triade etwas hausbacken anmutender Gebote (s. S. 234 ff. Barddas) nur der banalisierte Succus eines esoterischen und differenzierteren ethischen Modells sein kann. Wir müssten nun wissen, wie weit die »rätselhaften Äußerungen« als formale Einbettung der drei Lehrsätze etwa in Gleichnissen, Syllogismen und Paradoxien übereinstimmten, um die Enge der Verwandtschaft der indoiranischen Geisteskultur mit der der Kelten beurteilen zu können. Eine solche Nähe wurde in der modernen Forschung im Licht der Indogermanistik, gestützt besonders auf spezielle Übereinstimmungen im Rechtssystem, angenommen.[58]

Dazu lässt sich ein Satz aus dem »Gespräch der Alten« (*Acallam na Senórach*) der Tradition von Finn mac Cumaill vergleichen, mit welchem dieser dem heiligen Patrick gegenüber das ethische Ideal der alten Heldenzeit umreißt. Als dieser die riesenhaften

---

58 Dazu sei an die Forschungen besonders von Myles Dillon erinnert: Dillon – Chadwick (1967), 12; Dillon (1973); Dillon (1975).

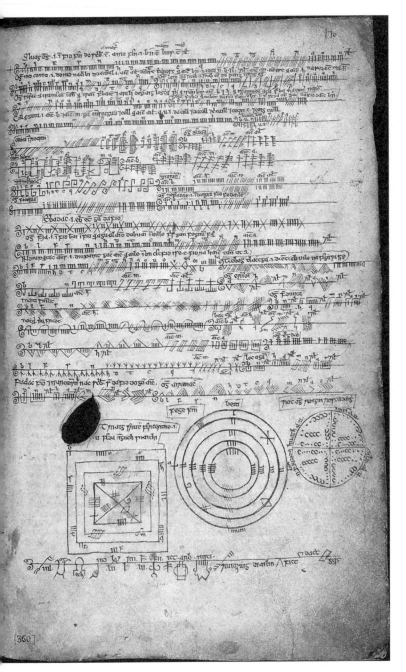

Geheimogams auf einer Seite aus Auraicept na n-éces (Book of Ballymote ca. 1390)

Vorzeitrecken fragt: »Wer oder was hat euch so am Leben erhalten?«, erfolgt die Antwort des Helden Caoilte in Triadenform: »Wahrheit in unsern Herzen, Stärke in unsern Armen, Erfüllung in unsern Zungen« (Cross – Slover [1996], 460). Wir werden die Nähe zum »Act of Truth« in der altindischen Tradition noch ausführen (S. 118).

In ähnlicher Weise könnte man sich auch die Heldenethik der Latènezeit in druidischer Unterweisung denken, nur dass die Sprache laut Diogenes Laërtios den schlichten Moralsatz änigmatisch-dunkel verfremdete. Das hatten wohl die druidischen Leitsätze mit jenen der Pythagoräer gemeinsam, denn auch sie sagten etwa »nicht über eine Waage schreiten« für ›nicht auf unrechten Gewinn ausgehen‹, »das Feuer nicht mit dem Messer schüren« für ›den Zornigen nicht mit scharfen Worten reizen‹, »nicht das Herz essen« für ›sich nicht betrüben‹, »sich nicht beim Verreisen umkehren« für ›im Sterben nicht am Leben hängen‹ oder »nicht die Landstraßen gehen« für ›nicht der Meinung der Menge folgen‹ und ähnliches (Überweg [1953], 64).

Poseidonios hat die Druiden mehrfach als Philosophen und »Theologen« (gr. *philósophoi* und *theólogoi*) bezeichnet – und das hat später Schule gemacht[59] –, die (s. S. 61) speziell für die Opfer zuständig waren, aber er erwähnt sie neben den Barden auch in politischer Mission, wenn es um Herstellung des Friedens geht (Diod. 5, 31,2 und 4f.; H1 147).

Im Grenzgebiet zwischen Philosophie und Mantik bewegte sich der aeduische Druide Diviciacus. Über ihn rief Marcus Tullius Cicero seinem Bruder Quintus angesichts der Bedeutung des Auguriums (Weissagung aus dem Verhalten von Vögeln) in Erinnerung: »Und diese Art der Weissagungen wird nicht einmal bei den barbarischen Völkern gering geschätzt, weil es ja in Gallien Druiden gibt, von denen ich den Aeduer Diviciacus, deinen Gastfreund und Lobredner, kennengelernt habe, der behauptete, ihm sei die Naturkunde, welche die Griechen ›Physiologie‹ nennen, bekannt und der teils durch Augurien, teils durch Deutung,

---

59 S. die Zusammenstellung bei H3 87, Anm. 394; Aussagen über die notorische Weisheit der Druiden bei H3 76, Anm. 345.

Druiden als »Philosophen«

was zukünftig wäre, vorhersagte« (Cicero, *de divinatione* 1, 41,90; H2 37–41). Den alten Namen Lyons *Lugdūnum* leitete man in einer Gründungssage, die der Roms nachgebildet ist, von einem Raben-Augurium (gall. *lugos* ›Rabe‹) ab (Pseudo-Plutarchos *de fluviis* 6,4, H3 122). Auch hinsichtlich der Augurenmantik können wir wie bei jeder institutionalisierten Prophezeiung partiell von einem Geheimwissen sprechen, das wohl ziemlich verbreitet war und auf das sich nach Iustinus (24, 4,3) die Gallier angeblich besser verstanden als andere Völker (H3 295). Ganz besonders beachtete der Galaterkönig Deiotaros die Augurien, was ihm einst das Leben rettete, als er, durch Adlerflug gewarnt, eine bestimmte Reise nicht antrat, auf der er ums Leben gekommen wäre (*de divinatione* 1, 15,26; wiederholt bei Valerius Maximus *factorum et dictorum libri* 1, 4, ext.2; H2 252). Cicero hatte Gelegenheit, sich mit ihm in Augurenfragen auszutauschen und konnte natürlich nur die Unterlegenheit der keltischen Praxis feststellen: »Wir wollen nämlich die fremden Augurien betrachten, die nicht so sehr kunstgerecht als abergläubisch sind. Sie bedienen sich fast aller Vögel, wir nur sehr weniger; andere sind bei jenen ungünstig, andere bei uns. Deiotaros befragte mich öfters nach der Lehre unserer Weissagung und ich ihn nach der seinen: Unsterbliche Götter! Sie unterschied sich so sehr, dass einige [Regeln] sogar entgegengesetzt waren. Aber jener wandte sie immer an – und wie selten bedienen wir uns dieser, außer wenn wir vom Volk übertragene Auspizien haben?« (*de divinatione* 2, 36,76; H2 41f.). An anderer Stelle weist Cicero darauf hin, dass die römischen Auguren gelegentlich nachzuhelfen pflegten: »Unsere Magistrate dagegen gebrauchen erzwungene Auspizien. Denn unweigerlich fällt ein Brocken aus dem Schnabel des Huhns, wenn ihm ein Breiklümpchen hingeworfen wird« (*de divinatione* 1, 15,27; H2 32). Alles in allem, fasst er später zusammen, habe dem Galaterkönig das *augurium* wenig Glück gebracht (*de divinatione* 2, 37,78f.).

Im Übrigen scheinen die Galater mit den Vögeln in besonderer Weise auf Du und Du gewesen zu sein, denn Eudoxos von Rhodos (etwa 200 v. Chr.) wusste von den östlichen Galatern: »Wenn ein Heuschreckenschwarm in ihr Land einfällt und so die Feldfrüchte schädigt, verrichten die Galater bestimmte Gebete und leisten

113

Opfer, um die Vögel zu bezaubern. Und diese erhören sie, kommen in Schwärmen und vernichten die Heuschrecken. Sollte aber ein Galater einen von diesen Vögeln fangen, ist die Strafe gemäß den einheimischen Gesetzen der Tod. Wenn ihm aber verziehen und er freigelassen würde, gerieten die Vögel hierüber in Zorn, und um den gefangenen Vogel zu rächen, würden sie es für unwürdig erachten, diese zu erhören, wenn sie wieder angerufen würden« (H1 71). Eudoxos deutete allerdings an, dass ihm der Wahrheitsgehalt dieser Nachricht zweifelhaft sei. Da geht es ihm wie wohl den meisten meiner Leser!

Rechtspflege und rechtliche Stellung

Ein wichtiger Punkt der Druidentätigkeit war die Rechtspflege, ein Faktum, das im 18. Jh. dazu führte, die weit verbreiteten vorkeltischen Steinkreise als Reste von »Gerichtshöfen« der alten Kelten anzusehen (Hutton [2011] 188).

In älteren Quellen spielen auch Frauen als Ratgeberinnen eine beachtliche Rolle. Nach einer bei Plutarch überlieferten Sage sollen diese noch vor dem Italienzug durch ihr weises Urteil Unruhen und Bürgerkrieg beendet haben, weshalb es Recht wurde, über Krieg und Frieden mit ihnen gemeinsam zu beraten (*mul. virt.* 6). Scheiterte das Unternehmen, so ließ man es angeblich die Beraterinnen entgelten. Bei einem Kuriositäten sammelnden Autor, den man jetzt wegen des Aufbewahrungsortes der Handschrift *Paradoxographus Vaticanus* nennt, liest man (*admiranda*, nr. 44,2; H3 117f.), dass die Gallier sich vor einem Krieg mit den Frauen berieten und deren Rat folgten. Ging das kriegerische Unternehmen schief, so schnitten sie denen, die dazu geraten hatten, die Köpfe ab und warfen sie über die Landesgrenzen. Halb Mär, halb mehr?

Wo wir in gesicherter Überlieferung politisch aktive Frauen antreffen, agieren sie stets mit der Autorität von Seherinnen (wie die *Veleda*; S. 81-84) oder Priesterinnen (wie die Frauen auf der Insel *Sena*; S. 85) oder aber wie Chiomara (S. 29) als starke heldenhafte Frau, aber keineswegs als mit den Männern formell gleichberechtigte juridische Beraterinnen.

Rechtspflege und rechtliche Stellung

Was die Rechtsgottheiten betrifft, so kommt für das Altertum am
ehesten der Gott *Lugus*, der Stadtgott von *Lyon* (*Lugudunum*) in
Frage, dessen Fest man dort am 1. August feierte und als *Lammas*
(< altirisch *Lugnasad*) noch heute in Irland begeht. Wir haben allerdings feststellen müssen, dass sein Fest im Kalender von Coligny
sehr zweifelhaft ist (s. S. 102). Zur Deutung seines Namens gibt es
mehrere Möglichkeiten, eine ist die als ›Rabe‹, eine andere die als
›Verbinder‹ (durch Schwur oder Vertrag), ähnlich dem berühmten
vedischen Gott *Mitrá-*, dessen Name ja auch ›Vertrag‹ bedeutet.

Die eigentliche Rechtspflege lag bei den Druiden. Wie Strabon
(*geogr.* 4, 4,4) von ihnen sagt, beschäftigen sich diese »neben der
Naturkunde auch mit Moralphilosophie; sie gelten als die Gerechtesten, und deswegen werden ihnen die Entscheidungen in
privaten wie öffentlichen Streitfällen anvertraut, sodass sie früher
sogar Kriege entschieden und Heere, die sich eine Schlacht liefern
wollten, davon abgehalten haben. Besonders in Mordfällen wurde
ihnen das Urteil anvertraut. Wenn es eine große Zahl von Druiden
gibt, glaubten sie, dass dies auch eine Fülle des Landes hervorbrin-
gen werde« (H2 223f.).

In ihrer Rechtsfunktion haben wir die Druiden bei der Wahl
des Vergobreten (s. S. 43 f.) und in anderen politischen Belangen
kennengelernt. Unbeschadet des Hausrechts des *pater familias*, der
ja auch bei seinen Frauen, Kindern und Sklaven Gewalt über Leben
und Tod hatte (*b. G.* 6, 19,3), wirkten sie in der Öffentlichkeit und
vertraten wohl das heilige Recht, das nach Caesar die an der Kult-
stätte abgelegten Beutestücke vor Diebstahl schützte (*b. G.* 6, 17,4f.).

Uns interessiert natürlich in erster Linie die Rechtspflege über
die allgemeinen Sätze von gottesfürchtiger Frömmigkeit, Verab-
scheuung des Bösen und Tapferkeit, die wir bei Diogenes Laërtios
(s. S. 38) vorfanden, hinaus, und erinnern dazu an das, was Caesar
(*b. G.* 6, 13,5–7) zur richterlichen Funktion der Druiden sagte
(s. S. 31). Das Ganze wirkt wie ein Vorklang des mittelalterlichen
Kirchenbanns mit Exkommunikation. Wahrscheinlich gehört auch
noch die Bestimmung der Treverer hierher, jenen, der als letzter
auf einem bewaffneten Landtag erscheine, unter Martern hinzu-
richten (*b. G.* 5, 56,2), eine Aktion, die mir weniger sakral zu sein
scheint (entgegen den bei H1 184f. referierten Meinungen) als ein

115

Das Geheimwissen der Druiden, Magier und Seher im Altertum

aus politischem Kalkül erwachsenes Abschreckungsmittel, wenn der dafür nötige Rechtsbeschluss auch durchaus Druidensache gewesen sein wird.

Wie noch in unserer Diktion, wo man von »Urteilsfindung« spricht, ist ein Urteil zu suchen und »aufzufinden« (nicht zu »erfinden«), weil es als »ewige Wahrheit« immer vorhanden ist. Aus der druidischen Stellung als Kenner und Wahrer der Rechtstradition in Verbindung mit ihrer prophetischen Tätigkeit folgt auch ihre politische Bedeutung, die sichtbar wird, wenn Diodoros (5, 31) von der friedenstiftenden Funktion der »Philosophen« und Dichter spricht (s. S. 143). Möglicherweise bediente man sich bei der Vermittlertätigkeit auch nach mediterranem Vorbild eines Friedenszweiges, und dies könnte eine der Erklärungen des Fragments eines Goldzweiges mit Goldblättern aus dem Latène-Oppidum Manching liefern.[60] Doch könnte dieser auch mantischen Zwecken gedient haben, wie das auch für den »Goldenen Zweig« (*aureus ramus*) des Aeneas angenommen werden kann. Nur in diesem letzteren Fall würde es sich um ein rein keltisches Motiv handeln (vgl. dazu die ausführliche Diskussion bei H2 95–99). Denkbar, obwohl von Caesar nicht erwähnt, ist auch, dass die Carnuten bei der gemeinsamen Eidesleistung sich solcher Friedenszeichen neben ihren Druiden bedienten. Andererseits wurden die Eide auch auf die versammelten Feldzeichen abgelegt, was diesen Schwüren höchstes Gewicht verlieh (*b. G.* 7, 2,3; H1 218f).

Im alten Irland war die wichtigste Forderung an den König, gerecht zu sein.[61] Er wurde deshalb bei seiner Findung des »Wahren Urteils« (*fír flathemon*) durch Berater und Druiden unterstützt. Ein ungerechtes Urteil (*gáu flathemon*) hätte Katastrophen nach sich gezogen, etwa indem sein Haus eingestürzt wäre.

Ein Beispiel aus dem Altertum für einen »guten König« findet sich im Bericht über Ambicatus, von dem Titus Livius sagt (5, 33,2), dass er durch seine eigene *virtus* (Tugend, Mannhaftigkeit) übermächtig war und wegen »seines eigenen wie des allgemeinen Glücks, denn unter seiner Herrschaft war Gallien an Früchten und

---

60 B2 418; Sievers (2003), 34–37.
61 Zum Folgenden Kelly (1988), bes. 18–21.

Rechtspflege und rechtliche Stellung

Menschen derartig fruchtbar, dass die überreiche Menge kaum noch regierbar erschien« (H2 150). In der irischen Tradition finden wir die wundersame Fruchtbarkeit des Landes unter dem guten (gerechten) König Conaire Mór: »Der Fischfang gibt reichlichen Ertrag, die Eicheln zur Schweinemast liegen jeden Herbst kniehoch. Totschlag hört in Irland auf, und die Stimme des einen klingt dem andern wie Musik. Von Mitte Frühling bis Mitte Herbst bewegt kein Wind den Schwanz der Kühe; Gewitter und Stürme gibt es nicht...«[62] Das genaue Gegenteil ist Cairbre Caitcheann ›C. Katzenkopf‹, der durch Gewalt an die Herrschaft kam und als Tyrann regierte: Damals trug jeder Halm nur ein einziges Korn, die Flüsse führten keine Fische, die Herden hatten keine Milch und jede Eiche trug nur eine einzige Eichel. Noch bei Shakespeare hat »King Lear« die Unwetter im dritten Akt letztlich selbst durch seine Ungerechtigkeit verschuldet. Nach dem König kann auch der Druide für solche Desaster verantwortlich sein, denn er hat das Wissen und muss über die Tugend des Herrschers wachen. Und deren Prinzipien gehörten wohl zu dem, was die Druiden den ihnen zur Ausbildung übergebenen jungen Leuten zu vermitteln hatten. Vermutlich waren es Versdichtungen, inhaltlich ähnlich dem frühmittelalterlichen Fürstenspiegel *Audacht Morainn* (›Moranns Vermächtnis‹) aus dem 7. Jh., welche die Druiden den jungen Adeligen vorsangen und die diese auswendig zu lernen hatten.

Höchst bemerkenswert sind die, wie Myles Dillon und andere zeigten, gerade im Recht hocharchaischen Übereinstimmungen mit den ältesten juridischen Vorstellungen im alten Indien (Dillon - Chadwick [1967] 11).

Die Hochschätzung der Wahrheit hat dort eine ganz besondere Bedeutung, die tief in die fundamentale religiöse Weltsicht zurückgeht. Ihr entsprechen das *ṛtám* etwa ›Heilige Ordnung‹ in Indien und das *aša-* ›was wahr ist‹ im alten Iran als letzte Instanzen eines kosmischen Ordo: die Götter sind im Veda »wahrheitgeboren« (*ṛtajáta*). Dieses *ṛtám* ist das Lebensprinzip, das die Sonne scheinen und die Winde wehen lässt. Im indischen Epos *Rāmāyaṇa* (2. Jh. n. Chr.) befreit die Wahrheit der Aussage, nur Rāma zu lieben und der

---

62   IHK 632; Gantz (1981), 67.

Satz »durch diese Wahrheit möge ich gerettet werden!« die Prinzessin Sītā vor einem bösen Verfolger, der sogleich tot zu Boden stürzt (Dillon [1973], 16). Nachdem Rāma in seiner Verblendung der standhaften Sītā am Ende des Epos doch noch vorwirft, sich dem Dämon Rāvaṇa hingegeben zu haben, beschwört sie nochmals die Wahrheit und besteht auf der Feuerprobe. Jedoch der Feuergott selbst hebt sie unbeschädigt aus den Flammen heraus (Rāmāyaṇa [2000], 635, 638). Diese Form der Beschwörung nannte man *satyakriyā* ›Wahrheitstat‹, engl. ›Act of Truth‹.

Das »Wahre Urteil« (*fír*) des Herrschers wendet in Irland Seuchen ab, wirft Eindringlinge in ihr Gebiet zurück, bewirkt ruhmvolle Gesetze, volle Gefäße, fruchtbares Land, gesunde Neugeborene … »Durch die Wahrhaftigkeit des Herrschers schwimmt eine Überfülle von Fischen in den Strömen« (Audacht 6f.). Ein Musterbeispiel solcher »Wahrhaftigkeit« war der halb sagenhafte König Cormac von Tara (etwa 3. Jh. n. Chr.), der den regierenden König Lugaid mac Con einer Unwahrheit überführte, worauf dieser die Herrschaft verlor.

Die Vorstellung vom »Wahren« erstreckt sich sogar auf den Kosmos: ›das Wahre‹ (*r̥tám*) lässt aus einem überirdischen See den Ganges hervorströmen – auf der Insel Mauritius haben mir Hindus mitgeteilt, dass es von der Insel eine unterirdische und submarine Verbindung zum Ganges gebe. So gab es in Irland die Vorstellung, dass die Boyne aus dem himmlischen Gewässer Segais entspringe, auch dass sie ab ihrer Mündung unter oder über dem Meer weiterfließe und so den Severn, den Tiber, den Jordan und den Tigris bilde (Dillon [1975], 132). Erstaunlich ist übrigens, dass sich irische Druiden angeblich die Kosmogonie selbst anmaßten. So sollen sie vor dem christlichen Juristen Connla Cainbhreathach geprahlt haben, Himmel, Erde, Meer, Sonne und Mond erschaffen zu haben. Als er verlangte, sie sollten doch einmal die Sonne vom Norden scheinen lassen, gestanden sie ihre Unfähigkeit ein und ließen sich taufen (Hutton [2011], 38f.).

Die stellenweise sehr ins Detail gehenden und archaischen Übereinstimmungen keltischer, speziell irischer Vorstellungen mit denen des alten Indien wurden insbesondere von Myles Dillon (1900–1972) erforscht, aus dessen Werk ich hier einige

Rechtspflege und rechtliche Stellung

Beispiele übernehme (Dillon [1973], bes. 12–18). Aber schon vor ihm hat man verwundert festgestellt, dass das Versmaß der ältesten irischen Rechtsquellen (etwa 6.-7. Jh.), das aus einer siebensilbigen Verszeile mit daktylischer Kadenz besteht (s. unten *dán dírech* S. 165), genau einem altindischen Metrum entspricht.[63] Hier, so wie bei anderen auffallenden Koinzidenzen mit indischen Verhältnissen, nimmt man mit der »Marginaltheorie« an, dass sie Reste früherer bei den Indogermanen weitverbreiteter kultureller Elemente waren, die sich als Relikte an den konservativeren äußeren Rändern der Indogermania, in Indien und Irland, erhalten haben, während sie in den dazwischen liegenden mediterranen oder mediterran beeinflussten Kulturen von Neuerungen verdrängt wurden.

Ein für uns erstaunliches Rechtsmittel, das wir aus Indien kennen, wo es *dhāraṇā* ›Zurückhalten‹ oder *prāyopaveśana* ›Auf-den-Tod-Warten‹ hieß, war auch in Irland geläufig. Es ist das rituelle Fasten zur Erreichung eines Zieles, der Hungerstreik, der seit der Zeit Mahatma Gandhis wieder ein oft verwendetes politisches Druckmittel ist.

Durch *troscad* ›Fasten‹ hat der hl. Patrick der Legende nach Gott weitgehende Zugeständnisse betreffs des Seelenheils der Iren abgerungen und der hl. Adamnán auf Wunsch seiner Mutter angeblich die Gleichstellung der Frau im alten Irland bei Gott (!) bewirkt (B3 598f.). Beim profanen Hungerstreik regeln eigene Rechtsbestimmungen die Vorgangsweise sehr genau. Eine hochgestellte Person (*nemed*), die sich nicht um das gerechtfertigte und den Bestimmungen nach gegen sie durchgeführte Fasten kümmerte, ging all ihrer gesetzlichen Rechte in der Gesellschaft verlustig (Kelly [1988], 182f.). Wenn der Hungerstreik tatsächlich ein ererbtes und an den Rändern der Indogermania erhaltenes Rechtsinstitut war, so müsste es auch bei den Druiden im Altertum bestanden haben, selbst wenn die antiken Autoren es nicht erwähnen.

Auch die inselkeltische Vorstellung, dass eine Sippe (air. *derbfhinne*) sich über vier Generationen erstreckt, hat eine Entsprechung im alten Indien (aind. *sapiṇḍa*). Die am Erbrecht orientierte

---

63   Dillon - Chadwick (1967), 10f.; Campanile (1979).

Verwandtschaft umfasst bei einer Cormac genannten Person: C.s Großvater, C.s Vater, C. selbst, C.s Kinder, C.s Brüder, C.s Onkel väterlicherseits, dessen Kinder und C.s Enkel. Frauen spielen hier kaum eine Rolle, weil sich diese Berechnung auf das Erbrecht bezog, nach dem ja Frauen am Landbesitz des Vaters, solange es einen männlichen Erben gab, nicht erbberechtigt waren. War kein solcher Erbe vorhanden, so konnte die Tochter als *banchomarba* (wörtl. ›Frau-Erbe‹) erben. Genau die gleiche Situation bestand im alten Indien, wo der sohnlose Vater eine »sohn-artige« (aind. *putrikā*) Tochter bestimmen konnte, die dann erbte (Dillon – Chadwick [1967], 11). Wenn beim Antritt eines Erbes der Erbnehmer dem König den Kopf in den Schoß zu legen hatte (IHK 375), so wird der Druide dem jungen Mann den Sinn dieser Handlung, die offenbar das Konstrukt einer Verwandtschaft durch einen Geburtsritus symbolisierte, erklärt haben.

Besonders überraschend sind die Übereinstimmungen im hocharchaischen Eherecht der Inselkelten in der irischen *Cáin Lánamna* mit dem der alten Inder. Es gab bei den Inselkelten 8 Formen geregelter geschlechtlicher Verbindung, von denen wir heute nicht mehr alle als »Eheformen« ansprechen würden:[64]

(1) eine Ehe (air. *lánamnas*, mkymr. *priodas*), in der beide Sippen bewegliches Gut einbringen, kannten auch die Inder;

(2) die »Verbindung einer Frau auf Mannesbesitz«, eine Ehe mit wenig oder keiner Mitgift. In Indien entspricht die Hindu-Eheform *Ārṣa*;

(3) die »Verbindung eines Mannes auf Frauenbesitz«, eine Ehe mit Mitgift, bei welcher der Mann wenig oder nichts beisteuert. Das indische Gegenstück ist die Eheform *Prājāpatya;*

(4) der »Verbindung mit einem besuchenden Mann«, wenn der Bräutigam mit Zustimmung der Verwandtschaft öffentlich ins Haus der Frau kommt, entspricht die indische *Ásura*-Ehe;

(5) die Verbindung, bei der die Braut unter Billigung ihrer Sippe öffentlich mit dem Bräutigam aus ihrem Haus geht, aber ohne dem Mann übergeben worden zu sein, hieß in Indien *Gāndharva*-Ehe;

---

64   Kelly (1988), 70f.; vgl. Charles-Edwards (1993), 465–469

Rechtspflege und rechtliche Stellung

(6) als Ehe galt auch die geheime Verbindung mit Zustimmung der Braut, aber nicht ihrer Sippe. Die indische Entsprechung ist die *Rākṣasa*-Ehe;

(7) die Inselkelten kannten eine formalrechtliche »Ehe«, bei der die Frau, ohne Zustimmung ihrer Sippe, geheim vom Mann besucht wird, aber nach außen unvermählt, im Haus bleibt. Ein solches Verhältnis scheint in Indien nicht als Ehe angesehen worden zu sein;

(8) eine »Ehe« ohne Zustimmung der Frau und ihrer Sippe, also durch Vergewaltigung einer Wachen, Schlafenden oder Betrunkenen. Diese in christlicher Zeit nicht mehr anerkannte Verbindung (Kelly [1988], 136) hat aber in der indischen *Paiśāca*-Verbindung ein Gegenstück.

In sieben Fällen kannte das altindische Eherecht deutliche Entsprechungen, was offenkundig doch auf sehr hohes Alter dieser Rechtstraditionen weist.[65] Träger dieses juristischen Wissens waren die Druiden.

Es gibt noch weitere z. T. sehr eigenartige Übereinstimmungen der inselkeltischen (vor allem der irischen und schottischen) Tradition mit der vedischen: So musste z.B. das Brautkleid (in Indien mit den Spuren der Defloration) nach der Hochzeitszeremonie dem bei der Hochzeit assistierenden Brahmanen, in Irland dem obersten Barden (*ollam*), der in die Funktion des Druiden eingetreten war, überlassen werden (Mac Cana [1968]).

In diesem Zusammenhang von Ehe und Sexualität wäre es interessant, das Delikt zu kennen, das in Garton Slack (Yorkshire) zu einem grausigen Grabfund geführt hat. Hier wurden ein junger Mann von etwa 17–19 Jahren und eine etwa 20 bis 25jährige Frau zusammen begraben, wobei die Frau, die einen Schafzahn im Munde hatte, möglicherweise noch am Leben war. Sie lagen aneinandergeschmiegt, ein Holzpfahl soll die rechte Hand der Frau am rechten Ellbogen des Mannes festgehalten haben. Unterhalb der Scham der Frau fand man die Knochen einer Frühgeburt (5. oder 6.

---

65 Nur zwei Hindu-Eheformen sind so spezifisch auf jüngere indische Verhältnisse zugeschnitten, dass sie nicht zum keltischen Befund stimmen können: die *Brāhmaṇa*-Ehe, bei der die Braut mit Mitgift einem Gelehrten angetraut wird, und die *Daiva*-Ehe, die durch Zahlung an den Priester zustandekommt.

Monat).[66] Es liegt der Gedanke nahe, dass der mit der Verurteilung befasste Druide einen Ehebruch strafen wollte, der vermutlich von der Frau ausgegangen war.

Druiden im frühmittelalterlichen Irland

Ganz allgemein gilt für die altkeltische Rechtsordnung auf den Britischen Inseln das, was exemplarisch vor allem im ältesten irischen Recht festgehalten ist. Wenn die materielle Grundlage der sozialen Differenzierung bei den latènezeitlichen Kelten der Wanderungsepoche, wie Polybios (2, 17) sagt, Vieh und Gold war, so sind diese archaischen Zustände im Wesentlichen in Irland, wo es ja kein römerzeitliches Münzwesen gab, erhalten geblieben (Meid [1974], 22ff.). Oberste Rechnungseinheit war in Irland und Wales die Sklavin (air. *cumal*, akymr. *aghell* < lat. *ancilla*), die bei den Iren einem Wert von drei Milchkühen, drei Unzen Silber oder einem Wagen entsprach. In diesen Einheiten bemaß man die nötigen Abgaben, Bußzahlungen, insbesondere den »Ehrenpreis« (*lóg n-enech* ›Preis des Gesichtes‹) von Standespersonen. Eine Beleidigung des Provinzkönigs z. B. war nach altirischem Recht mit 14 »Sklavinnen« zu büßen.

Im alten Irland herrschte selbstverständlich gesellschaftliche und geschlechtsspezifische Ungleichheit und dementsprechend abgestuftes Recht. Eine »Gleichheit vor dem Gesetz« gab es also nur jeweils unter Rechtsgenossen bzw. -genossinnen ein und desselben Standes. Ein Rechtstext des 8. Jh.s wie die *Críth Gablach* (›Der verzweigte Kauf‹) legt die Rechte und Pflichten, vom zu zahlenden Wergeld bis zur angemessenen Größe des Hauses, den Mindestbesitz an Kühen, Schweinen, Schafen und Pferden, die zu leistende Verköstigung, die standesgemäße Art des Fastens usw. pedantisch genau fest, wobei freilich vieles realitätsfern und die siebenteilige Gesellschaftspyramide sicher der kirchlichen Hierarchie

---

66 B2 556f. [dort irrtümlich als Wetwang Slack-Grab bezeichnet]; Mike Parker-Pearson, in: LKA 1, 84 (mit grundsätzlichen Zweifeln an der Beurteilung der Arras-Kultur).

nachgebildet war (Kelly [1988], 267). Im Unterschied jedoch zum starren Kastenwesen in Indien sieht der Vorspann der *Críth Gablach* ausdrücklich die Möglichkeit vor, den Stand nach unten oder aber nach oben, gemäß der Tüchtigkeit, zu wechseln, nach dem Prinzip »der Mann ist besser als seine Geburt« (MacNeill [1921–24], 273).

Ein anderes Rechtsbuch, der *Lebor na Cert* (›Das Buch der Rechtsansprüche‹), besteht fast nur aus Listen bzw. Gedichten, in denen aufgezählt wird, welche Verbindlichkeiten ein Stammeskönig dem Provinz- und Hochkönig gegenüber hat, ob diese Tribute oder freiwillige Abgaben sind, aus wie vielen Ochsen, Kühen, Pferden, Beischläferinnen, Sklaven und Sklavinnen, Widdern, Schwertern, Bienenstöcken, Brettspielen usw. diese Abgaben zu bestehen haben, wie lange der König im Falle eines Besuches zu verköstigen ist, welche Geleitdienste zu leisten sind, aber auch welche Verpflichtungen der Provinz- und Hochkönig gegenüber den Stammeskönigen hat (Dillon [1962]). Hier materialisiert sich die gesellschaftliche Skala auf handgreiflichste Weise. Die Verwaltung all dieser Rechte und ihrer Vorstufen lag ursprünglich, d.h. in heidnischer Zeit, in der Hand der Druiden und bildete ein Wissen, von dem schwer zu sagen ist, inwieweit es Geheim- oder nur Spezialwissen war.

In den ältesten irischen Sagen und in alten Heiligenlegenden erscheint das Druidentum noch als etwas ganz Alltägliches (IHK 70f.), der Druide sogar als angesehen, so dass der hl. Columcille geradezu provozierend sagen konnte: *is é mo drui Crist mac Dé* ›mein Druide ist Christus, der Sohn Gottes‹.

Ja, die altirischen Götter (*Túatha Dé Danann*) haben ebenso ihre Druiden (!) wie die früheren und späteren Einwanderer. Immer noch sind sie Respektspersonen, wie vor allem die Gestalt des Druiden *Cathbad* lehrt, dessen Name vielleicht schon in ogam. *CATTUBUTTAS* (Greenhill; County Cork)[67] erscheint. Er gilt in der Ulstersage gewöhnlich als der Vater König Conchobors (IHK 92) und tritt als Rechtsgelehrter, Berater des Königs und dessen Zauberer bzw. als Heldenerzieher[68] und Druidenlehrer mit stets 100

---

67   CIIC 58; McManus (1991), 89, 102f.
68   Prinzenerzieher ist auch *Cromdes*, der Druide von Conn Cétchathach, der sich des jungen Art annimmt; Cross – Slover (1969), 493f.

Schülern, ferner als Prophet und »Wolkenvorhersager« (*néladóir*), hervor. Ein anderer berühmter Druide soll sich zu Wahrsagezwecken des Rades bedient und demgemäß *Mug Ruith* ›Diener des Rades‹ geheißen haben. Natürlich beglaubigte der Druide auch Schwüre, die man in seiner Gegenwart ablegte. Eine *geis* ›magisches Verbot‹ erlaubte es dem König nicht, vor seinem Druiden das Wort zu ergreifen.

Das bedingte – laut Caesar wurde ja gelegentlich die Wahl des Oberdruiden durch Zweikampf entschieden (s. S. 32) – Waffenverbot der antiken Druiden scheint es für die irischen nicht gegeben zu haben, denn *Cathbad* ist auch ein großer Krieger (IHK 274f., 371). Der Druide konnte auch dadurch eingreifen, dass er wie in der Schlacht von Cúil Dremne (561) eine magische Umzäunung errichtete, die jedem den Tod brachte, der sie übersprang. Eine besondere Art seines Zaubers bestand in *corrguinecht* ›Reiher-‹ oder ›Kranichtötung‹, wobei der Druide auf einem Bein stehen, einen Arm erhoben und ein Auge geschlossen haben musste, während er den Zauberspruch sprach,[69] ganz ähnlich dem *glám dícenn* des *fili* (s. S. 174). Unpaarigkeit bewirkt nach irischer Vorstellung besondere Kraft, weshalb in den Sagen öfters einäugige, einarmige oder einbeinige dämonische Gestalten auftauchen.[70]

Nachrichten über Druiden als Magier, die wissen, wie Dinge zu geschehen haben, die Vorzeichen, Quellkulte, Tabus und die günstigen Tage kennen, sind aus dem alten Irland nicht ganz selten und bei Thomas M. Charles-Edwards (2000) leicht aufzufinden. Wer zu einer großen Reise aufbricht wie Máel Dúin, befragt den Druiden von Corcomroe, um ein Omen zu erhalten, wie die Erzählung des 9. Jh.s berichtet (Oskamp [1970], 52, 105). Im Katastrophenfall konnte eine Art Druidensynode einberufen werden, wie eine Tradition über König *Art* und seinen Vater »Conn mit den hundert Schlachten« (*Conn Cétchathach*) lehrt. Durch die Nichtswürdigkeit der Königin ist eine katastrophale Unfruchtbarkeit über das Land

---

69 Die Stellen bei Kelly (1988), 60f.
70 S. DIL 486/152 s.v. *corrguinecht*. Vgl. den nordischen Gott Óðinn. Auch der römische Feldherr Horatius Cocles vertrieb angeblich 507 v. Chr. mit dem schrecklichen Blick seines einen Auges die von Porsenna geführten Etrusker von der sublicischen Brücke.

Druiden im frühmittelalterlichen Irland

gekommen, die nur durch das Opfer eines Kindes beendet werden könnte, dessen Blut mit der Erde von Tara vermischt werden müsste. Die Christianisierung der Sage ist daran zu erkennen, dass im letzten Moment das Menschenopfer durch das eines Rindes ersetzt wird, und die Druiden gehängt werden![71] Ein ähnliches Schicksal ereilt den Druiden *Cruth*, der Patrick im Wirken von Wundern unterliegt und letztlich verbrennt, während sein Bruder, der Druide *Lochletheneus*, so hoch in die Luft gewirbelt wird, dass sein Leib, gefroren und mit Hagelkörnern und Feuerfunken durchsetzt, vor aller Augen wieder auf die Erde stürzt (Tírechán § 8,5). Häufig wirken die Druiden kollektiv: Als St. Columcille (= Columban d. Ältere) in Iona an Land gehen will, stehen dort Bischöfe, die ihn zur Weiterfahrt auffordern, weil sie das Land schon missioniert hätten. Da waren sie aber an den Unrechten gekommen, denn natürlich erkannte der Heilige, dass es nur Druiden waren, welche die Gestalt von Bischöfen angenommen hatten (BCC 200f.). In Tírecháns Vita des hl. Patrick treten die Druidenkollegen *Máel* und *Caplait* (*Capitolauius*) am Hof des Königs Loegaire auf, die sich taufen lassen (Tírechán § 26,17f.), während der Oberdruide *Recrad* den Tod findet (Tírechán § 42). Nur nebenbei sei erwähnt, dass die von Patrick getauften Töchter Loegaires Ethne und Feidelm den Heiligen und seine Kleriker zunächst für Elfen, »irdische Götter« oder Gespenster hielten (*illos uiros side aut deorum terrenorum aut fantassiam estimauerunt*; Tírechán § 26,3). Auseinandersetzungen mit Druiden hatten auch die Heiligen Berach, Fintan von Dún Blesci und Molaise. Columcille taufte einen Druiden noch kurz vor seinem Tod, der durch eine besondere Gnade sein ganzes Leben hindurch richtige Prophezeiungen erstellt hatte. (BCC 126–129).

Die Neigung der Inselkelten, ihre eigene Vorzeit unter Heranziehung der Bibel zu strukturieren, führte bei dem gerade erwähnten *Mug Ruith* ›Diener des Rades‹ – vgl. die Deutung seines Namens als *servus rotarum* ›Diener der Räder‹[72] – zu folgender hübschen Kon-

---

71 Cross – Slover (1969), 494ff. Die Sage hat eine gewisse strukturelle Ähnlichkeit mit der Jugendgeschichte des britannischen *Merlins*, der als Bauopfer getötet werden soll.

72 Dazu möchte ich die Radgottheiten als Orakelgottheiten (?) vergleichen – auf dem Kessel von Gundestrup und anderwärts; B2 375, 377; vgl. auch Birkhan

struktion: Der junge Ire war Schüler des Simon Magus geworden, dann aber in den Dienst des Königs Herodes getreten und hatte auf dessen Befehl Johannes den Täufer enthauptet, wodurch ein Fluch auf Irland fiel. Im Schaltjahr 1096 war der Johannistag auf einen Freitag gefallen und gleichzeitig eine Seuche ausgebrochen, weshalb sich die irische Kirche gezwungen sah, durch strenge Buß- und Fastenübungen eine Aufhebung des Fluchs zu bewirken (Maier 2001, 161).

Die irischen Druiden trugen eine Tonsur, die eine »hohe Stirn« bildete, indem die Haare vor einer Linie, die über den Scheitel von Ohr zu Ohr ging, abrasiert wurden. Sie hieß *airbacc giunnae*, etwa ›vorderer Bogen der Tonsur‹ (DIL 361/86). Im Hinblick auf diese Tonsur konnten Druiden und dann auch Mönche den Namen *Mael* ›Glatzkopf‹ führen, was ein beliebtes Namenselement im alten Irland war und etwa ›Diener …‹ bedeutete: *Maelbethad* ›D. des Lebens‹, *Maelmracha* ›D. des Malzes‹ gegenüber *Mael Ísu* ›D. Jesu‹ oder *Mael Brigte* ›D. der Brigit‹. Mit Übernahme des römischen Christentums nach der Synode von Whitby (664) wurde diese als »Tonsur des Simon Magus« verteufelte monastische Haartracht, die man nun *norma magica* nannte, durch die bis heute geläufige »Petrustonsur« ersetzt.

Auf der Ersten Synode des hl. Patrick im 6. Jh. waren schon diejenigen, die vor einem Druiden (*ad haruspicem* ›vor einem Wahrsager‹) geschworen hatten, verurteilt worden, dafür ein volles Jahr Buße zu tun. Im 7. und 8. Jh. sank dann der Druide allmählich zu einem Magier ab – wird auch regelmäßig mit lat. *magus* bezeichnet –, der offiziell wenig Achtung genoss.

Die rechtliche Verordnung über die Pflegekosten bei blutenden Verletzungen (*Bretha Crólige* ›Urteile bei Blutvergießen‹) gesteht dem Druiden keine bessere Bußzahlung als einem wohlhabenden Bauern, Räuber oder Verfasser von (ungerechtfertigten) Satiren zu (den Wert von 2 Milchkühen und einer dreijährigen Kalbin). Ein anderes Handbuch räumt ihm allerdings den Status eines *dóernemed*, eines ›niederen Bevorzugten‹, d.h. eines Professionisten wie Arzt, Richter, Eisen- und Kupferschmied, Harfner oder

(1990) und B1 837.

Druiden im frühmittelalterlichen Irland

Stellmacher ein (Kelly [1988], 9f., 60, 233). Bekannt ist das aus dem
8. Jh. stammende Gebet, die sogenannte *Lorica* (›Brustpanzer‹ im
Sinne von Schutzgebet), die um Schutz vor den »Zaubersprüchen
von Frauen, Schmieden und Druiden« fleht,[73] wie wir noch sehen
werden (s. S. 179 f.).

Im alten Irland entstanden aus dem mit der Christianisierung
bedeutungsloser werdenden Druidenstand neue »Stände«: was
seine gelehrte Tätigkeit angeht, der des »Juristen« (air. *brithem*) und
damit eng verbunden der des »Historikers« (air. *senchaid, senchae*),
denn dieser war der Träger des kollektiven Gedächtnisses, auf dem
ja die Rechtsordnung ruhte. Mit dem Abstieg des Druiden ging
aber auch der Aufstieg des Dichters, für den bezeichnenderweise
das zu *Veleda* gehörige Wort *fili* verwendet wurde (s. S. 159), Hand
in Hand, und so galt *Ollamh Fódhla* als Begründer des kodifizier-
ten Rechtssystems, wobei *ollamh* den höchsten Grad der Dichter
bezeichnete (s. S. 160–163). Der *fili* führte die magisch-kultische
Tätigkeit des Druiden weiter, soweit dies mit dem Christentum
vereinbar war. Dem geht John Minahane (2008) mit glücklich
ausgewählten Beispielen nach.

Diesen irischen Traditionen steht die vom kymrischen *Gwydion*
nahe. Er ist eine höchst ambivalente Zaubererfigur im »Vierten
Zweig des Mabinogi« (*Math vab Mathonwy*), wo er nach einer Reihe hocharchaischer Erzählelemente als Ziehvater des Helden *Llew
llawgyffes* ›Llew mit der geschickten Hand‹, in manchen Zügen
das walisische Pendant zum gallischen Gott *Lugus* (s. S. 102, 115),
hervortritt. Sein Name ist von der Wurzel **vid-* ›wissen‹ nicht zu
trennen.

---

73   Kelly (1988), xxiii, 60, 271; Carey (2000), 133.

Himmelseinsturz und Wiedergeburtsglaube
in der Antike und im alten Irland

Kehren wir noch einmal ins Altertum zurück!

Die Druiden waren, wie wir schon sahen, Universalgelehrte. Die antiken Autoren erwähnen jedoch zwei Spezialthemen, denen sie sich besonders widmeten: der Frage des Weltuntergangs und der der Wiedergeburt.

Strabon (*geogr.* 4, 4,4) bemerkte: »Sowohl diese [die Druiden] wie auch andere [gemeint sind entweder die davor genannten *vātīs* und Barden oder andere Philosophen, wie die Pythagoräer] sagen, die Seelen und der Kosmos seien unvergänglich, dereinst aber würden Feuer und Wasser die Oberhand gewinnen« (H2 224, 229). Diese eschatologische Vorstellung ist ohne weiteres zu verbinden mit der bekannten vom Himmelseinsturz, jedem Asterix-Leser bestens vertraut. Sie findet sich zuerst bei Ptolemaios I. Soter (bzw. bei Strabon, *geogr.* 7, 3,8): Danach seien auf einem Feldzug »an der Adria lebende Kelten mit Alexander zusammengekommen, um Freundschaft und gastliche Beziehung zu schließen. Der König habe sie freundlich empfangen und bei einem Umtrunk die Frage gestellt, was sie am meisten fürchteten, da er geglaubt habe, sie würden sagen: ihn selbst. Sie aber hätten geantwortet, sie fürchteten nichts, außer dass der Himmel auf sie herabfallen könnte, schätzten aber die Freundschaft eines Mannes, wie er es sei, über alles« (H1 49; wieder aufgegriffen bei Arrianos *Anabasis* 1, 4,7–8; H3 28). Die Angst der Kelten vor dem Himmelseinsturz – übrigens auch noch, wenn auch weniger spektakulär, vor Überflutung und Erdbeben – wird für die Antike nur hier erwähnt, hat aber in der inselkeltischen Literatur gute Parallelen.

So vernimmt der Ziehvater des Haupthelden der Ulstersage CúChulainn einmal lautes Kampfgetöse, worauf er spricht: »Entweder der Himmel bricht ein, oder das Meer geht über seine Grenzen, oder die Erde bebt, oder es ist der Schrei meines Sohnes in ungleichem Kampf« (IHK 199). Es gibt noch mehr vergleichbare Stellen.[74]

---

74   TBC 676, 864; ferner IHK 213.

Die Idee der »kosmischen Gefährdung« war einst viel weiter verbreitet, denn eine alttürkische Inschrift vom Orchon-Gebiet südlich des Baikalsees stellt die Frage: »Solange der Himmel oben und die Erde unten sich nicht geöffnet haben, wer, türkisches Volk, kann deine Macht zerstören?« (B1 783). Die in solchen Bildern beschworene Weltkatastrophe hat eine sehr deutliche Entsprechung in der altgermanischen Vorstellung der *ragnarǫk* ›Götterschicksale‹, ein Wort, das man später in *ragnarøkkr* ›Götterdämmerung‹ umdeutete, hinter der die Skandinavisten christliche oder persisch-manichäische Entlehnungen vermuteten.[75] Der Vergleich mit den keltischen Traditionen zeigt aber, dass es sich durchaus auch um Vorstellungen handeln könnte, die von altersher Germanen, Kelten und auch den Indoiranern gemeinsam waren, von denen sie vielleicht auch zu den Turkvölkern ausstrahlten.

In Britannien glaubte man im Hochmittelalter an eine von »Pygmäen« besiedelte Unterwelt, deren Sprache dem Griechischen ähnlich sei, weil ja – der gelehrten Sage nach – Britannien von Troja aus besiedelt worden war (Birkhan [2002]). Solche Geschichtsvorstellungen können natürlich christlich-monastischen Ursprungs sein, ebenso gut aber auf druidische Spekulationen zurückgehen, wie es ja sicher bei der Behauptung der Arverner der Fall war, »die es wagten, sich als Brüder Latiums auszugeben, des Volkes von ilischem [= trojanischem] Blut« (H2 291–295), d.h. gleich den Römern aus Troja abzustammen.

In der Antike haben die Druiden durch den von ihnen vertretenen Wiedergeburtsglauben Aufsehen erregt, den man mit der notorischen Todesverachtung der Kelten verband. Sie erwies sich besonders im berühmten Nacktkampf, von dem etwa Diodor (5, 29,2) nach Poseidonios vermerkt: »Manche von ihnen verachten den Tod so sehr, dass sie nackt und nur mit einem Gürtel bekleidet in den Kampf gehen« (H2 141). In der antiken Kunst werden

---

75 Von Walhall wird gesagt, dass jede der 540 Türen 800 tote Krieger (*Einherjar*) durchlassen. Die Gesamtzahl 432.000 begegnet auch in indischer Tradition und in der iranischen Überlieferung des *Bundahišn*, wo gesagt wird, dass Ahuramazda 6.480.000 (= 15 x 432.000 !) kleine Sterne geschaffen habe. Zufall? Vgl. de Vries (1956), II, 378f., Anm. 3.

Das Geheimwissen der Druiden, Magier und Seher im Altertum

keltische Krieger gerne nackt dargestellt wie etwa der berühmte »Sterbende Galater« im Kapitolinischen Museum (Rom) oder die Bronzeplastik eines Gaesaten im Antikenmuseum in Berlin und andere (B2 275, 279–282, 719, 721, 723).

Für den Wiedergeburtsglauben findet sich die älteste Erwähnung wieder bei Poseidonios, den die Druidenlehre wohl als Philosophen interessierte. Sie ist uns bei Diodor (5, 28.5f.) erhalten. Als Beispiel für die geringe Todesfurcht der Kelten sagt er: »Und sie haben auch die Gewohnheit, selbst während des Mahles aus unbedeutendem Anlass in einen Wortwechsel zu geraten und sich gegenseitig zu einem Einzelkampf herauszufordern, da sie sich aus dem Verlust des Lebens nichts machen. Denn bei ihnen herrscht die Lehre des Pythagoras, dass die Seelen der Menschen unsterblich seien und nach einer bestimmten Zahl von Jahren wieder auflebten, wobei die Seele in einen anderen Körper eintrete. Daher werfen auch einige bei Beisetzungen der Verstorbenen Briefe auf den Scheiterhaufen, die sie für ihre toten Angehörigen geschrieben haben, in der Annahme, die Toten werden diese lesen« (H1 138–141).

Was den letzten unlogisch angeschlossenen Satz betrifft, so sind noch zwei weitere Stellen vergleichbar, welche die hier angeführte quasi-postalische Verbindung mit dem Jenseits präzisieren. So sagt Valerius Maximus zwischen 27 und 31 n. Chr. (*factorum et dictorum libri* 2, 6,10): Außerhalb von Marseille »begegnet man jenem alten Brauch der Gallier, wovon überliefert ist, dass sie Geld zu leihen pflegen, das ihnen im Jenseits zurückgezahlt wird, weil sie überzeugt sind, dass die Seelen der Menschen unsterblich seien. Ich würde sie töricht nennen, wenn diese Behosten nicht das selbe dächten, was auch der mit dem *pallium* bekleidete Pythagoras glaubte« (H2 253–257) – wobei ja Pythagoras gerade keinerlei Finanzgeschäfte im Jenseits annahm. Die zweite Stelle verdanken wir dem Geographen Pomponius Mela, der nach der Eroberung Britanniens, etwa 43/44, besonders reiche Information über die Druiden bietet (3, 19): Obwohl die Druidenlehren Geheimwissen seien, hätte man doch speziell eine unter das Volk gebracht, nämlich die schon oben zitierte (s. S. 130 f.), die auch die Geldgeschäfte über den Tod hinaus erwähnt.

Himmelseinsturz und Wiedergeburtsglaube

Wie immer das Spezialthema der Geldgeschäfte zu interpretieren ist – es wurden sogar scherzhaft Wechsel- oder Aktiengeschäfte mit einer »Bank of Pluto« erwogen (vielleicht als Vorklang der heutigen »Bad Bank«-Konzeption?) –, es hat die antiken Autoren als Kuriosität und vielleicht auch als Exempel der Leichtgläubigkeit der Gallier sehr beeindruckt. Dass es sich um ein rein spirituelles Moment handelt, geht für mich schon daraus hervor, dass die Briefe ja mit dem Toten verbrannt – und nicht etwa wie in rezenter Zeit in Irland – in den Sarg mitgegeben werden (Hartmann [1952], 80). Wenn es die Formulierungen bei Valerius Maximus und Pomponius Mela auch nahelegen, ich kann mir beim besten Willen nicht vorstellen, dass man tatsächlich glaubte, irdische Geldgeschäfte könnten im Jenseits weitergeführt werden. Es scheint mir eher der Gedanke dahinterzustehen, dass der Reinkarnierte in der Menschenwelt die Verpflichtung der Eltern erfüllen müsse. Symbolhaft mag man dem Toten vor der Verbrennung noch an diese Verpflichtung etwa durch Mitverbrennung eines Schriftstücks gemahnt haben.

Wenn die Berner Lucanscholien als Indiz für den keltischen Wiedergeburtsglauben sagen: »Sie verbrennen gemeinsam mit den Toten Pferde, Diener und viel Hausrat, damit sie diese Dinge benutzen können« (H2 318), so ist die Stelle wohl von Caesar (*b. G.* 6, 19,4) angeregt. Aber was dort als Zeichen der Pietät gedacht ist, ist wohl umgedeutet, denn es sieht ja geradezu so aus, als ob das Mitverbrannte gleichfalls wiedergeboren würde, um mit Alexander Pope (1688–1744) zu sprechen (vgl. Piggott [1993], 115):

›Go, like the Indian, in another life,
Expect thy dog, thy bottle and thy wife.‹

Über den Sinn der Mitverbrennung von Menschen, Tieren und Gegenständen im Allgemeinen hier zu handeln, würde zu weit führen. Auch einen Vergleich mit der indischen Witwenverbrennung, der *satī*, muss ich mir versagen, obwohl es bestimmte archäologische Indizien in der Marnekultur der mittleren Latènezeit gibt, die in diese Richtung weisen (B1 864).

Fragen wir ganz grundsätzlich nach dem Sinn von Grabbeigaben, so bezeugen sie im Allgemeinen wohl weniger den Glauben an

Das Geheimwissen der Druiden, Magier und Seher im Altertum

die »wirklichen« Bedürfnisse der Toten als vielmehr Liebe, Pietät, Prestige- und Tröstungsbedürfnis der Überlebenden sowie natürlich auch Ehrung und Versöhnung der Totengeister. Wir kennen heute noch Fälle, in denen man aus Pietät dem Verstorbenen einen geliebten Gegenstand ins Grab mitgibt. Ich kann mir nicht vorstellen, dass man sich den Fürsten von Hochdorf (B2 32–35) oder die Fürstin von Mitterkirchen (B2 561f.) als »lebende Leichname« im Grab in den Beigaben schwelgend dachte (um nur zwei berühmte Beispiele zu nennen), ebensowenig, wie dass das Seeleneïdolon einer Bataverdame des 3. Jh.s n. Chr. in ihrem Sarkophag von Simpelveld (Holland) »wohnte« (B2 569f.; S. 46).

Ich vermute, dass das Druidentum eine »rationalistische« neue Philosophie entwickelte und die Brandbestattung gefördert hat, weil diese die Seele besser für die Wiedergeburt freizugeben scheint als die Erdbestattung. Im hinduistischen Ritus auf Bali wird der Tote in einem aufwändig hergestellten Behältnis, etwa in Stiergestalt, verbrannt und danach als Bild der befreiten Seele ein Vogel in die Luft geworfen.

Wenn die Beigaben den oben angedeuteten Sinn haben, so widerspricht es der Logik nicht, wenn die Gallier wie Caesar (*b. G.* 6, 19,4) sagt, prächtige Brandbestattungen durchführen, wobei sie alles ins Feuer werfen, »wovon sie glauben, dass es den Lebenden am Herzen gelegen hat.« Der ernsthafte Glaube, dass das Mitverbrannte im Jenseits der Seele zu Gebote stehe, kann wohl nicht bestanden haben.

Ganz deutlich geht in diese Richtung auch der bei den Keltiberern gut belegte, aber wahrscheinlich auch von den Galatern und anderen Keltengruppen bezeugte Brauch dessen, was die Tibeter »Himmelsbestattung« nennen, nämlich dass der Kadaver den Geiern und Raben anheimfällt, die dabei die Seele in den Himmel tragen, was natürlich dem Prinzip der Reinkarnation ebenso wenig widerspricht wie der auffliegende Seelenvogel auf Bali. Silius Italicus sagt dazu (*Punica* 3,342f.): »Sie glauben, zu den Göttern im Himmel zu kommen, wenn ein hungriger Geier den gefallenen Körper verzehrt« (H2 439–444; vgl. auch 452) und Claudius Aelianus weiß von einem Stamm, bei dem die im Leben Unmännlichen und Feigen verbrannt, die Tapferen jedoch den Geiern überlassen werden (*de natura animalium* 10, 22; H3 189f.).

132

Himmelseinsturz und Wiedergeburtsglaube

Eine Schlüsselstelle bietet in diesem Zusammenhang die Aussage Lucans (1, 454–562), der von den Druiden sagt: »Eurer Lehre zufolge suchen die Schatten nicht die schweigsamen Sitze des Erebus und die bleichen Reiche des Dis in der Tiefe auf, sondern der gleiche Geist gebietet den Gliedern in einer anderen Weltgegend. Wenn wahr ist, was ihr singt, dann ist der Tod die Mitte eines langen Lebens. Fürwahr sind die Völker, auf die der Große Bär herniederschaut, glücklich in ihrem Irrtum, da sie die größte aller Ängste nicht bedrängt: die Furcht vor dem Tod. Daher stürzen sich diese Männer bereitwillig dem Schwert entgegen, ihr Sinn erträgt den Gedanken an den Tod und für feige gilt es, ein Leben zu schonen, das wiederkehren wird« (H2 295, 302–304). Dazu bemerken die Berner Scholien: »Sie [die Druiden] sagen, dass es keine Manen gibt, sondern glauben, die Seelen können durch Wiederkehr bestehen bleiben« (H2 318).

Hofeneders Übersetzung von *orbe alio* (V. 457) mit »in einer anderen Weltgegend« ist natürlich korrekt, aber nicht die einzig mögliche. Es ist keinesfalls sicher, dass *orbis alius* hier eine Andere Welt als »anderen Himmelsstrich« meint, ebenso wenig wie die dislozierte Welt ganz im Süden oder im Bereich der »Antipoden« – so fassen es allerdings die *adnotationes super Lucanum* (zu Lucan 1, 457) auf – im Sinne der inselkeltischen Vorstellungen, des Mondes oder unseres »Himmels«. Ähnlich, aber noch differenzierter, äußern sich die Lucan-Glossen zur Stelle: »bei den Antipoden. Diese meinten über die Metempsychose, wenn man zum (neuen) Körper kommt, soll man in drei Elementen gereinigt worden sein. Im Feuer in der Hitze, in der Luft in gemäßigter Temperatur, im Wasser in der Kälte. Oder er meint mit ›einer anderen Welt‹ andere Körper, die würdiger sind oder die bei uns in Unehre stehen. Denn es bestand die Lehre, dass die Seelen in ihnen gleichgeartete Sterne versetzt werden. Aber sie steigen wieder herab durch das Sternzeichen des Krebses. In den Planeten aber nehmen sie in sich auf verschiedenen ›Stoff‹ gemäß ihrer Verschiedenartigkeit. Und wenn sie schließlich in den (irdischen) Körpern ankommen, so erreichen je nach persönlichem Verdienst einige Seelen schneller den Himmel, andere Seelen aber gehen direkt von Körper zu Körper, bis sie zur Einsicht gelangt auch das Firmament erreichen« (H2 335). Diese Stelle ist zwar einigermaßen wirr, versucht aber in der Planetentheorie eine Erklärung für die charakterliche Verschiedenartigkeit der Menschen. Sie ist nicht einfach frühchristlich, sondern zeigt eher einen gnostischen Einschlag und erinnert darin, dass die zur Einsicht gelangten Seelen dann doch den Himmel erreichen, an die *saṃsāra*-Vorstellung der Inder.

Meines Erachtens ist mit *orbe alio* eher eine Welt gemeint, die nur deshalb eine »andere« ist, weil der wiederinkarnierte Geist nicht zweimal unter genau den gleichen Umständen leben kann. Man kann diese Aussage durchaus mit Heraklits berühmtem Satz, man könne nicht zweimal in denselben Fluss steigen, vergleichen. Im Grunde ist ja auch nur diese Deutung möglich, denn was hätten die z. B. von einem Segovax in Gallien Geschädigten, wenn dieser irgendwo im Partherreich oder in Ägypten wiedergeboren würde? Ich möchte daher *orbe alio* eher mit »einer neuen, veränderten Welt« paraphrasieren. In meinen Augen ist mit der Schulden-Problematik, die ich – wie oben angedeutet – eher metaphorisch sehe, gemeint, dass die Nachkommen die Taten der Vorfahren (z. B. Schulden, Verbrechen) gutzumachen haben, wozu wohl auch die Verpflichtung zur Rache gehörte. Klar ist wohl auch, dass man aus der Lucan-Stelle nicht herauslesen kann, dass man nur an eine einzige Wiedergeburt glaubte.

Inwieweit nun die Druidenlehre von der Seeleninkarnation tatsächlich mit der pythagoräischen – und auch indischen – Lehre von der Metempsychosis zusammenhängt, ist zu diskutieren, selbst wenn die antiken Autoren sie unbedenklich gleichsetzten, was ja eigentlich eine hohe Wertschätzung des keltischen Glaubens implizierte. Neben der Auffassung, der Druidenglaube sei ein Ableger der Lehre des Pythagoras (2. Hälfte des 6. Jh.s),[76] bestand auch die Meinung, dass der Grieche seine Lehre von den Brahmanen und Druiden übernommen habe, wie es etwa Alexander Polyhistor (zwischen 100 und 35 v. Chr.) behauptete. Nach ihm habe er seine Lehre von dem Assyrer Zaratos, er habe aber auch noch »Galater« und Brahmanen gehört. Dieser Ansicht haben sich einige spätere griechische, auch christliche Autoren angeschlossen.[77] Hippo-

---

76   H1 139 m. Anm. 775; Dobesch (1993), S. 24.
77   Vgl. H1 139 m. Anm. 774, 163–165.

lytos von Rom, Presbyter und später Gegenpapst zu Calixtus I. (217–222), billigte allerdings Pythagoras Priorität zu und brachte den thrakischen Kulturheros Zalmoxis ins Spiel (*refutatio omnium haeresium* I, 25,1f): »Die Druiden bei den Kelten vertieften sich ganz besonders in die pythagoräische Philosophie. Den Anstoß zu dieser Lebensführung gab ihnen Zamolxis [= Zalmoxis], ein Sklave des Pythagoras und gebürtiger Thraker. Dieser war nach dem Tod des Pythagoras dorthin [= zu den Druiden] gekommen und wurde für sie Begründer dieser Philosophie. Die Kelten ehren die Druiden als Propheten und Seher, weil sie ihnen aus Ziffern und Zahlen mittels pythagoräischer Wissenschaft manches voraussagen ... Die Druiden bedienen sich auch magischer Praktiken« (H3 201–203). Ähnliches liest man auch bei Iamblichos (300 n. Chr.), dem allerdings Geten und Kelten durcheinander geraten (H3 218f., 432). Dagegen vermutete der Wiener Althistoriker Gerhard Dobesch, dass die Druiden den Pythagorismus über den Adel von Massalia kennengelernt hätten und sich auch ihre ordenartige Organisation dem pythagoräischen Vorbild verdanke (Dobesch [1995], 17, 24f.).

Es ist nur naheliegend, dass der keltische Reinkarnationsglaube gebildete antike Menschen, zumal Philosophen, an die Lehre des Pythagoras gemahnen musste, der sich selbst ja für den wiedergeborenen trojanischen Helden Euphorbos gehalten hatte und dem der Augenschein die Metempsychose bestätigte (Ovid, Metamorphosen 15, 160–164): »Ich – ich erinnere mich – bin zur Zeit des troischen Krieges Panthous' Sohn Euphorbos gewesen, dem einst in die Brust des jüngeren Atreussohns [Menelaos] gewichtige Lanze gedrungen. Neulich in Argos ... im Tempel der Juno habe den Schild ich geseh'n, meiner Linken einstige Bürde.« Doch bevor wir dem oben zitierten Bonmot des Valerius Maximus zu große Bedeutung beimessen, müssen wir bedenken, dass sich der keltische Glaube in vielen Punkten vom Pythagoräertum unterschieden haben wird, in einem Punkt, den wir benennen können, gewiss, nämlich im Glauben des Griechen an Wiedergeburt in Tiergestalt, was sich in seiner rein vegetarischen Ernährung auswirkte, die er so beredt promulgierte (Ovid, Metamorphosen 15, 72–77). Nach allem, was wir von antiken Autoren und archäologischen Befunden über die Speisegewohnheiten der alten Kelten wissen, war ihnen

Das Geheimwissen der Druiden, Magier und Seher im Altertum

Vegetariertum völlig fremd. Wir hören aus altkeltischer Zeit nichts von einer Inkarnation der Seele in einem nicht-menschlichen Körper (dazu vgl. unten S. 138 ff.). Im georgianischen und viktorianischen Großbritannien allerdings hat man, nachdem durch die Kolonialisierung Indiens der Hinduismus in das allgemeine Blickfeld gerückt war, die Vorstellung von den alten Druiden vorbehaltlos mit den Brahmanen verbunden und so den keltischen Vorvätern bedenkenlos z. B. Vegetariertum oder gar Veganismus zugeschrieben (Hutton [2011], 222).

Es gibt auch keine Quellen, die uns nahelegen, dass die Inkarnation etwa von sittlichen Qualitäten der Seele, vergleichbar der indischen *karman*-Theorie, abhängig gewesen wäre. Die Entstehung der ausgebildeten indischen Seelenwanderungslehre (*saṃsāra*) wird jetzt erst für die Zeit der Upanishaden, also das 7. oder 6. Jh. v. Chr. angenommen (Dröge [1982]), gilt jedenfalls nicht als Erbgut aus indogermanischer Urzeit.

Das alles deutet wohl eher darauf hin, dass man auch bei den Kelten mit Wiedergeburt im Enkel – oder vielleicht einem andern nah verwandten Nachkommen – rechnete, ganz ähnlich wie bei den Germanen, wo ja *Enkel* eigentlich ›kleiner Ahn‹ im Sinn von ›Großeltern‹ bedeutet und bis heute Vornamen oft nach diesen vergeben werden. Auf welche Weise man sich in alter Zeit vorstellte, dass die Seele entweiche und in einen anderen Körper übergehe, erfahren wir nicht. In Irland glaubte man in der rezenten Neuzeit, dass die Seele durch die Suturen am Schädel in das Kind komme und auch den Toten so verlasse (Ó Súilleabháin [1967], 40).

Die wahre Leistung der Druiden bestand m.E. nicht so sehr darin, dass sie die baldige Wiedergeburt lehrten, als dass sie diese Lehre als ein so gewichtiges und sicheres Glaubensgut hinstellten, dass es im Kampf zu besonderem Einsatz motivierte. Ich möchte vermuten, dass die Druidenlehre auch eine Vorstellung bildete, mit der sich der damals niederen Lebenserwartung von durchschnittlich etwa 26 Jahren – gegenüber heute in der Eurozone von rund 80 Jahren –, insbesondere auch der immens hohen Kindersterblichkeit ein gewisser Trost abgewinnen ließ. Etwa jedes vierte Kind starb auf dem Dürrnberg bei Hallein (Salzburg) im Alter zwischen 0 und 4 Jahren (B1 1059f.), dabei wurden übrigens keineswegs

136

Himmelseinsturz und Wiedergeburtsglaube

alle verstorbenen Kinder beigesetzt. Tröstete man sich damit, dass
das eben verstorbene Kind, ob beigesetzt oder nicht, demnächst in
vielleicht vollkommenerer Form wiedergeboren würde? Freilich
als Mensch, der rechtliche Verpflichtungen einlösen konnte und
nicht etwa als Tier.

Mit der Wiedergeburt kann die Vorstellung der wundersamen
Mehrfachzeugung verbunden gewesen sein, die aber nur von ganz
besonderen Helden erzählt wurde und die wir erst aus dem frühmittelalterlichen Irland kennen. So in der altirischen Erzählung von
der »Empfängnis CúChulains« (*Compert ChonCulainn*): Dechtire,
Schwester oder Tochter des berühmtesten Ulsterkönigs Conchobar,
empfängt auf geheimnisvolle Weise ein kleines Kind, das jedoch
gleich erkrankt und stirbt. Als sie nach der Totenklage aus einem
Kupferbecher trinkt, springt daraus ein kleines Tierchen nach ihrem Mund, das aber sogleich verschwindet, wenn sie den Becher
absetzt. Dennoch verschluckt sie es zuletzt, worauf ihr im Traum
der Gott Lug erscheint und ihr offenbart, dass sie von ihm empfangen habe. Die Stammesgenossen, die sich Dechtires Schwanger-
schaft nicht erklären können, vermuten, dass der König, der mit ihr
das Lager teilte, sie im Rausch geschwängert habe. Aus Angst vor
Schande wird sie einem Gefolgsmann verlobt. Schamerfüllt miss-
handelt sie aber ihren Unterleib so sehr, dass sie den Foetus verliert.
Doch sogleich wird sie auf rätselhafte Weise erneut schwanger und
gebiert endlich den unvergleichlichen Helden CúChulainn, der
also »dreimal geboren« ist (Gantz [1981], 131–133). In diesem
einen Punkt gibt es tatsächlich eine Übereinstimmung mit Indien,
denn mehrfach – zwei- oder dreifach – »geboren« sollte auch der
Brahmane sein, was in seiner Initiation sichtbar wurde, bei welcher der Lehrer den Schüler zunächst als einen Embryo ansah, der
dann im Zuge der Ausbildung zum Brahmanen heranreifte (Gonda
[1960], 119f.). Ein ähnlicher Gedanke findet sich auch in der walisischen Tradition, wenn im »Vierten Zweig des Mabinogi« der
»Initiationsmeister« Gwydion den späteren Helden Lleu zunächst
als namenlosen »Embryo« (als »ein kleines Etwas«) in einer Truhe
verschließt, aus der er dann »geboren« wird (Birkhan [1990]; vgl.
unten S. 204).

Das Geheimwissen der Druiden, Magier und Seher im Altertum

Es sind noch mittelalterliche inselkeltische Belege zu erwähnen, die nicht als klassische Wiedergeburtssagen anzusprechen sind, aber diesen doch nahestehen.

Zunächst die irische Sage *De cophur in dá muccado* (›Vom »?« der zwei Schweinehirten‹),[78] in dem die beiden Sauhirten der Elfenkönige von Connacht und Munster ihre Zauberkräfte in einer Art Verwandlungswettkampf unter Beweis stellen, indem sie sich in zwei Vögel, Wassertiere, Hirsche, Krieger, Dämonen und Drachen verwandeln und in all diesen Gestalten miteinander kämpfen. Das letzte Stadium ihrer Verwandlungsreihe bilden dann zwei buntscheckige Wasserwürmer, die zwei Kühe beim Trinken verschlucken. Sie werden davon trächtig und jede gebiert ein Stierkalb. Herangewachsen, werden die beiden Kälber dann zu den repräsentativen Stieren der Provinzen Connacht und Ulster. Der spätere Raub des Ulsterstiers durch Connacht-Krieger ist das auslösende Element der berühmtesten altirischen Sage, des »Rinderraubs von Cooley« (*Táin Bó Cualnge*). Man hätte vielleicht den Verwandlungswettkampf und die Sage von den Schweinehirten nicht so leicht mit der Seelenwanderung in Zusammenhang gebracht, wenn nicht das geheimnisvolle Wort *cophur* im rätselhaften Titel der letztgenannten Sage mit dem altindischen Terminus der Seelenwanderung *saṁsāra* etymologisch verbunden worden wäre, was später ein Indologe ablehnte (Dröge [1982]). Die Verwandlungsfähigkeit liegt deutlich in der magischen Potenz der Zauberer. Vom Druidenglauben unterscheidet sich der Verwandlungswettkampf schon dadurch, dass hier keine Seelen durch Tod freigesetzt und dass auch tierische Inkarnationen durchschritten werden, ein Faktum, das der sonst hyperkritische Bernhard Maier ([2001], 144) erstaunlicherweise übersieht.

Die Geschichte des *Túan mac Cairill*[79] lernen wir durch die Legende des hl. Finnian von Moville kennen. Dieser trifft während seiner Missionierung Irlands auf einen greisen Einsiedler, der ihm sein Leben erzählt: er sei 1002 Jahre nach der Sintflut mit den ersten Einwanderern des Partholón nach Irland gekommen,

---

78   Roider (1979); Lautenbach (1991), 109–116.
79   Carey (1984); dt. Übersetzung bei Lautenbach (1991), 34–39.

Himmelseinsturz und Wiedergeburtsglaube

habe aber als einziger eine große Seuche überlebt und so auch
die weiteren vier Einwanderungen, bis zur Ankunft der Söhne des
Míl (s. S. 175–177), auf die man im Mittelalter die Iren, wie wir
sie kennen, zurückführte (in: LGÉ 5 [1956]). Allerdings hat Túan
die Jahrtausende nicht nur als Mensch, sondern auch in Gestalt
von Tieren (Hirsch, Eber, Habicht, Lachs) hinter sich gebracht.
Die neuen Gestalten habe er immer dann angenommen, wenn er
alt und schwach geworden sei. So habe er durch die Jahrtausende
gelebt, bis Gott einen Fischer den schon berühmten Lachs fangen
lässt und er der Frau des irischen Königs Cairell gebracht wird.
»Ich erinnere mich an die Zeit, die ich in ihrem Schoß verbrachte
und was damals jeder im Haus mit dem andern redete, und was in
Irland in dieser Zeit geschah. Ich erinnere mich, dass ich sprechen
lernte wie ein anderes Kind und dass ich alles herausfand, was sich
jemals in Irland ereignet hatte und dass ich ein Prophet wurde…«.

In diesem Zusammenhang ist noch ein Zeugnis zu erwähnen,
das aus der Mitte des 7. Jh.s stammt: der Traktat *De mirabilibus
sacrae Scripturae* des Augustinus Hibernicus (PL 35, 2149–2202).
Darin wird eine Typologie der Wunder entworfen, die teils von
Gott, teils vom Teufel oder vom Antichrist stammen können und
unter den letzteren jene in »den lächerlichen Geschichten der
Druiden« (*magorum*) erwähnt, die da sagen, dass »ihre Ahnen
die Jahrhunderte in Gestalt von Vögeln durchflogen hätten«, was
offenkundig auf Traditionen wie die von Túan mac Cairill weist
(Carey [2000], 58). Die hier genannten »Magier« sind nicht mit
den antiken Druiden – in der ihnen eigentlich unangemessenen
pythagoräischen oder gnostischen Sicht – zu vergleichen, denn das
lange Umherschweifen der Seele in Vogelgestalt zwischen ihren
Inkarnationen haben wir als untypisch kennengelernt.

Von der klassischen indischen Seelenwanderung unterscheidet
sich diese Tradition primär dadurch, dass Túan in zunehmendem
Maße seine Verwandlung, d.h. die Verkörperung seiner »Ego-See-
le«, zu beherrschen und durch immer längeres Fasten nach Art
der Schamanen zu steuern lernt. Dann aber ist die Auswahl der
Tiere nicht etwa durch *karman* bedingt, sondern scheinbar zufällig;
in Wirklichkeit folgt sie der Überzeugung, dass gewisse Tiere ein
besonders hohes Alter erreichen, wie wir aus dem weitverbreiteten

Das Geheimwissen der Druiden, Magier und Seher im Altertum

Märchen von den ältesten Tieren (in Wales nach zunehmendem Alter: Adler, Hirsch, Lachs, Amsel, Frosch und Eule)[80] ersehen können.

Ich habe diese Traditionen von Verwandlungsreihen nicht als Beispiele des Druidenglaubens angeführt, sondern um seine Grenzen zu markieren. Das Ewigkeits- und Menschheitsthema der Verwandlung in dieser spezifischen Ausformung lässt sich wohl als märchennaher Erinnerungsrest verstehen, der Zwischenstufen in Tiergestalt einschließt, und sich dadurch vom antiken Druidenglauben unterscheidet.

Man kann wohl so zusammenfassen: Der Druidenglaube dürfte eine Seelenvorstellung besessen haben, die nicht aus dem Rahmen des in Alteuropa und bei den Indogermanen Geglaubten fiel. Der Wiedergeburtsglaube scheint den altererbten – vor allem bei den Germanen belegten – Vorstellungen näher gestanden zu haben als der pythagoräischen oder indischen Reinkarnationslehre, wenn er auch in mittelalterlichen Sagen durch Einbeziehung der Tiergestalt leicht in den Nimbus des Märchenhaften geraten sein mag. Das beobachten wir ja auch in den Heiligenlegenden. Versuchen wir das Verhalten, das die Patrickslegende von den Druiden Mael und Caplait oder Rechred berichtet (s. S. 125), auf den Druiden Diviciacus, den Gastfreund Ciceros und Realpolitiker (s. S. 43, 112), zu übertragen, dann wird uns das im Mittelalter völlig veränderte, märchenhaft gewordene Druidenbild ganz augenfällig.

Die von Caesar und anderen hervorgehobene Exklusivität der Druiden berechtigt uns, deren Lehre als Geheimwissen einer altkeltischen Gemeinschaft von großem politischen und privaten Einfluss und ihre Institution als ein bedeutendes Element des

---

80 Die Tradition von den »ältesten Tieren der Welt« begegnet auch in einer Triade, die die Eule von Cwm Cwmlwyd, den Adler von Gwernabwy und die Amsel von Celli Gadarn nennt (TYP 220f.). In der mittelkymrischen Arthursage *Kulhwch ac Olwen* werden die »ältesten Tiere« nach zunehmendem Alter befragt: die Amsel von Kilgwri, der Hirsch von Rhedynfre, die Eule von Cwm Cawlwyd, der Adler von Gwernabwy und der Lachs von Llyn Llyw; Birkhan (1989) II, 71–75, 236f. Auch der irischen Tradition ist dieses Motiv nicht fremd.

140

Himmelseinsturz und Wiedergeburtsglaube

gallischen Selbstverständnisses anzusprechen. Wann immer wir Wendungen lesen wie »die Gallier sahen darin ein Vorzeichen für ihr eigenes Schicksal ...« (Livius 5, 34,8; H2 151), müssen wir damit rechnen, dass es wohl die Druiden waren, welche die groß-angelegten politischen Entscheidungen mitsteuerten, wenn nicht überhaupt fällten. Auch die Entscheidung, in welche Himmels-richtung die Neffen des Biturigenkönigs Ambicatus aufbrechen würden, wurde ihnen von den Göttern gewiesen, von den Druiden interpretiert (Livius 5, 34,3; H2 150).

Wie erwähnt, ist es unwahrscheinlich, dass das Druidenwissen mit der Missionierung restlos unterging. Viel wahrscheinlicher ist, dass es zumindest rudimentär erhalten blieb, allerdings nun entweder zum Wissen der inselkeltischen Heiligen verwandelt oder als das der Dichter (Barden), die es ja auch nach dem Ende des Heidentums gab, weitergepflegt wurde. Darauf deutet meiner Mei-nung nach eine Stelle, die sich am Ende des früharthurischen mit-telkymrischen Textes »Die Beraubung der anderen Welt« (*Preiddeu Annwfyn*) findet (vgl. S. 237). Dort heißt es: »Mönche heulen wie eine Hundemeute wegen des Treffens mit wissenden Herrn. Hat der Wind nur einen Weg, das Meer nur einerlei Wasser? Ist vom selben Funken das Feuer des gewaltigen Donners? Mönche heulen wie eine Meute junger Wölfe nach einem Treffen mit wissenden Herrn. Sie wissen nicht, wann Mitternacht und Morgendämmern sich scheiden, noch welchen Weg der Wind weht, noch seine Dau-er, welches Feld er verwüstet, welches Land er trifft: das Grab des Heiligen ist verborgen, sowohl Grab wie Held [?].« Und dann mit einem christlichen Schwenk am Ende: »Ich lobe den Herrn, den großen Fürsten, dass über mich nicht Trauer komme: Christus hält mich.«

II. Teil

Bardenesoterik im Altertum und im Mittelalter

Altertum

HIC HERCULES EST GALLICUS:
INTELLEGAT, QUI AURES HABET
›Dies ist der gallische Hercules:
Wer Ohren hat, möge verstehen!‹

Neben den Druiden, Sehern und Seherinnen nahmen unter den »Intellektuellen« im keltischen Altertum die Barden als Repräsentanten von Wortkunst und Musik die wichtigste Position ein. Es ist freilich bedauerlich, dass wir über sie viel schlechter informiert sind als über die Priesterphilosophen.

Natürlich ist zwischen Musikern im Allgemeinen und den Barden, deren besondere Leistung ja auch in der Dichtung bestand, zu unterscheiden.

Zu ersteren sagt der *Auctor ad Nicomedem regem* (*periplus Europae* 186f.; H1 103f.), dass die öffentlichen Versammlungen von Musik begleitet würden, »deren beruhigenden Effekt sie bewundern.« Neben der Musik der Saiteninstrumente hat es natürlich auch eine wilde, im Kampf zur Anspornung der eigenen Leute und der Einschüchterung des Gegners dienende der Blasinstrumente gegeben. Auf die Römer wirkte der Lärm lähmend, denn die Kelten »hatten ein Unzahl von Hornisten und Trompetern, und da zugleich mit diesen das ganze Heer seinen Kriegsgesang anstimmte, entstand dadurch ein so großes und furchtbares Getöse, dass nicht nur die Trompeten und die Truppen, sondern auch die davon widerhallenden Hügel der Umgebung von sich aus einen Klang zu geben schienen« (Polybios 2, 29,6; H1 89f.). Das wichtigste dieser Blasinstrumente war wohl die Carnyx, die nicht selten abgebildet (Abb. S. 23), aber auch in archäologischen Funden erhalten ist.

Uns interessiert hier jedoch die Bardenpoesie und -musik, die gewiss formal hochstehend, ja »ausgetüftelt« war und wohl nichts mit diesem tumultuarischen Treiben gemeinsam hatte.

Die hohe Wertschätzung, welche die Barden während des ganzen Altertums als Dichter-Musiker genossen (H3 452, 501–503), ersehen wir zuerst aus Poseidonios, der ihr panegyrisches Wirken erwähnt. Eine besonders wichtige Stelle (Diod. 5, 31,2; H1 118–120) berichtet: »Es gibt bei ihnen [den Kelten] auch ›lyrische Dichter‹, die sie Barden nennen. Diese singen Lieder unter Begleitung von Instrumenten, die Lyren ähnlich sind, wobei sie die einen preisen, während sie die anderen schmähen.« Auch bei Ammianus Marcellinus lebt wohl Poseidonios weiter, wenn er (15, 9,8; H3 318, 323) sagt: »In diesen Gegenden wurden die Menschen allmählich zivilisierter ... Die Barden besangen die Heldentaten berühmter Männer in heroischen Versen zu den anmutigen Klängen der Lyra...« (*cum dulcibus lyrae modulis*). Wollte man das Bardentum mit einer uns geläufigeren Kunstübung vergleichen, so würde ich an den Minnesang bei den mittelalterlichen Provenzalen, Franzosen, Deutschen und Engländern denken, allerdings nur an jene Lieder, die nicht dem Frauenpreis gelten, sondern dem Dienstherrn und politische Unternehmungen verherrlichen oder aber auch schelten sollen. Eine noch bessere Parallele bietet die altnordische Hofkunst der Skalden.

Poseidonios betonte an einer schon oben (S. 42) zitierten Stelle die friedenstiftende Funktion der Musik und der Barden: »Aber nicht nur in friedlichen Angelegenheiten, sondern auch in denen des Krieges hören sie vor allem auf diese Philosophen [Druiden] und die lyrischen Dichter, und zwar nicht nur die eigenen Leute, sondern auch die Feinde: (denn) oft, wenn sich Heere in Schlachtordnung schon mit gezückten Schwertern und vorgestreckten Lanzen einander nähern, treten diese in die Mitte vor und halten sie zurück, als würden sie wilde Tiere mit Gesängen bezaubern. So weicht selbst bei den wildesten Barbaren die Leidenschaft der Weisheit und Ares empfindet Achtung vor den Musen« (Diod. 5, 31,5; H1 147,152).

Freilich ist dies nur die eine Seite der bardischen Tätigkeit, denn bei Poseidonios liest man auch (Diod. 5, 29,3f.; H1 143), dass die Kelten, wenn sich jemand zum (Zwei-)Kampf herausfordern lässt, »die Tapferkeit ihrer Vorfahren und … sich mit ihren eigenen Qualitäten« rühmen, »den Gegner aber schmähen und erniedrigen … und mit Reden« ihm im Voraus die Kampfmoral nehmen. Nach der Erbeutung der Kopftrophäen stimmen sie »einen Paian an und singen ein Siegeslied«. Sie waren in Krieg und Frieden immer um die Herren herum, wie wir von Poseidonios (bei Athenaios 6, 49; H1 118–120) wissen, wenn es heißt. »Die Kelten führen auch im Krieg Leute, die (ständig) bei ihnen leben, mit sich, die sie ›Parasiten‹ nennen. Diese verkünden das Lob ihrer Herren sowohl vor Gruppen zusammenstehender Menschen, als auch für jeden, der ihnen einzeln … zuhört. Für die musikalische Unterhaltung sorgen die sogenannten Barden – das sind Dichter, die mit Gesang Lobsprüche vortragen.« Hier ist letztlich die Frage, ob die Barden zugleich auch die sogenannten »Parasiten« waren, was ich trotz Andreas Hofeneder (H1 119) erwägen möchte. Das verlorene keltische Wort, das mit »Parasit« wiedergegeben wird, würde dann eine spezielle Funktion des Barden bei Hof bezeichnen, nämlich die des Unterhalters bei Tisch, gemäß der historischen Spannbreite des Wortes *parásitos*, das sowohl eine Person, die das Mahl ausrichtet, bezeichnete als auch den Tischgenossen beim Mahl bis hin zum niederen Speichellecker in der Mittleren Komödie. Ich glaube nicht, dass wir uns die Gesellschaft so differenziert vorstellen dürfen, dass es eine eigene Kategorie von Tischgenossen, ob Lobredner (in Prosa), Schelter, Unterhalter oder Spaßmacher, gegeben habe, die der Gruppe der Barden mit ihren metrischen Produkten und ihrem Gesang deutlich gegenüber gestanden wäre.

Wenn Strabon (*geogr.* 4, 4,4; H2 223–229) nach Poseidonios die Barden als »Hymnensänger« (*hymnetaí*) den Druiden und Vates gegenüberstellt, so lässt er natürlich offen, bei welchem Anlass die Hymnen erklangen: als Paian angesichts der besiegten Feinde auf dem Schlachtfeld oder bei Mahl und Umtrunk vor dem Herrn. Vermutlich bei beiden Gelegenheiten. Ebenso wenig wissen wir, wem die Hymnen galten: einer Gottheit, dem Stammesfürsten oder besonders ausgezeichneten – vielleicht auch gefallenen – Kriegern.

Altertum

Claudius Aelianus (*varia historia* 12, 23; H3 191f.) weiß, dass die Kelten die im Kampf ehrenvoll Umgekommenen zum Gegenstand ihrer Lieder machen. Dies bezeugt auch Lucan (1, 447–449; H2 295 300f.), wenn er die Verlagerung des caesarischen Militarismus im Bürgerkrieg aus der Sicht der gallischen Barden so charakterisiert: »Auch ihr, Barden, die ihr tapferen Geistern gefallener Helden als Dichter durch euren Lobgesang ein langes Nachleben sichert, habt nun in Sicherheit zahlreiche Lieder ertönen lassen.« Dahinter steckt natürlich eine nicht unbeträchtliche verquere Ironie: Wie soll es denn nun zu gefallenen Kriegern bei den Galliern kommen, wenn der angestammte Feind Caesar in Italien wütet?

Ganz allgemein darf man vermuten, dass sich der Wert des Fürsten auch nach dem Preis bemaß, den ihm sein Barde unter anderem nach Maßgabe fürstlicher Großzügigkeit zollte. Die pot-latch-Aktion galt als Zeichen bestehender, aber auch als Garant anhaltender Fortune, wie wir dies bereits durch Phylarchos (bei Athen. 4, 34; H1 65–67) von einem Galater Ariamnes erfahren, der entlang der Hauptstraßen Unterkünfte einrichtete, in denen alle Galater in fast aggressiver Weise bewirtet wurden, indem Sklaven sie zum Genuss der bereitgestellten Speisen zwangen. Dazu stimmt, was wir von dem berühmten Fest des Allobrogerherrschers Lovernios wissen. Poseidonios berichtete »über den Reichtum des Louernios, des Vaters des Bituitos … , er sei, um die Pöbelmassen für sich zu gewinnen, in einem Wagen durch das Lande gefahren und habe Gold und Silber an die Zehntausenden ihm folgenden Kelten ausgestreut, und er habe auch eine viereckige Einzäunung von zwölf Stadien Umfang [etwa 2,4 km, also viel größer als die erwähnten Viereckschanzen; s. S. 71–73] eingerichtet, innerhalb welcher er Fässer mit kostbarem Getränk gefüllt und eine solche Menge von Essen bereitgestellt habe, dass mehrere Tage lang jeder nach Belieben eintreten und sich an den bereitgestellten Dingen gütlich tun konnte, bei ununterbrochener Bedienung. Nachdem Louernios einen Schlusstag für das Fest bestimmt hatte, sei ein Dichter von den Barbaren zu spät gekommen, und als er Louernios begegnete, habe er mit Gesang dessen hohe Stellung gepriesen, und sich selbst beklagt, dass er zu spät gekommen sei. Louernios habe sich darüber gefreut, ein Beutelchen mit Gold angefordert und

Bardenesoterik im Altertum und im Mittelalter

habe es dem an seiner Seite Laufenden zugeworfen. Der Dichter habe das Beutelchen aufgehoben und ihn wieder besungen: die Spuren seines Wagens auf der Erde trügen Gold und Wohltaten für die Menschen« (Athen. 4, 37; H1 121–124).[81] Für vergleichbare Aktionen brachte Proinsias Mac Cana gestützt auf spätmittelalterlich-frühneuzeitliche kymrische Bardengedichte und einen chronikalischen Beleg aus dem Limousin von 1147 noch späte Belege heran (Mac Cana [2002], 140, 143f.).

Wir haben schon gesehen, dass Reichtum der Untertanen und Fruchtbarkeit der Menschen und des Landes bei den Kelten als Zeichen eines guten Herrschers galten, während unter einem schlechten Herrscher kein Wohlstand aufkommt (s. S. 117). Freilich muss der Reichtum zuerst aufgehäuft werden, bevor er verschleudert wird, deswegen sagt auch Valerius Maximus (*Factorum et dictorum libri* 2, 6,11; H2 256): »Habsüchtig und auf Geld bedacht ist die Philosophie der Gallier ...«, wobei unter »Philosophie« etwa »Lebensanschauung« zu verstehen ist und natürlich nicht die Druidenlehre. Wer seinen Reichtum zur Schau stellt wie Louernios, erweist sich schon dadurch als guter Herrscher. Auch dessen Sohn Bituitos hielt sich einen Barden, mit dem er 121 v. Chr. in kostbarer Kleidung und begleitet von geschmückten Leibwächtern und Kriegshunden bei Cn. Domitius Ahenobarbus vorsprach. Der Sänger pries in barbarischem Lied zunächst seinen Herrn, dann die Allobroger (d.h. den eigenen Stamm) »und schließlich den Gesandten selbst in Bezug auf Herkunft, Tapferkeit sowie Reichtum ... Hauptsächlich aus diesem Grund führen besonders vornehme Gesandte solche Männer mit sich« (Appianos *Celt.* F 12,3; H3 38–40).

Das Wort *Barde*, das gall. **bardos*, air. *bard*, mkymr., nkymr. *bardd*, altkornisch *barth*, mittelbretonisch *barz* lautete, wird jetzt fast einstimmig auf idg. **gʷr̥̄-dos* zurückgeführt, dessen Wurzel **gʷerə-* ›Lob‹ dem lat. *grātus* ›lieblich; angenehm‹, *grātēs* ›Dank‹, *grātia* ›Wohlgefälligkeit; Gunst; Dank‹ entspricht. Der Barde ist also – wenig überraschend – nach seiner Lobrede benannt. Dem latinisierten kelt. *bardus* steht ein lat. Wort *bardus* ganz anderer,

---

81 Allerdings kannte man solch aufwändige Bewirtungen auch von syrischen Königen; Athen. 5, 210C-211D.

146

angeblich etruskischer Herkunft gegenüber, das ›stumpfsinnig; einfältig‹ bedeutet und natürlich den römischen Autoren Anlass zu Missverständnissen und Fehldeutungen des Bardenwortes lieferte, wenn es etwa bei Martianus Capella (6, 656; H3 423) heißt, dass die törichten Einwohner (*incolae bardi*) Thrakiens das größte Todesverlangen haben. Es gibt noch weitere Stellen, an denen zum Bardennamen auf diese Art etwas ehrenrührige Assoziationen hergestellt werden (H3 314f.). Das illyrische Volk der *Bardaei* wurde gleichfalls, natürlich zu Unrecht, mit den Barden zusammengebracht (Scholion ad Iuv. *sat.* 16,13; H2 576). Ebenso ein germanischer Stammesname, der aus dem der *Langobardi* ›Langbärte‹ gekürzt scheint und im deutschen Landschaftsnamen *Bardengau* (um Lüneburg) erhalten ist. Solch ›Bärtige‹ (germ. **bardōz*), deren Namen auch in ags. *Heaðobeardan* ›Kampfbarden‹ erscheint, muss man auch mit Wallonien zusammengebracht haben, was sich in den Berner Lucanscholien (1, 447; H2 317) niederschlägt, wenn es heißt: »Die Barden sind ein Stamm Germaniens, der behauptete, die tapferen Männer würden nach dem Tod unsterblich werden …« Auch andere späte Lucan-Kommentare teilen diese merkwürdige Auffassung (H2 331, 334–336), indem sie die *bardi* immer wieder als Niederländer, nämlich die Einwohner von Lüttich (Liège) ansehen, einer erst im 8. Jh. als *Leudicum* erwähnten Stadt. Noch Paulus Diaconus (8. Jh.) wusste von dem Lucan-Zitat: »Auf gallisch wird der Sänger *bardus* genannt, der das Lob der tapferen Männer singt, vom Stamm der *Bardi*…« (H3 506f.; ähnlich 519, 531).

Nicht verbinden kann man die Barden mit dem sog. *barditus*, welchen Tacitus (*Germ.* 3) den Germanen zuschreibt. Ich neige hier wie schon andere Interpreten dazu, eher *barrītus* ›Trompeten der Elefanten‹ zu lesen, und nehme an, dass die Germanen ein Geräusch hervorbrachten, das die Römer an das allgemein gefürchtete Gewitter mit seinem Donnergrollen erinnerte. Tacitus sprach von einem Geräusch, das durch den vorgehaltenen Schild zu einem *fractum murmur* ›gebrochen‹ war, wobei der Römer unter diesem *murmur* sowohl das Rollen des Donners als auch den Klang der Tuba verstehen konnte. Es war jedenfalls ein tiefes röhrendes oder trompetendes Geräusch und hatte nichts mit dem kunstvollen Bardengesang zu tun.

Dennoch wurde, durch den angeblichen *barditus* angeregt, in der Dichtung von Rokoko und Empfindsamkeit ein eigener Literaturstil entwickelt, der eng mit der Ossianbegeisterung verbunden war. In Joh. Christoph Adelungs »Grammatisch=kritischem Wörterbuch der hochdeutschen Mundart« (I, Wien 1808, Sp. 730f.) liest man »Der Barde, ein Nahme, welchen bey den ältesten abendländischen mitternächtigen Völkern die Sänger oder Dichter führeten und der in der poetischen Schreibart der Neuen zuweilen noch jetzt für einen ehrwürdigen Dichter gebraucht wird«. Demnach sollte dieser angebliche †*barditus* in der deutschen Literatur des 18. Jh.s nachhaltige Spuren vor allem bei Friedrich Gottlieb Klopstock (1724–1803) hinterlassen, der programmatisch erklärte: »wir haben *barde* nicht untergehen lassen und was hindert uns *bardiet* wieder aufzunehmen? wenigstens habe ich kein eigentlicheres und kein deutscheres wort finden können, eine art der gedichte zu bezeichnen, deren inhalt aus den zeiten der barden sein und deren bildung so scheinen musz.« Anders urteilte Jacob Grimm, wenn er sagte: »die zusammenstellung des germanischen *barditus* oder *baritus* … mit jenen barden …, brachte im 18 jh. einen ungedeihlichen, bald wieder vorüber gegangnen bardenunfug hervor, der doch den ausdruck *barde* für dichter in unsere sprache eingeführt hat.« Den Geist des *Bardiet* entnehmen wir einer Stelle bei Friedrich von Hagedorn (1708–1754), wo es heißt: »ja bei barden wuchs ich mit dir in dem eichenhain auf; ein barde hiesz aus frommer pflicht ein ganzes heer von silben ringen« (DWB 1, Sp. 1126f.). So kurios es ist, die Vorstellung vom Barden als dem »urteutschen« Dichter hat noch bis in das 20. Jh. weitergelebt, weshalb die Neuedition der Werke Klopstocks als eine vordringliche Aufgabe der Stiftung »Ahnenerbe« der SS angesehen wurde (B3 756).

Über das Äußere der keltischen Barden wissen wir nur ein Detail: Als dieses möchte ich den von Martial (1, 53,4f.; H2 433f.) als gallische Nationaltracht genannten und später vom selben Epigrammatiker (14, 128; H2 437) mit dem Scheitelkamm der Meerkatzen verglichenen *bardocucullus* als ›Bardenkapuze‹ verstehen. Nach Martials giftiger Aussage – es geht um den hintergründigen Vergleich des filzig-fetten, fransigen Kleidungsstücks eines lingonischen Barden mit den Stümpereien eines Plagiators – tritt hier das barbarisch Derbe besonders hervor. Wie weit nun die »fettigen Fransen« des Kleidungsstücks allein durch seine Imprägnierung als »Wetterfleck« gerechtfertigt sind oder ob das bardische Gewand einfach als schmierig heruntergemacht werden soll, ist unklar, denn ein *bardocucullus* muss ja nicht unbedingt wie ein gewöhnlicher *cucullus* vor Regen geschützt haben. Solche Alltags-Kapuzenmäntel zeigen einige Votivfiguren aus der Quelle der Dea Sequana, der Seinequelle. Die Kelten kannten ländliche Schutzgottheiten in Form kleiner mit Kapuzenumhang versehener Gestalten, die *genii cucullati* hießen und wohl wegen ihrer Liebenswürdigkeit recht populär waren, wie man aus den Darstellungen und Inschriften ersieht (dazu H2 433f. Anm. 3133). Der Name der Kapuze lebt in unseren *Kugel, Gugel,* frz. *coule,* engl. *cowl* weiter. Zwar ist der Barde nicht unbedingt ein Vorfahr des heutigen Rappers, aber wie dieser doch durch ein bestimmtes Kleidungsstück gekennzeichnet. In der *Historia Augusta* ist auch einmal von »bardäischen Kapuzenmänteln« (*Pert.* 8,3; H3 332) die Rede, wobei der *bardocucullus* offenbar zur Kleidung der oben erwähnten illyrischen *Bardaei* geworden ist. Das galloromanische Wort *bardala* für die Haubenlerche (*Galerida cristata*) ist, wie ich vermute, nach der Kopfbedeckung der Barden gebildet. Traten die Barden als Friedensstifter zwischen zwei Heere, so scheinen sie wohl Zweige und Kränze getragen zu haben (Polybios, 3, 52,2f.; H1 92f.).

Die Barden begleiteten sich zu ihren Preis- oder Schmähliedern selbst auf einem lyra-ähnlichen Instrument, wie es gelegentlich auf Münzen (z.B. der *Redones* zusammen mit einer Kriegsgöttin), aber auch einmal auf einer Skulptur (gleichfalls in der Bretagne; Dep. Morbihan; Abb. S. 151) dargestellt ist (B2 423, 579).

Besonders bemerkenswert fand der kulturkritische Poseidonios die gallische Rede, die tiefe rauhe Stimme und einen eigenartig stilisierten Diskurs, der bei Außenseitern leicht den Eindruck einer gewissen Esoterik bewirken konnte (Diodor 5, 31,1): »Wenn sie zusammenkommen, sprechen sie mit wenig Worten und in Rätseln, indem sie meist nur dunkel auf Dinge hinweisen und ein Wort verwenden, wenn sie ein anderes meinen. Um sich selbst zu erhöhen und alle anderen herabzusetzen, lieben sie es, in Superlativen zu sprechen. Sie sind ruhmredig, drohen gern und lieben eine bombastische Sprache. Und dennoch haben sie einen scharfen Verstand und sind nicht ohne Klugheit und Bildung.« Der berühmt-kritische Marcus Porcius Cato Censurinus (frg. 34) pries die Treffsicherheit und die Spitzfindigkeit, das »Scharfe Reden« (*argute loqui*), also den »Witz« oder das, was die Nachfahren der Gallier »ésprit« nennen sollten, ja, es gab die Vorstellung, dass die Gallier den Logos, das vernünftige, überzeugende Wort allegorisierten, indem sie es angeblich mit dem »Kraftlackel« *Herakles* und dem gallischen Gott *Ogmios*, einem sonnenverbrannten, glatzköpfigen Alten, identifizierten.

Die hochberühmte Stelle findet sich bei Lukianos aus Samosata (*Heracles* 1–7; H3 83–96):

»Den Herakles nennen die Kelten in ihrer einheimischen Sprache Ogmios, das Bild des Gottes aber stellen sie ganz ungewöhnlich dar. Für sie ist er ein Greis im höchsten Alter, mit kahlem Vorderhaupt und vollständig ergrauten Haaren, soweit noch welche vorhanden sind. Die Haut ist runzelig und ganz schwarz verbrannt wie die alter Seeleute. Man würde vermuten, es sei eher Charon … alles eher als Herakles. Aber ist er auch von solchem Aussehen, hat er doch die Ausrüstung des Herakles. Denn er hat sich das Löwenfell umgeworfen, hält die Keule in der Rechten, hat sich den Köcher seitlich umgebunden und die Linke streckt den gespannten Bogen vor … Nun aber habe ich das Sonderbarste an diesem Bild noch gar nicht erwähnt: Jener greise Herakles zieht nämlich eine sehr große Menge von Menschen nach sich, die alle an ihren Ohren festgebunden sind. Als Fesseln dienen feine, aus Gold und Elektron gearbeitete Ketten, den schönsten Halsketten vergleichbar. Und obwohl sie an so schwachen Fesseln geführt werden, wollen sie weder fliehen – sie könnten es problemlos – noch widersetzen sie sich überhaupt oder stemmen sich mit den Füßen in die Gegenrichtung des Zuges, sondern fröhlich und freudig folgen sie und preisen den Führer, wobei sie alle drängeln und im Streben vorwärts zu kommen die Fessel locker werden lassen, ganz als ob sie ungehalten darüber wären, wenn man sie befreien sollte. … Da der Maler keine (rechte) Stelle frei hatte, wo er die Anfänge für die

Ein torquesgeschmückter, leierspielender Gott oder Barde

Ketten befestigen konnte …, durchbohrte er die Zungenspitze des Gottes und ließ von ihr aus die Menschen gezogen werden, wobei sich der Gott lächelnd zu den (von ihm) Gezogenen umwendet. Lange bin ich dieses Gemälde betrachtend dagestanden … Da trat ein Kelte an meine Seite, nicht ungebildet in unseren Dingen, was sich an seinen perfekten Griechischkenntnissen erwies, ein Philosoph, wie ich glaube, in den einheimischen Verhältnissen, und sagte: ›Ich will dir, Fremder, das Rätsel des Bildes lösen … Den Logos [die Beredsamkeit] halten wir Kelten nicht wie ihr Griechen für Hermes, sondern setzen ihn mit Herakles gleich, weil dieser um vieles stärker als Hermes ist. Wundere dich auch nicht, wenn er als Greis dargestellt ist: Denn einzig der Logos pflegt erst im Alter seine vollendete Reife zu zeigen … Dass dieser greise Herakles-Logos die Menschen mit ihren Ohren an seine Zunge gebunden nach sich zieht, soll dich nicht verwundern, kennst du doch die Verwandtschaft von Ohren und Zunge. … Überhaupt sind wir der Ansicht, dass Herakles selbst … alles durch den Logos bewirkt und das meiste durch Überredungskunst bezwungen hat. Und seine Geschosse sind die Worte, meine ich, scharf und treffend, schnell und die Seelen durchdringend. Denn dass Worte *geflügelt* seien, sagt auch ihr.‹ Soweit der Kelte.«

Dieser *Ogmios* war lange ein Lieblingskind der keltischen Religionsgeschichte – auch bei mir, obwohl ich mir der problematischen Kontinuität im Hinblick auf air. *Ogma*, den angeblichen Erfinder der Ogamschrift (s. S. 170 f.), immer bewusst war. Aber der Name ist nun einmal da und auch inschriftlich auf zwei Fluchtäfelchen aus Bregenz bezeugt (s. S. 93). Zuletzt hat der umsichtige und akribische Hofeneder auf eine 2004 erschienene Untersuchung von Eugenio Amato (H3 87–90) hingewiesen und damit wohl mit Recht die Bedeutung des »Ogmios-Bildes« für die keltische Religionsgeschichte relativiert, ja gegen Null gehen lassen. Nachdem er den Literaturtypus der »Bilderklärung« als Literaturtopos ins Licht gerückt hatte, verwies Amato auf den gallischen (!) Rhetor und Philosophen Favorinus von Arles, der als angeblicher »She-male« großes Aufsehen erregte und in den 50er Jahren des 2. Jh.s n. Chr. die gerontologische Literatur des Altertums um eine

Altertum

fragmentarisch erhaltene Rede »Über das Alter« (perì gérōs) ver-
mehrte. Auch darin spielte sicher das Argument eine Rolle, dass
sich im Greisenalter erst die Beredsamkeit voll entfalte. Da sich im
Lukiantext mehrere – hier ausgelassene – Literaturzitate finden,
was sonst nicht das Faible Lukians ist, vermutete Amato auch hier
eine starke Abhängigkeit von dem zitatenreichen Redner, der eine
populäre intellektuelle Kultfigur darstellte. Wie immer man diese
Abhängigkeit bewertet, sicher ist, dass der Text ein Zeugnis für
die »objektive Esoterik« (s. S. 17) bildet, ob nun der Göttername
Ogmios von Favorinus eingeführt wurde oder erst von Lukian, der
sich ja auch in der Gallia Narbonnensis umgetan hatte.

Im Gegensatz zu Hofeneder bin ich allerdings überzeugt, dass
unter dem »gallischen Philosophen« ein Druide gemeint war, auch
wenn dieses Wort nicht fällt. Selbst wenn Lukian für den östlichen Teil des Reiches schrieb, hätte er ihn freilich gerade wegen
seiner Exotik verwenden können, so wie wir sagen könnten »in
der Altai-Region heißt der Schamane kham«. Es ist natürlich me-
thodisch bedenklich e silentio, also aus dem Schweigen, hier besondere Schlüsse zu ziehen, wie auch umgekehrt. Dass das Verbot der
grausamen Opferpraxis der Druiden unter Tiberius und Claudius
nicht bedeutete, dass sie nun als »Intelligentsia« keine Rolle mehr
gespielt hätten, wurde schon betont (s. S. 42, 44, 82). Und letztlich:
Welch andere keltische »Philosophen« hätte es in Gallien gegeben?

Aber selbst wenn wir uns nicht auf einen Druiden versteifen,
zeigt der Text doch sehr eindrucksvoll, was ein Außenstehender
wie Lukian den keltischen Philosophen an Tiefsinn zuzuschreiben
bereit war, ganz gleichgültig, ob das Bild von den an der Zunge
Hängenden von ihm selbst stammt oder nicht. Wichtig ist die
Auswirkung des Bildes auch auf die Kunst der Renaissancezeit bei
Albrecht Dürer (B2 391), Rafael Santi und Pelegrino Tibaldi, die
doch eindrücklich bezeugen, wie hoch die Keltenesoterik eingeschätzt wurde. Da es hier um die Kraft des Wortes geht, habe ich
es für angebracht gehalten, den kostbaren Beleg in das Kapitel der
Bardenesoterik und nicht in das Druidenkapitel zu stellen, denn die
Aussage von der Macht des Wortes ist in sich bedeutsam, ob nun
der interpretierende Philosoph als Druide gedacht war oder nicht.
So ist die Szene auch zu einem Lieblingsmotiv von Emblembüchern

geworden, die den Satz veranschaulicht: *HIC HERCULES EST GALLICUS: INTELLEGAT, QUI AURES HABET* ›Dies ist der gallische Hercules: Wer Ohren hat, möge verstehen!«

Mittelalter: die Inselkelten

> »Ich bin der Wind auf der See.
> Ich bin eine Woge des Meeres.
> Ich bin das Brüllen der See.
> Ich bin ein mächtiger Stier.«
> Amairgen Glúngel am 1. Mai 3500
> nach Erschaffung der Welt.

Heroisches Bardenwort in Britannien und Irland

Die von Diodor (s. S. 149 f.) hervorgehobene, oft dunkle, besonders aber pointierte Sprechweise finden wir noch in der ältesten inselkeltischen Poesie in Hülle und Fülle. Dabei treffen wir auf alle zu erwartenden rhetorischen Formen, vom ausgeführten Vergleich, der mehr oder minder originellen Metapher (vgl. altnord. *heiti*) bis zur kopflastigen zweigliedrigen Kenning, die sich durchaus mit der altnordischen vergleichen lässt.

Ich veranschauliche dies zunächst an der ältesten, langen kymrischen Bardendichtung des 6. Jh.s, nämlich an der Elegie *Y Gododdin* ›Die *Votādīni*‹ (ein nordbritischer Stammesname)[82] des Barden Aneirin, den man *gwawtryd awenyd* ›Dichter des fließenden Verses‹ nannte.

---

82   Der Name ist in gräzisierter Orthographie bei Ptolemaios belegt. Das Land der *Votadini* erstreckte sich in der Osthälfte jenes Gebietes, das südlich des ehemaligen Antoninuswalls zwischen dem Firth of Forth und dem Hadrianswall und über diesen hinaus bis zum Fluss Wear liegt, war also Teil des »Alten Nordens«, wie man in Wales sagte (*Yr Hen Ogledd*). Zentren waren die heute noch ansehnliche Hügelbefestigung von Traprain Law (East Lothian), später das nahe gelegene Edinburgh (*Din Eiddin*), und weiter im Süden *Bremenium* ›High Rochester‹ (Northumberland). Das Gebiet zwischen Avon und Carron hieß das »Feld von Manaw« und nach den dort Siedelnden *Manaw Gododdin*.

Mittelalter: die Inselkelten

Der Tradition nach hielt Mynydawc Mwynvawr, der Fürst der Gododdin, der die Krieger schon in jungen Jahren an seinen Hof geholt und einen jeden von ihnen mit einem Goldtorques geschmückt hatte, diese ein volles Jahr lang an seinem Hof unter extremer Großzügigkeit und bei ständigem festlichen Metgelage aus, um dann in einer entscheidenden Schlacht um etwa 600 bei Catterick (*Cataractonium*) am Swale (North Yorkshire) gegen die Angeln des Königreichs Bernicia (mit dem Zentrum Bamburgh, Northumberland) mit Gefolgschaftstreue und Dankbarkeit seiner Mannen rechnen zu können. Nach längerer mündlicher Überlieferung gelangte diese Elegie in den *Llyfr Aneirin* (›Buch des Aneirin‹) von etwa 1250, der aber auch eine sprachlich ältere Schicht enthält, die aus dem 8./9. Jh. stammen muss, also aufgezeichnet wurde, nachdem die Dichtung etwa ein Vierteljahrtausend bereits mündlich im Umlauf war. Darin sind auch Gesänge anderer Barden aufgenommen worden, welche die Schar der gefallenen Krieger preisen. Es sollen 360 Mann gewesen sein (die alle den Tod fanden), zu denen noch drei »Barden der Gefolgschaft« (*beirdd teulu*) kamen, die mitkämpften und deren einer Aneirin war. Ob der historische Aneirin die Schlacht überlebte (21, 240–242)[83] oder am Ende selbst umkam (s. S. 185), ist mir unklar.

Die Elegie *Gododdin* aber ist dem Literaturwissenschaftler deswegen einigermaßen bekannt, weil darin das erste Mal (König?) Arthur – allerdings nur en passant – erwähnt wird. Immerhin bezeugt die Stelle schon seinen sprichwörtlichen Ruhm.[84]

Hier jedoch interessieren uns Wendungen, die als typisch für die früheste Bardendichtung gelten können. So etwa: »die Wirksamkeit des Rates war das Leuchtfeuer der Schlacht« (51 A 577), »die Schlacht ist ein Schnitter« (17, 161) oder »eine Ernte von Lauch« (164), weil – wie bei den Germanen – der kraftvolle Krieger mit strotzendem Bärlauch verglichen wird. Er heißt auch »Kampfmauer und Kampfstier« (38, 422) oder »kampffreudiger, lachender Adler« (52, 409). Die Hand des Kriegers »sät Eschenspeere« (26

---

83 In den Zitaten und der Übersetzung von Aneirin-Stellen folge ich Rockel (1989).

84 Es heißt dort (102, 1242–1244): »Obgleich er nicht Arthur war, war Gwawrddur eine Stütze im Kampf, ein Pfosten in der vordersten Reihe.«

155

A, 306) und »kann die Mähne des Wolfes … in der Hand halten«
(44 A 482). Besonders drastisch: »Sein Schwert hallt wieder in den
Mündern der Mütter« (27, 325). Er ist der »Zufluchtsort in der
Schlacht, … eine Pforte, ein Anker des Heeres« (37, 410f.), »der
Wolf im Heer«, »der Kräutergarten der Kriegerschar« (63 E 768),
»der grausame Drache« (22 A, 244; vgl. 25, 297f. u. ö.), »ein Zaun
aus Schilden« (14, 122). »Der Tod sitzt im grauen Handschuh« des
Kriegers (72, 896). Der männerbündische Held »wünscht keine
Mitgift eines Schwiegervaters« (9, 82).

Auch Namensassoziationen können beim Heldenpreis eingesetzt werden, wenn es heißt (13, 119): »Als Tudfwlch kam, war
eine blutige Lichtung«, denn *Tudfwlch* lässt sich ja als ›Scharte des
Volkes‹ [im Sinn von ›Kriegerschar‹] verstehen – kymr. *bwlch* ist
ein ›Einschnitt‹, hier ›Lichtung‹. Diesem Helden wird auch ein
eigener Gesang in den Mund gelegt, in dem er vom Feind sagt
»Unterholz wuchs auf dem Grab dessen, der eine Fessel der Unterdrückung war« (Tudfwlch 1267), und im Lied des Cynfelyn über
die Schlacht der Gododdin heißt es mit typischer Lakonik vieler
dieser Dichtungen »schön war rotes Gras«.[85] Der etwas ältere Barde
Taliesin (s. S. 184) nennt in Lied IV König Urien von Rheged den
»Herrn über das Stöhnen« (Rockel [1989], 16f.).

Den Iren und Walisern gemeinsam ist die Verwendung des
Ebers (z.B. God. 30, 344; 70 A 858 u.s.w.) als Fürstenmetapher in
air. *torc-tríath* = mkymr. *twrch trwyth*,[86] wenn er auch später in
Wales dann zum Namen eines dämonischen Tiers uminterpretiert
wurde. Auch die Neigung zur Ebermetaphorik teilen die Kelten
mit den Germanen, bei denen ja das *jǫfurheiti* (›Ebermetapher‹)
ausgesprochen beliebt ist. Das gilt übrigens auch für den Bären,
der, im 6. Jh. in Britannien schon sehr selten, immer noch in der
Dichtersprache und im Namenschatz erscheint. Von einem Helden wird gesagt, dass er sich nur langsam »in der Art des Bären«
zurückzog (14, 149).

Die ganze Heldenwelt des *Gododdin* ist wie die vergleichbare der
Germanen in ein dauerndes Wein-, Met- und (seltener) Biergelage

---

85   In *Gwarchan Kynfelyn* ›Gesang des Cynfelin‹ bei Rockel (1989), 140f., Z. 1340.
86   DIL 607, Sp. 308; Birkhan (1989), II, 84–89.

Mittelalter: die Inselkelten

hineinversetzt, »das mit Leichen bezahlt wird« (64 A, 779), ja, wenn »das Blut der Toten, die du getötet hast, Wein wäre, hättest du drei und vier Jahre zu trinken« (20 B 230f.). Vom getöteten Krieger sagt Aneirin mit großer Sprachgewalt »Von Dämmerung zu Dämmerung flackerte das Licht des Kienspans an der Tür für den purpurnen Pilger« (55 A, 645f.).

Der Ozean ist in der kymrischen Dichtung ein »Wolf-Hund«: kymr. *gweilgi*, eine Wortbildung, die in air. *fáelchú* eine genaue etymologische Entsprechung hat (GPC 1619). Der Held ist der »Stier des Meeres« (74, 921). Die Wogen fordern zum Kampf heraus. Schon in der Antike sagte man den todesmutigen, aber doch ziemlich verrückten Galliern nach, dass sie gegen die Wellen kämpften. So behauptet bereits Aristoteles in der Eudemischen Ethik (3, 1,25 p. 1229b, 26–30; H1 36), dass »die Kelten ... mit Waffen in der Hand den Wogen feindlich entgegentreten, wie überhaupt die barbarische Tapferkeit auf leidenschaftlichem Verlangen beruht.« Noch dem Ulsterhelden *CúChulainn* wurde der Kampf gegen die Fluten nachgesagt, was W. B. Yeats in einem Nō-Spiel »Emers einzige Eifersucht« 1930 sogar auf die Bühne brachte. Auch in der mittelkymrischen Arthurdichtung finden sich zwei »Initiationsgespräche« (»Melwas und Gwenhwyvar«), in denen der Knabe Melwas sich rühmt, einen Strand oder eine Furt in schwerer Rüstung bei Ebbe (also in der Gefahr der gefürchteten »quicksands« oder der hereinbrechenden Flut) begangen zu haben.[87] Vielleicht handelt es sich beim Kampf gegen die Wellen um ein archaisches Verhalten, das aus der »Dingbeseelung« erwächst und in jener Anekdote ein Gegenstück hat, die berichtet, dass Xerxes nach einem misslungenen Brückenbau das Meer der Dardanellen mit 300 Peitschenschlägen »bestrafte«. Auch das *Gododdin*, das übrigens im Binnenland spielt, nennt die Kämpfer »die Angreifer im Meer« (7, 65), und ganz allgemein ist der Lieblingskampfplatz der inselkeltischen Helden die Furt, in diesem Fall des Flusses Swale (God. 17, 154; 24, 282; 93, 1154 u. ö.). In einer Furt musste der berühmteste altirische Heldenjüngling CúChulainn seinen Freund Ferdíad mit dem *gæ bulga*, eine Art Fischspeer oder Harpune, töten (IHK 231;

---

87 Birkhan (1989), II, 110f.; vgl. Arthur (1991).

Bardenesoterik im Altertum und im Mittelalter

s. S. 165 f.). Allerdings fand 991 auch die berühmte Schlacht von Maldon (Essex), in welcher der Angelsachse Byrhtnoth mit seinen Recken gegen die Wikinger fiel, in einer Furt des Flusses Blackwater statt.

Es ist natürlich damit zu rechnen, dass die beiden inselkeltischen Literaturen einander wechselseitig beeinflussten. So kann man in Wales eine gewisse Kritik an der altirischen Heldengestalt des CúChulainn beobachten. Im *Gododdin* (96, 178f.) heißt es, Madog von Elfed sei »kein hässliches Gespenst in der Erregung« gewesen, wodurch er sich freilich von dem berüchtigt-kampfverzerrten gerade genannten irischen Helden abhob.

Abgesehen von den schon erwähnten Übereinstimmungen gab es auch in Irlands ältestem – z.T. vorchristlichem – Heroenpreis eine vergleichbare Metaphorik in Bezug auf den Helden. In der ältesten Hofdichtung von Leinster ist der Krieger ein »Luchs (*lug*) des Schildes«, »ein starker Eichelkern«, »eine rote Flammenwut«, »ein Kriegsruf«, »eine heftige Flamme«, »kein Ast eines altersschwachen Baumes«; der Held ist »ein Gerfalke, der in unbekannte Länder einfiel«, »eine glorreiche und feurige Sonne, die flammend erwärmt«, »ein Bär, dem das Schlachtfeld am Herzen liegt«, oder es heißt von einem Helden Nia »der streitbare Kämpe, sättigte den Kriegshund jedes Vasallen mit Krieger(leichen)«, und er wird apostrophiert als »strahlender Mühlstein, glorreicher Prinz, giftiges (Leichen)bett im Kampf.«

Wie in der ältesten germanischen Epik ist der Stabreim auch ein wesentliches Element der ältesten inselkeltischen Heldendichtung:

> *Brúisius, bréosius   búire lond Labraid*
> *láith Elggae,   hua Luircc Lóegairi …*

›Er zerbrach sie, er zertrat sie, der wildwütende Krieger Labraid, Irlands Kämpe, Enkel von Lóegaire Lorc …‹ (Campanile [1988])

Mittelalter: die Inselkelten

Die *filid* im mittelalterlichen Irland

Unter den Barden gab es im alten Irland nach einer Tradition *sóerbaird* ›edle Barden‹ und *dóerbaird* ›gemeine (= gewöhnliche) Barden‹, jeweils in 8 Grade unterteilt und jeder Grad einem bestimmten Metrum zugeordnet. Dabei galt, dass die Barden illiterat sein konnten, aber doch die richtigen Reimentsprechungen im Ohr haben mussten (DIL 65,36). (Die irische Reimkunst beruht, abgesehen vom Stabreim, auf etwas anderen Prinzipien als die uns vertraute, ist aber darum nicht weniger streng.) Nach einem anderen juristischen Traktat unterschied man nur 7 Dichtergrade, vom obersten, dem *tigernbard* ›Bardenfürst‹ bis zum niedersten, dem *drisiuc* (eigentlich: ›Dorngestrüpp[barde]‹), ein niederer Satiriker, der nur 20 Erzählungen kennen musste. Unter ihm standen nur noch der *taman* ›Baumstrunk; Dummkopf‹ und der *oblaire*, der niederste Verseschmied,[88] der sich bereits dem Narren oder Spaßmacher näherte. Die hier deutliche verwirrende Systematisierungswut der alten Iren, die jene unserer Meistersinger noch hinter sich lässt, allerdings weitgehend im Theoretischen verbleibt, schreibt nun jedem Grad pedantisch genau vor, welche Erzählinhalte, welche Metren er zu beherrschen hatte und welches Honorar ihm zustand.

Viel höher als der »gewöhnliche Barde« wurde der gelehrte *fili* oder *éces* geschätzt, der unter den *saer-nemed* ›privilegierten Klassen‹ eingestuft war und wohl mit dem *sóerbard* identisch ist (zum Folgenden vgl. IHK 65–74). Von ihm soll nun die Rede sein. Die alten Iren verstanden in typisch archaischem Etymologisierungstreben *fili*, das ja, zu *Veleda* gehörig, eigentlich ›Seher‹ bedeutet (s. S. 83 f.), als Kurzform für *philosophus*, weil der Dichter die Pflicht hätte, Philosoph zu sein (Auraicept 50f.). Sein »Ehrenpreis« betrug grundsätzlich das Doppelte von jenem des »gewöhnlichen Barden« (*dóerbard*) der gleichen Ranghöhe. Natürlich waren auch die Grade des *fili* und die jeweiligen Ansprüche gestaffelt. Von der ersten Stufe, dem *focloc* (etwa ›Kandidat‹) gelangte man über *mac fuirmid, dos* (eigentlich ›belaubter Baum‹), *canae* ›Sänger‹, *cli*

---

88 Dazu Kelly (1988), 47; DIL s. v. *drisiuc, dos, fuirmiud, fochlocan, taman, oblaire.*

159

(etwa ›Stütze‹) in 7-jähriger Studienzeit zum *ánsruth*. Die folgenden 5 Jahre verbrachte der Adept mit dem Studium von Ritualen, Rechtssatzungen, Etymologien und vor allem von Erzählungen, bis er nach 12 Jahren den höchsten Rang des *ollam*, des ›Größten‹, erreicht hatte. Je nach dem Rang war das zu verwendende Metrum bestimmt und auch das Honorar für ein kunstgerechtes Gedicht (Meid [1971], 10):

Grad	Metrum	Honorar
1. *fochloc*	*dian*	1 Jungkuh
2. *mac fuirmid*	*setrad*	1 trächtige Kuh
3. *doss*	*laid*	1 Milchkuh
4. *canae*	*emain*	2 Kühe = 1 Pferd
5. *cli*	*anair*	4 Kühe
6. *ánsruth*	*nath*	5 Kühe
7. *ollam*	*anamain*	10 Kühe = 1 Wagen = 1 Sklavin

Vom Schottland des 17. Jh.s erfahren wir aus den Memoiren eines Ulick de Burgh, Marquis von Clanricarde (1604–1657), wie der Unterricht der *filid* vonstatten ging. Es erscheint die Annahme zulässig, dass es im Früh- und Hochmittelalter in Irland nicht viel anders gewesen sein wird (nach Meid [1971], 12f.):

»Was das Poetische Seminar oder die Dichterschule betrifft, so war sie nur solchen zugänglich, die selbst Nachkommen von Dichtern waren und in ihrem Stamm eine geachtete Stellung einnahmen …, wobei die Schüler selbst fast ausnahmslos von weit her kamen, um so, getrennt von Familie und Freunden, ihren Studien ungestört nachgehen zu können.

Wer als Schüler aufgenommen werden wollte, musste gut lesen und seine Muttersprache schreiben können und ein gutes Gedächtnis besitzen. Es war weiters erforderlich, dass sich die Schule an einem abgelegenen Ort – abseits in einem Park oder an einer anderen umfriedeten Stelle – befand, weit weg von jedem möglichen Lärm. In einem langgestreckten niedrigen Gebäude waren in entsprechenden Abständen Betten aufgestellt, jedes innerhalb eines abgeteilten Raumes, in dem sich keine weitere Einrichtung befand als ein Tisch, Gelegenheit zum Sitzen und zum Aufhängen der Kleider. Es gab keine Fenster, die das Tageslicht hereinließen;

ja, es wurde überhaupt kein Licht benutzt außer dem von Kerzen, und auch diese wurden nur zu einer ganz bestimmten Zeit hereingebracht.

Nachdem die Schüler zuerst aufgrund gründlicher Prüfung in Klassen eingeteilt worden waren, ... stellten die Professoren ... jeder Klasse ein Thema, das ihrer Fähigkeit entsprach, wobei sie die Anzahl der Reime festsetzten und im übrigen bestimmten, was in Bezug auf Silbenzahl, Strophen, Übereinstimmung, Entsprechungen, Harmonien und Schluss – wofür es jeweils bestimmte Regeln gab – zu beachten war. Diese Aufgabe wurde ihnen über Nacht gestellt, und sie pflegten sie, jeder für sich auf seinem Bette liegend, in Arbeit zu nehmen, den ganzen nächsten Tag hindurch im Dunkel liegend« – wobei sie sich nach einem Parallelbericht auch einen Stein auf den Bauch legten –, »bis zu einer bestimmten Stunde des Abends Licht gebracht wurde und sie die Aufgabe niederschrieben. ... Die Schüler gaben ihre Arbeit ab, welche korrigiert oder gutgeheißen wurde, und entsprechend ihrem Abschneiden wurde ihnen die gleiche Aufgabe noch einmal oder eine andere Aufgabe für den nächsten Tag gestellt. Nachdem dies vorüber war, wurde ihnen das Mahl serviert; danach verbrachten sie einige Zeit mit Unterhaltung und anderer Kurzweil und begaben sich dann zur Ruhe, um für die Arbeit des nächsten Tages gerüstet zu sein. ...

Eine Unterbrechung brachten die Wochenenden und die Feiertage: da begaben sie sich auf Besuch zu den herrschenden Familien der Gegend, zu reichen Bauern und Viehzüchtern, von denen sie sehr gut bewirtet und auch sonst mit viel Aufmerksamkeit behandelt wurden. Auch begnügten sich die Leute nicht damit, ihnen auf diese Weise Gastfreundschaft zu gewähren; sie schickten abwechselnd wöchentlich Getränke und andere Vorräte zum Unterhalt der Akademie, so dass dem leitenden Poeten nur geringe oder überhaupt keine Auslagen erwuchsen, er im Gegenteil sehr gut dabei wegkam, wenn man außerdem die Geschenke berücksichtigt, die ihm von den Schülern bei ihrer ersten Ankunft – das war zu Weihnachten – gemacht wurden. Der Unterricht dauerte bis zum 25. März, so lange wie die kalte Jahreszeit; danach begab sich jeder, mit einem Zeugnis des Professors über Können und Betragen versehen, das für seine Leute bestimmt war, in seine Heimat zurück.«

Die Erweckung von Inspiration und Entrückung durch Fasten, Enge und Dunkelheit kennen wir übrigens auch von dem berühmten »Fegefeuer des Hl. Patrick« (*Purgatorium Sancti Patricii*) im Lough Derg (Co. Donegal), wo die »lebendig begrabenen« Pilger Jenseitserlebnisse hatten (B3 78f.).

Man darf vermuten, dass die studierenden *filid* in der unterrichtsfreien Zeit schon gemäß ihrem Rang wirkten. Zu wenig wissen wir leider über die musikalische Ausbildung, die ja daneben her gegangen sein muss. Jedenfalls wurden die Dichtungen dann zur Harfe gesungen.

Nach dem *Uraicecht na Ríar* (etwa ›Handbuch der Bedingungen‹) hatte der höchste Dichtergrad des *ollam* 350 Geschichten (250 »Haupterzählungen« und 100 »Nebenerzählungen«) zu kennen und nicht nur seine *anamain*, sondern alle, d.h. viele Dutzende Metren zu beherrschen – der Terminus *dréchta* ›Stücke‹ scheint Vers und Prosa zu umfassen –, während für den niedersten Grad, den *fochloc* ›Schüler‹, 20 Erzählungen (darunter 7 »große«) ausreichten. Unter den »Haupterzählungen« verstand man wohl nicht so riesige Gebilde wie die *Táin Bó Cualnge*, sondern deren Einzelerzählungen wie sie uns auch in den Sagenlisten vorliegen, also Zeugungsgeschichten, Werbungen, Sagen von Zerstörungen, durchgebrannten Frauen, gewaltsamen Todesfällen usw. Die »Nebenerzählungen« waren dann wohl wieder diese ergänzenden Geschichten.

Der *ollam*, der den Rang im Studium erworben hatte, aber vom Stammeskönig zu ernennen war, genoss im Grunde die gleiche Wertschätzung wie der Stammeskönig selber. Er durfte sich ein Gefolge von 24 Personen halten, konnte selbst einen Monat lang Schutz gewähren und hatte Anspruch auf die gleiche Bußsumme (7 Sklavinnen) bei Verletzung seiner Ehre wie der König. Der *fochloc* hingegen hatte nur Anspruch auf einen »Ehrenpreis« von eineinhalb Milchkühen, eine Begleitung von zwei Personen und konnte nur einen Tag Schutz bieten (Kelly [1988], 46). Der Amtsmantel (*tuignech*) des *ollam* bestand nach einer Tradition vom Boden bis zum Gürtel aus den Bälgen weißer und bunter Vögel, der Oberteil aus Vogelhälsen und Schöpfen von Enterichen, nach anderer Tradition war er um die Mitte mit weißen Vogelflügeln besetzt, oben vergoldet, unten mit einer Art Weißgold (*findruine*) verziert. Der *ollam* ist berechtigt, einen Goldzweig zu tragen (vgl. oben S. 54, 116), der *ánsruth* einen Silberzweig, die niederen Grade nur Kupferzweige (IHK 521).

Eine einschlägige Erzählung im Text *Immacaldam in dá thuar*(*ad*) (›Die Unterredung der zwei?‹) berichtet, wie Néde mac Adnai zum *ollam* wurde. Ich fasse sie kurz zusammen: Der Connachter Adna mac U(i)thir ist *ollam* von Irland. Sein Sohn Néde geht nach Schottland zu Eochu Echbél (›E. Pferde-Maul‹), um dort die Dichtkunst zu erlernen. Am Ende seiner Ausbildung erfährt er aus den Klagen der Meereswogen, dass sein Vater gestorben, sein Amtskleid auf den *fili* Ferchertne übergegangen und dieser somit *ollam* sei. Diesem wurde übrigens ein Lehrbuch für Dichter zugeschrieben, dessen Ziel es war, »schwaches und grobes Volk zu Verstand (air. *séis* < lat. *sensus*) zu bringen« (Auraicept 54f.). Als Néde mit seinen Brüdern auf dem Heimweg nach Irland ist, finden sie einen Bovist (*bolg belce*), wissen aber nicht, woher sein Name kommt. Um die Etymologie zu ergründen, kehren sie nochmals zu Eochu zurück. Nach einem Monat wissen sie, dass der Bovist eigentlich ›Nebel-Mund‹ heißt. Noch zwei weitere unscheinbare Dinge zwingen sie zur Umkehr. Nach dieser dreimonatigen Verzögerung kehren sie heim, wobei Néde als *ánsruth* einen silbernen Zweig mit sich trägt. In Ulster verspricht ihm jedoch der Intrigant Bricriu Nemthenga, ›B. Giftzunge‹, er könne ihm gegen ein Geschenk die Würde des *ollam* verschaffen, da Ferchertne gestorben sei. Weil aber Néde keinen Bart hat, der für den höchsten *fili* unerlässlich ist, zaubert er sich einen solchen aus einem Grasbüschel und setzt sich im Amtskleid auf den Thron des *ollam*. Ferchertne war allerdings nicht verstorben, sondern nur zu seinen Studenten gereist. Nach seiner Rückkehr entspinnt sich zwischen beiden *ollaim* ein Streit, der zu einem Wissenswettkampf ausartet, in dem beide sich in dunklen Reden übertreffen. Das Ende ist nun sehr typisch und atmet in klassischer Weise den Geist der altirischen Literatur. Beide versuchen, einander in Zukunftsvisionen in den Schatten zu stellen. Néde entwirft ein goldenes Zeitalter, Ferchertne aber den Weltuntergang, das Jüngste Gericht, in dem christliche Elemente als Hoffnungsfunken herausleuchten. Da erkennt Néde Ferchertne als seinen Meister (»Gott«!) an. Der Wettstreit endet versöhnlich.

Bardenesoterik im Altertum und im Mittelalter

Nun zur Versdichtung!

Es ist ein wichtiges Merkmal der altirischen Prosaerzählungen, wie sie in der *Táin Bó Cualnge* kompiliert vorliegen, dass sie metrische Einschübe von zweierlei Art enthalten. Der eine Typus hieß mit einem lateinischen Lehnwort *retoiric* oder nach der Form irischer Rechtsmaxime *rosc(ad)*, war aber wohl nicht allein durch lateinische Traditionen angeregt. Vielmehr sucht man in ihm sogar rhythmisch-metrische Strukturen, die auf das keltische Altertum zurückweisen könnten, was natürlich immer hypothetisch bleibt. Ein Kennzeichen vieler dieser *retoiric* ist z.B. die Alliteration (der Stabreim), von der man annehmen sollte, dass sie mit der Anfangsbetonung der Wörter, die ja im Irischen grundsätzlich besteht, korreliert, ähnlich den Verhältnissen im Germanischen. Spricht nun das Altkeltische, das keinen Anfangsakzent, sondern einen auf der vorletzten Silbe hatte (**druwídos*, nicht †*drúwidos*!), nicht gegen diese Annahme? Allerdings lässt sich dagegen ins Treffen führen, dass die Alliteration auch ein beliebter Schmuck des alt- und mittelkymrischen Verses ist und in diesen Sprachen der Akzent wie im Französischen auf der letzten Wortsilbe lag. Die *retoiric* bewirken durch ihre starke rhythmische Struktur, befremdliche Wortstellung, freiere Syntax und ungewöhnliche Archaismen die Vorstellung, dass sie sozusagen das Rückgrat der Erzählungen bilden, deren knappe Aussage durch die umgebende Prosa verständlicher und fassbarer ausgeführt wird.

Die folgenden Zeilen vom letzten Kampf der Ulsterkrieger in der *Táin*, die ich der nicht sehr literarischen, aber genauen Übersetzung von Ernst Windisch entnehme, mögen dies veranschaulichen (TBC 844f.):

Coméirget ríg Macha	Erheben sollen sich die Könige von Macha,
munter fíal	das ergebene Volk!
melat fæbra	Sie sollen Waffen zermalmen!
fégat cath	Sie sollen die Schlacht schlagen!
claided búrach	Sie sollen zornig die Erde aufwühlen!
benad scíathu	Sie sollen Schilde zerhauen!
Scítha lama	Müde die Hände,
labra éiti	Sprache der Herde (?)
éicni fastuda	Nöte (?) des Festhaltens
feochra costoda	wild die Gefolgschaften!

Mittelalter: die Inselkelten

Diese Stelle, in deren Originalsprache ich die bestverständlichen Varianten der beiden Leithandschriften kombiniert habe, möge den Stil einer solchen »rhetorischen« Passage mit ihren Stabreimen, die über die Verszeilen hinweggehen, kennzeichnen. Wie *munter* ›Volk‹ (< lat. *monasterium*) bezeugt, kann sie nicht vorchristlich sein. Die vier letzten Verse beziehen sich auf die schon überstandenen ermüdenden Kämpfe. Hier und anderwärts deuten Fragezeichen die für uns heute bestehenden Unklarheiten dieser Texte an.

Rudolf Thurneysen (1857–1940), einer der bedeutendsten deutschsprachigen Keltologen, der sich speziell der ältesten irischen Literatur widmete, meinte auch (IHK 54f.), dass der Stil der *retoiric* durch das extrem verkünstelte Latein, das die Iren schrieben, die sogenannten *Hisperica Famina* ›Abendländliche Redeweisen‹ (Smolak [2012]), angeregt sei, daneben aber, weil sie häufig in Weissagungen und Prophezeiungen verwendet werden, auch der »abgerissenen, strukturlosen, dunklen Rede der Verzückten und Wahrsagenden nachgebildet waren«. Zuletzt ist nicht zu vergessen, dass auch die altirische Metrik bereits auf ein indogermanisches Erbe zurückschauen konnte (Campanile [1979]).

Den rhythmischen *retoiric* stehen in den Texten die metrischen Einschübe im Stil *dán dírech* ›Strenger Vers‹ gegenüber, die im Gegensatz dazu strophisch, gereimt, nicht rhythmisch, aber silbenzählend sind. Die Verse können nach der Silbenzahl sehr variieren, Siebensilbler sind aber die häufigsten, wie auch die vierzeilige Strophe. Alliteration als Stilschmuck ist nicht selten. Angeregt wurde auch diese metrische Form durch die spätlateinische rhythmische Dichtung. Auch diese anders geartete Metrik reicht in vorschriftliche Zeit zurück, was schon aus der Menge von spezifischen archaischen Literaturwörtern sichtbar wird, die offenbar zum traditionellen Dichtervokabular gehörten.

Diesen Typ möchte ich gleichfalls anhand einer Stelle aus der *Táin*, wieder in der genauen Übersetzung Windischs, veranschaulichen. Es sind die zwei (fünfsilbigen) letzten Strophen aus der langen Klage CúChulainns um seinen Ziehbruder *Ferdiad*, der durch seine Hand um einer Goldnadel willen fallen musste – natürlich in einer Furt (TBC 582f.):

165

Bardenesoterik im Altertum und im Mittelalter

Ar comaltus cáin,	Unsere treue Pflegbruderschaft!
fadarc súla sáir,	Der scharfe Blick des Auges eines Edlen!
do scíath go m-bil óir,	Dein Schild mit Rand von Gold,
th'fidchell ba fíu máin.	dein Spielbrett, das einen Schatz wert war!

Do thuittim dom láim,	Dein Fallen von meiner Hand,
tucim narbé chóir,	ich sehe ein, dass dies mir nicht zustand!
nír bha chomsund cháin,	Es war kein schöner Kampf!
dursan a eó óir.	Traurig (die) Nadel von Gold.

Es gehört zu dieser metrischen Form, dass der Beginn des Liedes am Ende wörtlich aufgenommen wird, hier also die Goldnadel, das die Tragik auslösende Element. Die den einzelnen Dichtergraden zugeschriebenen Metren gehörten diesem *dán dírech*-Typus an. Mehrdeutig, wie so vieles im *Auraicept na n-éces*, dem ›Handbuch der gelehrten Dichter‹, ist der Satz, dass das »fünfte Wort einen Atem voll macht, denn fünf Wörter gelten als der Atem des Dichters« (Auraicept 70f.).

Dieses »Handbuch« (dazu vgl. Minahane [2008], 34–47), welches in das 7. Jh. zurückgehen soll – die älteste Hs . im Book of Leinster ist von ca. 1160 –, mit seinem ausgebreiteten Merkstoff hat eine eigene kuriose Geschichte. Sein erster Teil wurde dem jungen irischen Anführer *Cenn Fáelad* zugeschrieben, dessen schwerer Kopfverletzung wir schon gedachten (s. S. 97). In dem diffizilen Sammeltext des *Auraicept* werden z.B. fünf Sprachen unterschieden: Neben dem üblichen Irischen die »Geteilte Sprache«, die kommentierte Dichtersprache, die Geheimsprache, welche die *filid* untereinander gebrauchen, und das *íarmbérla* (etwa ›Sekundärsprache‹?), für das als Beispiele das ungewöhnliche *cúic* (*coic*; DIL 128, 291f.) ›Geheimnis‹ (Minahane [2008], 212) oder *et muirne* ›böse Absicht‹ für ›Speere‹ angeführt werden. Man scheint auch die Wörter durch eingeschobene Silben verändert zu haben. Das Wort *íarmbérla* wird auch als *íarnbérla* ›Eisensprache‹ gedeutet, weil sie in ihrer Verständlichkeit »hart wie Eisen« sein soll (dazu Minahane [2008] 209–213). Ein anderer Terminus ist *bérla fortchide* ›obskure Sprache‹, wahrscheinlich eine Unterform der »eisernen« (Auraicept 101–106). »Geteilte Sprache« liegt dann vor, wenn viel mit Homonymen und

Mittelalter: die Inselkelten

Wortanklängen gearbeitet wird: Sagt der *fili* z.B. *ros*, dann kann er *roi oiss* ›Feld des Rotwilds‹ oder aber auch ›Unterholz‹ und *rass* ›wo die Enten zusammenkommen‹, einen ›Teich‹ oder ›Entenfutter‹ oder aber ›Flachs‹ meinen (Auraicept 102f.).

Natürlich wurden all diese »Sprachen« und ihre rhetorischen Varianten auch für prophetische Zwecke gebraucht. Die Erfindung der 93 (!) Arten von Geheimogam (Macalister [1937], 37–61), welche uns das »Handbuch« vor Augen führt (Abb. S. 111), hat typologisch ihre Entsprechung in den skandinavischen Geheimrunen.

Der Dichter hatte als »allrounder« in mancher Hinsicht das Amt des Druiden eingenommen, der seine »wissenschaftlichen« Aktivitäten weithin abgegeben hatte und – wie erwähnt – nur noch primär als »Zauberer« (*magus*) erscheint. Das betrifft auch die richterliche Funktion, denn erst nach und nach hat sich der Beruf des Juristen und Richters (*brithem*) als der einer Gruppe von Beamten, ebenso der des *senchaid* ›Historiker‹ (Kelly [1988], 47f.), aus dem des Druiden herausentwickelt. Im Gegensatz zum *fili* war der *brithem* erstaunlich nieder eingeschätzt. Er wird dem *sáer* ›Wagner; Zimmermann‹ gleichgestellt, steht aber rangmäßig über dem *líaig* ›Arzt‹ oder dem *gobae* ›Schmied‹ (Charles-Edwards [1993], 10). Ein Produkt solch eines Dichterjuristen ist der Text *Audacht Morainn*, der noch vorchristliche Reste zu enthalten scheint (Audacht XIVf.) und den wir schon im Zusammenhang mit der archaischen Ethik kennengelernt haben (s. S. 117 f.). Das Dichteramt war im Gegensatz zum antiken Druidentum erblich und bewirkte das große Vorrecht, dass der Dichter auch außerhalb seines eigenen Stammes eine Rechtsperson war. Fraglich scheint mir, ob christliche *filid* schon an eine Synchronisierung der Sage mit der christlichen Heilsgeschichte dachten. Wenn es z.B. heißt, dass König Conchobur am gleichen Tag wie Christus, wenn auch in einem früheren Jahr, geboren wurde und die Kreuzigung 7 Jahre überlebt habe, so kann dies sowohl das Ergebnis der Spekulation eines *fili-senchaid* sein als auch monastischer Gelehrsamkeit.

Zu den mantischen Praktiken des *fili* ist der *imbass forosnœ* (›das umfassende Wissen, das aufhellt‹), das *teinm laída* (›Aufbrechen, Eröffnung durch das Lied‹) und das *díchetal do chennaib* (›Anrufung von den Knochenenden her‹[?] oder: ›improvisierte

167

Anrufung‹) zu zählen. Diese drei Verfahren gehörten nach den alten Gesetzen zu den unumgänglichen Anforderungen an das Können eines *ollam*. Ihre Erfindung wurde dem Helden Finn mac Cumaill (anglisiert: Finn mac Cool) zugeschrieben. Dazu kam noch fallweise die Praxis der *tarb-fe(i)s(s)*, des ›Stierschlafs‹.

Auch in dem Sagenkreis, der sich in der Leinstersage um die überlieferten Traditionen von Finn rankte und dessen Sage erzählt, dass jedes Mitglied der Kriegerschar (*fíanna*) bis zu einem gewissen Grad die Dichtkunst beherrschen musste, wurden diese mantischen Handlungen ausgeübt.

Die Durchführung des *imbass forosnæ* lernen wir durch König Cormacs Glossar (ca. 900), das übrigens »Das [geheime] Flüstern Cormacs« (*Sanas Cormaic*) heißt, ziemlich genau kennen: Der *fili* hat ein Stück rohes Fleisch zu kauen und danach auf eine Steinplatte zu legen. Nun singt er eine Beschwörung, opfert den Göttern und ruft diese herbei. Findet er am nächsten Tag seine Wünsche nicht erhört, »so singt er die Beschwörung auf seine beiden Handflächen, ruft die Götzen zu sich und bittet sie, darüber zu wachen, dass er im Schlaf nicht gestört werde. Er legt die beiden Handflächen an die Wangen und fällt in Schlaf. Man bewacht ihn, damit er sich nicht umdrehen kann und damit sein Schlaf ungestört bleibe …, bis alles, worum er sich bemüht, ihm enthüllt ist, was eine Minute, zwei oder drei dauern kann, ja sogar neun Tage, je nachdem, für wie lange er geopfert hat« (B1 931f.).

Weniger wissen wir über die Praxis des *teinm laída*. Jedenfalls legte der *fili* auf die Person oder den Gegenstand, über die etwas in Erfahrung gebracht werden sollte, ein Stäbchen. So konnte aus dem Schädel eines Schoßhundes das Schicksal seines Besitzers und seiner Gefährten erkannt werden. Danach brach der *fili* in rhetorische Ausdrücke aus, aus denen die Information herausinterpretiert werden musste (IHK 71). Beide Praktiken gehörten der Heidenzeit an und sollen vom hl. Patrick abgeschafft worden sein. Beim *díchetal do chennaib* prophezeite der *fili* »mit den Spitzen seiner Finger« durch poetische Improvisation in Versform (B1 932). Diese Form von Mantik war aber im Gegensatz zu den anderen beiden mit keinem heidnischen Opfer verbunden, weshalb sie Patrick für so harmlos hielt, dass er sie nicht verbot.

Mittelalter: die Inselkelten

Das mantische Verfahren der *tarb-feis* wurde bei der Wahl des irischen Hochkönigs angewandt. Der *fili* musste zunächst im Übermaß vom Fleisch eines weißen, eigens zu diesem Zweck geopferten Stieres essen und die Fleischbrühe trinken. Dann wurde das »Gold der Weisheit« (*ór fírindi*) über ihn gesungen, während er einschlief. Im Traum erschien ihm dann der zukünftige Hochkönig. Log der *fili*, so starben seine Lippen ab (B1 933).

Wie es vereinzelt Druidinnen gab – die bekannteste ist Bodbmall (auch: Bodball), die Erzieherin des Helden Finn (Cross – Slover [1996], 361) –, so kennen wir auch Dichterinnen: Für das Jahr 934 erwähnen die Annalen von Inishfallen den Tod von Uallach, der »Dichterin Irlands« (*banfili Érenn*). Fergus Kelly ([1988], 49) nahm an, dass angesichts des erblichen Dichteramts eine Dichterin wohl an Stelle eines Sohnes in das Amt gelangt war.

Nicht nur für uns, sondern auch für die alten Iren war die sich in schweren Tropen bewegende dunkle Kunst ihrer *filid* nicht leicht verständlich. So bekennt in einer der irischen Dichtersagen ein König ganz offen: »Das ist ein gutes Gedicht für den, der es verstehen kann« (Williams – Ford [1992], 33). Kann man exklusive Kunst besser bestimmen?

In der Geschichte von der »Werbung um Emer« (*Tochmarc Emire*), in der erzählt wird, wie CúChulainn auszieht, um die schöne Emer zur Braut zu gewinnen, gilt das gekonnte Parieren dunkler Rede als Schibboleth der heldenmäßigen Bildung (IHK 384–386), wobei es wieder in vielfacher Hinsicht an die gelehrte Ausdrucksweise der altnordischen Skalden erinnert: Als sein Wagenlenker Læg ihn über das ihm unverständliche Brautwerbergespräch befragt, liefert ihm CúChulainn eine minutiöse Erklärung der meist mit Eigennamen verbundenen, auf andere Traditionen verweisenden Metaphern. Meint er ein bestimmtes Gebirge, so sagt er etwa »über den Rücken der großen Sau« und meint damit *Drimne Breg*, weil nach der Tradition der Landnahme den Kindern des Míl (den Vorfahren der heutigen Iren; s. unten 175–177) durch Zauberei Berge wie Schweinerücken ausgesehen hatten. Fragt Emer den Helden, wo er übernachtet habe, so antwortet er: »Im Hause des Mannes, der gegen das Vieh von Tethras Feld prozessiert«. *Tethra* ist der König der untermeerischen Riesen (Fomoire), sein Vieh sind

169

die Fische, deren Gegner bezeichnet den Fischer, in dessen Haus sie übernachteten. Die Frage nach der Speise wird mit »Wagenfrevel wurde uns gekocht« beantwortet und meint Pferdefleisch, weil es nach dem Genuss von Pferdefleisch 27 Tage tabu war, einen Wagen zu besteigen. Spricht man vom Busen einer Frau, so sagt man: das »Bergjoch der Ebene«, und in der Tat tragen an der Grenze von Killarney und Cork zwei ungefähr gleichgeformte Hügel mit darauf befindlichen Steingräbern schon in König Cormacs Glossar den Namen ›die zwei Brüste der [Muttergottheit] Anu‹ (*dá cich* [*n*] *Anainne*). In ähnlicher Weise spricht die Schöne von sich, sie sei »ein Wächter, der noch keinen sieht«, »eine Königstochter sei eine Flamme der Gastfreundschaft und eine Straße, die nicht betreten werden kann« usw. (Cross – Slover [1996], 157f.).

Die *filid* entwarfen eine eigene Sprachtheorie, die im *Auraicept* angedeutet ist. Danach wurde das Irische von Fenius, einem Nachkommen des Noah-Sohnes Japhet, erfunden, zusammen mit der Dichtersprache und einigen anderen Spezialsprachen. Mitgewirkt haben dabei noch die beiden Gelehrten *Iar mac Nema* und *Gaedel mac Ether* – nach letzterem haben die *Goidelen* (Gälen) ihren Namen –, und dies geschah in *Eotena*, besser bekannt als *Athen*! Das ereignete sich 10 Jahre nach der Zerstörung des Turms zu Babel, wobei 25 Personen überlebten, nach denen (*Babel, Lot, Pharaoh …*) die Ogamzeichen (s. S. 105 f.) in dieser Version benannt sein sollen (20 Zeichen + fünf sekundäre Zusatzzeichen). Sie waren alle bei Fenius zur Schule gegangen. Auch das hebräische, griechische und lateinische Alphabet hat Fenius ersonnen (Auraicept 89f.). Die 5 Vokale sind nach den 5 wichtigsten Personen (*Achab, Oise, Urith* …) benannt. Eine andere Lehre besagt, dass der Ogam von Amairgen Glúngel (s. S. 176) erfunden wurde (Auraicept 16f.-20f.). Nicht zu vergessen die klassische Herleitung des *Ogam* von einem Gott, was immer wieder an Lukians *Ogmios* denken ließ.

Doch dieser *Ogam*-Erfinder *Ogma* ist kein Greis, und dass er in der irischen Literatur als athletischer »Kraftmann« (*trénfer*) dem Herakles ähnelt, wird auf Zufall beruhen. *Ogma*, Sohn des Königs Elatha, war in Rede- und Dichtkunst überaus berühmt. Er erfand die Schrift, »um seine Genialität zu beweisen und auch damit sie nur den Gelehrten gehöre und die Landleute und Hirten ausgeschlossen blieben«. Man sagte auch, der Vater des *Ogam* sei *Ogma*, seine Mutter aber die Hand oder das Messer Ogmas (Auraicept 273f.). Die Ogamnamen wurden im irischen Hochmittelalter im Gegensatz zum ältesten Ogam zur Gänze als Baumnamen aufgefasst, wobei man vier Klassen von »Bäumen«, besser »Pflanzen« unterschied: Herrn-, Bauern-, Kraut- und Strauchpflanzen. Dabei musste man zugeben, dass nicht mehr alle Pflanzen bekannt waren (Auraicept 88f.).

Wie in der Edda besteht auch in der altirischen Dichtertradition der Glaube, dass die verschiedenen »Rassen« außerhalb der üblichen Menschenwelt verschiedene Sprachen sprechen. Laut dem »Handbuch der Gelehrten« heißen die Personalpronomina der 3. Person ›er, sie, es‹, in der Sprache der Nachkommen des Míl air. *isse, issi, issed,* in der Sprache der Firbolg (einer mythischen Vorbevölkerung Irlands) *uindsius, uindsi, ondar,* in der Sprache der Götter, der Tuatha Dé Danann, jedoch *mod, tod, traeth* (Auraicept 117). Dabei gehört die firbolgische Form *uindse* wohl zu air. *uinse* ›siehe‹ (zum Verbum *uindim* ›ich sehe‹; Watkins [1970]). Der Firbolg-Angehörige sagte also gewissermaßen für ›er‹ *le-voilà*.

Die Literaten, *filid* und *baird*, waren nicht nur als Erzähler und Lobredner tätig, sondern fallweise auch als Schmäher bzw. »Satiriker«, also etwa in der Funktion der mittelalterlichen »Schelter«, die sich bei uns der Adel hielt, oder der heutigen Kabarettisten. Freilich lassen sich diese nur insoferne vergleichen, als es um das Öffentlichmachen geht, die Schmähung selbst hatte in der alten Zeit ein völlig anderes – nämlich magisches – Gewicht. Im alten Rom drohte nach dem Zwölftafelgesetz dem Verfasser eines Schmähgedichts (*malum carmen*) die sonst höchst selten eingesetzte Todesstrafe. Ähnlich ernst nahm man die Satire in Irland. Da das Ansehen des Herrschers wesentlich auf dem Preis seines *fili* beruhte, konnte es ebenso durch die Schmähung leiden oder vernichtet werden, wenn der Spott dem Geschmähten die Röte ins Gesicht trieb. So hatte der Herr ständig eine *ailges* oder eine *áer* zu fürchten.

Eine *geis* ist eigentlich eine Bitte, dann ein Ge- oder Verbot – das Wort wird auch im Sinne von ›Tabu‹ verwendet –, *ail* heißt ›Schmach, Beleidigung‹, beides zusammen bezeichnet eine (nicht ganz billige) Bitte, deren Nichterfüllung Schmach (und Verderben) bringt. Ein klassischer Fall begegnet in der Geschichte von Diarmait und Grainne, der irischen Entsprechung der Sage von Tristan und Isolde. Grainne, von der hier die erotische Aktivität ausgeht, zwingt durch *ailges* Diarmait zur Liebe und damit zum Betrug an seinem Oheim Finn, dessen Frau sie ist. In der altirischen Sage *Fled Bricrenn* lädt Bricriu »Giftzunge« den Hof König Conchobors zum Besuch seines Festes ein. Als der Hof zögert, weil er weiß, dass daraus Unheil erwachsen wird, zwingt ihn *Bricriu* durch *ailges*, indem er etwa droht, Mütter und Töchter zu entzweien, ja sogar die beiden Brüste der Frauen, so dass sie gegeneinander schlagen und dadurch in Fäulnis geraten und verwesen würden (Gantz [1981], 222). Es gibt sogar eine Sagengestalt *Athirne Ailgesach*, der, wie schon sein Beiname sagt, auf diese Wünsche spezialisiert ist. Er kann dadurch geradezu als Waffe eingesetzt werden, dass er auf Wunsch eines Königs, Irland die linke Seite zukehrend (s. S. 55, 63, 71), um das Land fährt und von einem gegnerischen König, der ihm die Wahl über seine Schätze freistellt, just das einzige Auge des Königs verlangt, der es sich auch sofort herausreißt und ihm übergibt (IHK 506).

Die *áer* oder die *glám* war eine Form der magischen Verspottung (engl. *satirizing*), die wie die unerfüllte *ailges* weitreichende Auswirkungen hatte, indem sie dem Verspotteten das Gesicht rötete. Die »Vernichtung der Ehre« tritt bei dem Verspotteten besonders drastisch zu Tage, wenn sein Gesicht durch Pusteln auf Stirn und Wange entstellt wird. Eine solche *áer* soll der uns schon bekannte Dichter und spätere *ollam* Néde mac Adnai (s. S. 163) gegen den Connachter König Caíar auf Verlangen von dessen Frau, die in Néde verliebt war, gesungen haben. Darin hieß es:

»Unheil, Tod, kurzes Leben auf Caíar!
Kampfspeere werden Caíar töten!
Möge Caíar sterben, möge er davongehen!
Caíar, Caíar unter die Erde,
unter den Hügel, unter die Steine!«[89]

---

89   Williams - Ford (1992), 31; IHK 523.

Als Ergebnis des Fluches erscheinen in Caíars Gesicht drei Pusteln, eine rote, eine grüne und eine weiße, die »Schande«, »Schmach« und »Mangel« bedeuten. Der König muss das Land verlassen und der *ollam* Néde tritt an seine Stelle.

Folge einer solchen Entstellung kann also der Verlust der Herrschaft sein. So geschehen schon bei der allerersten Verfluchung durch eine *áer*, die noch in die irische Mythologie zurückreicht: Der *Lebor Gabála* (›Das Landnahme-Buch‹) berichtet von der Regierungszeit des überaus geizigen Königs Bress, unter dem das Land litt. Endlich machte sich der Dichter Cairpre mac Etain auf und sang diese *áer* (Cross - Slover [1969], 33):

> »Kein Gericht schnell in der Schüssel,
> Keine Kuhmilch, von der ein Kalb groß wird,
> Keine Bleibe für einen Mann im Dunkel der Nacht,
> Keine Bezahlung für die Schar der Geschichtenerzähler:
> Möge das der Wohlstand unter Bress sein!
> Möge kein Gedeih bei Bress sein!«

Von da an ging es mit Bress nur noch bergab.

Wird die *áer* über ein ganzes Land gesungen, so ist es mit dessen Fruchtbarkeit vorbei. Vom Leinsterkönig Eochaid mac Enna Cennselach wird erzählt, dass ihm einst Laidcenn, der Hofdichter des Hochkönigs, Speise verweigerte. Darauf zerstörte Eochaid das Anwesen des *fili* und tötete dessen einzigen Sohn. Nun dichtete und sang Laidcenn ein ganzes Jahr hindurch Satiren (*áera*) gegen die Leinsterleute, sodass bei denen bis zum Ende des Jahres kein Grashalm, keine Kornähre und kein Blatt wuchsen. Später schmähte er nochmals Eochaid und seine Mannen von Angesicht zu Angesicht, mit dem Ergebnis, dass die Krieger aus Leinster vor seinen Schmähungen dahinschmolzen. Erst ein Steinwurf Eochaids tötet den *fili* und beendet die Dezimierung der Leinsterkrieger (Cross - Slover [1969], 514f.).

Das irische Recht sieht dieses »satirizing« als einen zulässigen Akt an, wenn es um die Durchsetzung einer gerechtfertigten Forderung bzw. um die Bestrafung eines Missetäters geht. Eine besonders drastische und anspruchsvolle Form ist die Verfluchung aus dem

Stegreif (*glám dícenn*), wobei jeder fluchende *fili* eine seinem Grad angemessene metrische Form zu verwenden hatte (DIL 362,91). Der *ollam* hatte im Versmaß *anamain* zu fluchen, der *cano* im vierten Grad musste sich des Metrums *eman* ›Zwilling‹ bedienen usw. Die Praxis des *glám dícenn* wurde von einem bestimmten Ritus (*corrguinecht*) begleitet (s. S. 124). Dabei fasste der Flucher auch nach dem Ohrläppchen des zu Verfluchenden, weil dies keinen Knochen enthält und die gewaltsame Berührung dadurch nicht strafbar ist (Minahane [2008], 212). Zur »magischen Blindheit« erinnern wir uns an den Zaubertext von Chamalières (s. S. 92). Zugrundeliegt der Gedanke, dass das körperliche, wirklich vorhandene oder nur vorgebliche Manko eine Zunahme an magischer Kapazität bewirke. Auch der wichtige »Intellektuellen-Gott« Lug selbst tritt im Kampf gegen die Fomorier um die Herrschaft über Irland in der für *glám dícenn* typischen Haltung hervor. Bemerkenswert ist aber, dass die Flüche auch aufgehoben werden konnten und dass es eine literarische Form *trefocul* ›Dreiwort‹ gibt (Auraicept 149f.), die drei Wörter enthält, wovon zwei Wörter die Schmähung des einen Wortes wieder gutmachen sollen (DIL 605/289).

Zuletzt soll nicht vergessen werden, dass auch die irischen Heiligen sich ganz ausgezeichnet auf das Verfluchen verstanden. Meist waren die Flüche gegen weltliche Herren gerichtet, die das Kloster nicht entsprechend förderten.

Gelegentlich wurden die Flüche erwidert, und es kam zu einem Fluchwettkampf wie etwa zwischen dem Hl. Rúadán und dem Hochkönig Diarmait Mac Fergusa Cerbaill (etwa 545–568). So heißt es am Ende des »Wettfluchens« (Plummer [1910], II, 247f.):

Der König: »Dein Körper wird von diesem Tag an einen Makel haben, und von deinen Gliedern wird eines zugrunde gehen, und eines deiner Augen wird das Licht nicht mehr sehen.«

Der heilige Rúadán: »Deinen Körper werden die Feinde hinschlachten und sie werden deine Glieder auseinandernehmen.«

Der König: »Ein wilder Eber wird dein Grabmahl aufwühlen.«

Der heilige Rúadán: »Dein Oberschenkel ... wird nicht mit deinem Leib zusammen bestattet werden; es wird vielmehr der Tag kommen, an dem ihn einer mit einer Schaufel auf den Misthaufen seiner Schafe werfen wird ...«

Die Strafandrohung der Satire bestand über das Mittelalter hinaus: Als 1539 ein gewisser Tadhg O'Connor als Verwalter von Sligo Castle eingesetzt wurde, stellte man ihm für allfälliges Fehlverhalten neben der Exkommunikation auch die Drohung in Aussicht, dass ihn alle *filid* Irlands mit »Satiren« belegen würden (Minahane [2008] 6).

Dagegen ist die magische Verspottung ohne gerechtfertigten Grund durch einen *fer rindas, rindile* oder *cáinte* ein so schweres Vergehen, dass dem Opfer der ihm zustehende »Ehrenpreis« zu entrichten ist. Der Schmäher kann auch seines Standes beraubt werden, hat im Falle von Verwundung nur einen reduzierten Anspruch auf Pflege, gilt als rechtlich unzurechnungsfähig. War der Verfasser solch ungerechtfertigter magischer Schmähungen eine Frau, eine *ben rindas,* so wurde sie den Fahrenden oder den Werwölfinnen gleichgestellt. In insular-christlicher Sicht ist der *cáinte* der Inbegriff der Schamlosigkeit, der in alle Ewigkeit zusammen mit Räubern, Zauberern und Häretikern im Höllenpfuhl zu büßen hat (Kelly [1988], 49–51).

Aber es gibt immer wieder Funktionen und Gestalten, die sich einer ganz klaren Einordnung entziehen. Denn mantisches und poetisches Vermögen tritt, wie in anderen Kulturen auch, bei Personen auf, die man als gesellschaftliche Außenseiter ansehen kann. So das äußerlich abstoßende, von Sklaven stammende »Spruchweib« Leborcham, das wie ein Vorklang der berühmten hässlichen Gralsbotin Cundrie wirkt. Sie hat – nach Art von Dämonen oder des wutverzerrten Kriegers – die Knie nach hinten und die Fersen nach vorn, was sie aber nicht hindert, täglich ganz Irland zu durchwandern, um ihren Herrn über alles auf dem Laufenden zu halten. Sie ist ebenso wegen ihrer Satiren gefürchtet wie wegen ihrer Ratschläge und Prophezeiungen geschätzt. So gilt sie als Erzieherin und Beschützerin der tragischen Heldin Deirdre und Warnerin CúChulainns am Tag seines Todes (IHK 508, 550f.).

Das magische Vermögen, das man dem Dichter zuschrieb, zeigt sich besonders eindrucksvoll in einer Episode von der Landnahme der Kinder des Míl und ihrer Auseinandersetzung mit dem auf der Insel wohnhaften Göttergeschlecht der Tuatha Dé Danann.[90]

---

90   Zum folgenden s. Cross – Slover (1996), 14–22; B1 946–949.

Bardenesoterik im Altertum und im Mittelalter

Die Landnahme geht vom Turm des Bregan auf der Iberischen Halbinsel aus. Die Söhne des Míl kommen mit 65 Schiffen unter 40 Anführern nach Irland, wo das »Göttergeschlecht« der Tuatha Dé Danann herrscht. Durch Druidenkunst machen diese die Insel zunächst unsichtbar, doch am Donnerstag, den 30. April 3500 nach Erschaffung der Welt (das wäre nach damaliger kirchlicher Zählung 2008 v. Chr.), landen die Iberer doch. Sie treffen die drei Göttinnen Irlands Banba, Fodla und Ériu und versprechen, das Land in alle Ewigkeit nach ihnen zu benennen, insbesondere nach *Ériu*, die ja heute noch für den Freistaat namengebend ist.

Wie sollen die Iberer nun das Land nehmen? Sich ergeben und Sklaven werden? Den Göttern eine Schlacht liefern?

Da fällen Mac Cuill, Mac Cecht und Mac Gréine, die drei Könige der Tuatha Dé Danann, folgende Entscheidung: »Wir legen das Urteil in die Hand eurer eigenen Dichter, denn wenn sie über uns ein falsches Urteil fällen, werden sie auf der Stelle sterben.« Es ist das »Prinzip der Wahrheit« (s. S. 118), das hier angesprochen wird. Die Entscheidung wird somit dem ersten Dichter und Rechtsprecher *Amairgen Glúngel* (›A. mit den weißen Knieen‹), einem Kulturheros und Sohn des Míl, der sich auch als Baumeister und Verfasser der ersten irischen Grammatik (!) hervorgetan haben soll, in den Mund gelegt (Auraicept 78f.). Er rät, sich »über neun Wogen« zurückzuziehen und fügt hinzu:

> »Die Männer, die ihr gefunden, sind in Besitz:
> Über neun grünnackige Wogen
> des Meeres nähert euch!
> Wenn ihr euch dann nicht durch eure Kraft festsetzt,
> lasst schnell die Schlacht bereitet sein.
> Ich bestimme den Besitz
> des Landes, das ihr gefunden habt.
> Wenn ihr wollt, bestätigt diesen Lohn,
> Wenn ihr nicht wollt, bestätigt ihn nicht!
> Das ist es, was ich euch sage.«

Darauf erregen die Druiden der Götter einen Zaubersturm, der nur unterhalb der Mastspitzen wütet, aber den Söhnen des Míl

Mittelalter: die Inselkelten

gefährlich wird. In höchster Gefahr spricht nun Amairgen ein Gebet in Form einer Beschwörung Irlands, das so gebaut ist, dass ein Hauptbegriff des einen Verses im nächsten als Kernbegriff wieder aufgenommen und dort mit einem neuen Hauptbegriff verbunden wird, der dann im dritten Vers wieder als Kernbegriff erscheint, und so fort:

»Ich beschwöre dich, irisches Land!
Vielbefahren sei die fruchtbare See,
fruchtbar sei der fruchtübersäte Berghang,
fruchtübersät sei der wasserreiche Wald,
wasserreich sei der Fluss von Wasserfällen,
Von Wasserfällen seien die Seen tiefer Teiche,
tief-teichig sei des Bergrückens Quelle,
eine Quelle von Stämmen sei die Versammlung,
eine Versammlung der Könige sei Tara,
Tara sei der Hügel der Stämme,
der Stämme der Söhne des Míl,
des Míl der Schiffe, der Barken,
als Barke sei Irland erhaben,
erhabenes Irland, dunkel beschworen,
eine Beschwörung von großer Weisheit,
die große Weisheit der Frauen von Bres,
die Frauen von Bres von Buaigne,
die Große Frau Ériu,
Éremón[91] hat sie erobert,
Ir und Eber haben für sie beschworen.
Ich beschwöre dich, irisches Land!«

Dann segelte Éremón, Irland die linke Seite zeigend, also gegen den Uhrzeigersinn, mit Amairgen und anderen zur Mündung der Boyne (*Inber Colptha*), wo der *fili*, indem er den rechten Fuß an Land setzte, im viersilbigen *dán dírech* rezitierte, was ich zur Erbauung magiefreudiger Leser auch im Original wiedergebe:

---

91 Man verband den Namen *Ériu* auch mit *Éremón* einem der landnehmenden Söhne des *Míl*.

»Ich bin der Wind auf der See.   *Am gǣth i m-muir.*
Ich bin eine Woge des Meeres.   *Am tond trethan.*
Ich bin das Brüllen der See.   *Am fuaim mara.*
Ich bin ein mächtiger Stier.   *Am dam secht ndírend.*
Ich bin ein Habicht auf einem Fels.   *Am séig i n-aill.*
Ich bin ein Tautropfen in der Sonne.   *Am dér gréne.*
Ich bin ein Eber an Kraft.   *Am torc ar gail.*
Ich bin ein Lachs in Weihern.   *Am he i l-lind.*
Ich bin ein See in einer Ebene.   *Am loch i m-maig.*
Ich bin die Stärke der Kunst.   *Am brí dánae.*
Ich bin ein beutereicher Speer,   *Am gái i fodb (feras feochtu).*
der Krieg führt.
Ich bin ein Mann, der für ein   *Am dé delbas do chind codnu.*
Haupt das Feuer formt.«

Ich habe diese eigenartige Selbstidentifikation mit allem und
jedem, um es sich ideell anzueignen, andernorts »Panipsismus«
genannt (B1 947). Macalister hielt sie – wenig überzeugend – für
ein pantheistisches Relikt verschollener Ogamliteratur (Macalister
[1937], 30f.). Sie wird uns noch öfter begegnen (s. S. 206). Zuletzt
nun die primordialen Tätigkeiten:

> »Wer säubert den Steinplatz des Berges?
> An welchem Ort liegt der Sonnenuntergang?
> Wer hat furchtlos sieben Mal Frieden gesucht?
> Wer nennt die Wasserfälle?
> Wer bringt sein Vieh aus Tethras Haus [= das Meer]?
> Welcher Mensch, welcher Gott
> schafft Waffen in einer Festung?
> In einer Festung, die Schmäher ernährt,
> singt eine Forderung, teilt die Ogamzeichen,
> löst eine Flotte auf, hat Loblieder gesungen?
> Ein weiser Schmäher.«

Und um den Fischreichtum zu erhöhen, sang er:

Mittelalter: die Inselkelten

»Fischreiches Meer!
Fruchtbares Land!
Hervorbrechen der Fische!
Fisch unter Woge!
Mit Zügen von Vögeln!
Rauhe See!
Eine weiße Wand!
Mit Hunderten von Lachsen!
Breite Wale!
Hafenlied!
Hervorbrechen der Fische!
Fischreiches Meer!«

Manches in archaischen und von gewollter Dunkelheit bestimmten Texten ist in der Übersetzung sicher nur geraten, dennoch glaube ich, dass ein gewisses Bild von der Sprachkraft dieser »mythischen« Bardendichtung entsteht. Das Wort, das scheinbar einen Tatbestand feststellt, hat einen imperativen Sinn, indem es die Wirklichkeit mit magischem Zwang belegt. Die Macht des Wortes, die in der Schmähung die Katastrophe bewirkt, beschwört hier das Heil.

Ich möchte diesem Text noch einen besonders rätselhaften an die Seite stellen, der zwar äußerlich schon die Form der frühchristlichen *Lorica*, wie wir sie von Patrick kennen, aufweist, aber noch voll heidnischer Bezüge ist, die bis heute ungelöste Rätsel aufgeben. Auch hier wird man wieder die panipsistischen »Ich bin«-Aussagen finden. Die beschwörende Identifikation bewirkt auch hier die Verwirklichung des Wunsches oder der Aneignung. Es ist der »Schrei des Fer Fio« (*Nuall Fir Fhio*), wobei dies der Name eines Abts, des Sohns eines Schmiedes, war, der mit dem Zunamen »der Weise« in Meath 762 bezeugt ist (Carey [2000], 128, 136–138).

Ich rufe die sieben Töchter des Meeres an,
die die Fäden langlebiger Jugend schaffen.
Mögen drei Tode von mir genommen werden!
Mögen mir drei Lebenszeiten gewährt werden!
Mögen sieben Glückswellen für mich ausgegossen werden!
Mögen mich keine Gespenster auf meinen Wegen verletzen,

Im Brustpanzer von Laisrén (?) ohne zu schaden!
Mein Ruhm soll nicht untergehen.
Möge mir langes Leben zukommen!
Möge mir der Tod nicht zukommen,
Bevor ich alt bin.

Ich beschwöre meinen Silberkrieger,
Der nicht gestorben ist, nicht sterben wird.
Möge mir Zeit gewährt sein
Mit der Tugend von Weißgold (*findruine*).
Möge sich meine Erscheinung vergolden,
Möge mein Rang sich erhöhen,
Möge meine Stärke sich vergrößern!
Möge mein Begräbnis nicht nahe sein,
Möge mich der Tod nicht auf der Straße treffen,
Möge meine Reise gesichert sein.
Möge mich die gefühllose Schlange nicht ergreifen,
Noch der rauhe, graue Wurm,
Noch der gefühllose Käfer!
Möge mich kein Dieb vernichten,
Noch eine Gesellschaft von Frauen,
Noch eine Gesellschaft von Kriegern!
Möge mir die Verlängerung der Zeit gewährt werden
Vom König aller Dinge!

Ich rufe Senach der sieben Zeitalter an,
Den Elfenfrauen erzogen
An den Brüsten der Eingebung!
Mögen meine sieben Kerzen nicht gelöscht werden!
Ich bin eine uneinnehmbare Burg.
Ich bin ein unverrückbarer Fels.
Ich bin ein wertvoller Stein.
Ich bin eine wöchentliche Segnung.
Möge ich hundertmal hundert Jahre leben,
Alle hundert der Reihe nach!
Ich häufe ihre Wohltaten auf mich.
Möge die Gnade des heiligen Geistes auf mir sein.

Heil ist vom Herrn! (dreimal)
Heil ist von Christus! (dreimal).
Möge dein Segen, Herr,
Über deinem Volk sein!

Die Barden im mittelalterlichen Wales am Beispiel des Taliesin-Komplexes

Der *Taliesin* des 6. Jahrhunderts

Ich sah wilde Männer in Kriegerscharen,
und nach dem morgendlichen Kampf zerriss'nes Fleisch …
An der Furt sah ich Männer, blutbefleckt,
die Waffen vor einem Fürsten grauen Haars niederlegen.
Taliesin in: ›Die Schlacht von Gwên Ystrad‹

Im *Hanes Taliesin* ›Geschichte Taliesins‹, einem hochmittelalterlichen Text (s. S. 184, 196), wird ein Ideal vorbildlicher Barden entworfen, das folgende Anforderungen umfasst: Kenntnis der Stammbäume, der Wappen, der Taten von Königen und Prinzen fremder Königreiche sowie des eigenen Königreichs, besonders auch die Geschichte der wichtigsten Adelsfamilien. Dazu musste jeder Barde auf Latein, Französisch, Walisisch und Englisch Rede und Antwort stehen können. Er musste ein großer Historiker und guter Chronist sein, geschickt im Verfassen von Dichtung und imstande, metrische Strophen in jeder der vier Sprachen zu verfassen.
Schon im Frühmittelalter stellen in Britannien die Dichter-Sänger eine hochangesehene eigene Klasse dar, die sich dadurch von der *misera plebs* abhob, dass der Bardenberuf, ebenso wie der des Priesters und des Schmiedes, von einem Bauernsohn nur mit ausdrücklicher Genehmigung seines Herrn erlernt werden durfte. Übersah dies der Herr und merkte es erst, als der Priester schon seine Tonsur hatte und Schmied und Barde schon ihr Handwerk verrichteten, so durfte er sie nicht mehr als Leibeigene behandeln (Jenkins [2000], 146). Neben dem altererbten *Barden*-Wort kymr.

Bardenesoterik im Altertum und im Mittelalter

bardd (Plural *beirdd*) ist das Wort *cerdd* (Pl. *cerddau*) wichtig, das allgemein ›Kunst; Künstler‹, dann aber speziell ›Lied; Musik; Dichter; Musiker‹ bedeutet, es hat in altir. *cerd* eine genaue formale und semantische Entsprechung. Dem altir. *fili* steht die mkymr. Weiterbildung *gweledydd* ›Seher‹ gegenüber, so wie dem altir. *fáith* ›Dichter; Prophet‹ (lat. *vātēs*; s. S. 62) kymr. *gwawd* ›Gesang; Poesie‹ entspricht. Für den Dichter sagte man in Wales auch *prydydd* (das zu air. *cruth* ›Form‹, *creth* ›Dichtung‹ gehört) und *awenydd*, wenn man speziell seine Inspiration (mkymr. *awen*) im Auge hatte. Sonst heißt die Dichtkunst auch *cân* oder *cywyd*. Schon die reiche Terminologie zeigt, welche Bedeutung man ihr und ihren Vertretern beimaß. Keine Bedeutung haben in der ältesten britannischen Literatur die wohl noch in der Römerzeit eingeschränkt wirkenden »klassischen« Druiden, deren Bezeichnung *dryw* und *derwydd* nur in den jüngeren Partien des *Llyfr Taliesin* wohl als gelehrte Lesefrüchte – vielleicht auch unter irischem Einfluss – erscheinen.

Die hohe Wertschätzung des Bardentums geht noch vor das Gesetzeswerk des berühmten Königs Hywel Dda (880–950) zurück.[92] Der Position und Funktion nach unterschied man den repräsentativen Oberbarden einer Region, der den Titel *pencerdd* ›Haupt-Künstler‹ führte, und den Barden des umherziehenden Hofes, den *bardd teulu* ›Gefolgschaftsbarden‹, wie wohl *Aneirin* einer war. Neben dem *bardd teulu* konnte es noch, etwa zur Unterhaltung der Damen bei Hof, einen »Kammerbarden« (*bardd ystafell*) geben, der dem *bardd teulu* nachgeordnet war und nur so laut singen durfte, dass er das Treiben in der Halle nicht störte. Die hochmittelalterlichen Gesetze schreiben genau Rechte und Pflichten der Barden vor, etwa welchen Anspruch auf Beute bei Plünderungen sie hatten, welche Sitzordnung ihnen zukam usw., darunter die kuriose Bestimmung, dass der *bardd teulu* immer zuerst von Gott zu singen habe, dann über den König des Hofes und, falls es über ihn nichts zu singen gäbe, eben über einen beliebigen anderen König. Brach die Schar zu einem kriegerischen Unternehmen auf, so hatte der Hofbarde die Dichtung *Unbeiniaeth Prydain* (›Die Herrschaft über Britannien‹) zu singen. Es wird vermutet, dass deren sonst

---

92   Zum Folgenden die ausführliche Darstellung Jenkins (2000).

182

nicht überlieferter Text mit *Armes Prydain* (s. S. 189 ff.) identisch war. Der *bardd teulu* hatte Anspruch auf ein Spielbrett aus Walbein. Das Bußgeld bei Verletzungen betrug 6 Kühe plus 120 Pence, das Wergeld 6 Kühe plus 120 Kühe.

Merkwürdiger nehmen sich dagegen die Bestimmungen, die den *pencerdd* betreffen, aus. Er entspricht dem Status nach dem irischen *ollam* und hatte einen eigenen »Stuhl« (*cadair*), gewissermaßen eine Art »Lehrstuhl«. Er ist rangmäßig dem *bard teulu* zwar überlegen, aber bezüglich Schmerzens- und Wergeld nicht besser eingestuft. Dagegen empfing er in Gegenwart des Königs die höchsten Ehren, saß in dessen Nähe und spielte eine Harfe, die nicht weniger wert war als die des Herrschers. Sein Anwesen war abgabenfrei. Er wirkte als Lehrer, und die Schüler, die seinen Unterricht verließen, mussten ihm 24 Pence entrichten. Auf diesen Betrag belief sich auch die Abgabe, die er von jeder Frau bei ihrem ersten Verkehr mit einem Mann erhielt. Insbesondere war er auch berechtigt, von den Töchtern der anderen ihm unterstellten Künstler ein »Hochzeitsgeld« bei der »Erstbeiwohnung« einzunehmen, selbst wenn diese eine Vergewaltigung war. Diese Regelung, die so seltsam anmutet, scheint von hohem Alter zu sein, wenn wir sie mit dem Recht des indischen Brahmanen und des irischen *ollam* auf das Brautkleid als eine Art »Deflorationssteuer« vergleichen (s. S. 121).

Die Literatur des mittelalterlichen Wales nimmt sich neben der Irlands eher ärmlich aus.

Die in Frage kommenden Handschriften sind das schon erwähnte »Buch des Aneirin« (*Llyfr Aneirin*; etwa 1250), das »Schwarze Buch von Carmarthen« (*Llyfr Du Caerfyrddin*; um 1250), das »Buch des Taliesin« (*Llyfr Taliesin*; um 1275, nach anderen aus dem 14. Jh.[93]) sowie die beiden großen Sammelhandschriften: das »Weiße Buch von Rhydderch« (*Llyfr Gwynn Rhydderch*; 1325) und das »Rote Buch von Hergest« (*Llyfr Coch Hergest*; 1400). Aus verschiedensten Gründen, auf die hier nicht einzugehen ist, ist

---

93 Rachel Bromwich: »fourteenth century (?)«; TYP 509. William Forbes Skene (1809–1892) bleibt das Verdienst, der Erstherausgeber und Übersetzer des *Llyfr Taliesin* (1868) gewesen zu sein, wenn auch seine Übertragungen heute völlig überholt sind.

Bardenesoterik im Altertum und im Mittelalter

der zweifellos einst vorhanden gewesene poetische Reichtum nicht aufgeschrieben worden, für uns jedenfalls verloren. Eine Ausnahme macht die *Gododdin*-Dichtung Aneirins, die wir schon kennenlernten (s. S. 154 ff.).

Das Werk gleich alter oder noch älterer Barden, die man *cynfeirdd* ›Frühbarden‹ nennt, deren Werk als *hengerdd* ›Altkunst‹ bezeichnet wurde und die Namen trugen wie *Talhaearn Tataguen* ›Eisenstirn, Vater der Inspiration‹, *Bluchbard* oder *Cian Guenith Guaut* ›C., Weizenkorn der Poesie‹ ist uns freilich verloren.[94] Etwas älter als Aneirin ist der Barde Taliesin (auch: Taliessin), der der Nachwelt durch die mit ihm verbundenen Sagen zum berühmtesten Barden überhaupt wurde. Ihm wird ein Sohn Anauon zugeschrieben, der ein gewaltiger Anführer (*tarw vnben* ›Stier-Häuptling‹) war und in der nördlichen Umwelt der Gododdin von einem Llavgat Trwm Bargavt Eidyn (›Schwere Schlachten-Hand an der Grenze von Edinburgh‹) erschlagen wurde, so wie Aneirin angeblich durch Heidyn mab Enygan den Tod fand (TYP 13, 44, 70). Der Volkstradition nach soll sich das Grab Taliesins (*Bedd Taliesin*) allerdings bei *Tre-Taliesin* in Cardiganshire befinden. Es wird behauptet, dass, wer dort eine Nacht verbringt, entweder ein Dichter oder wahnsinnig werde. Das bronzezeitliche Hügelgrab hat natürlich in Wirklichkeit nichts mit unserm Poeten zu tun.

Die ihm zugeschriebenen Werke sind im »Buch des Taliesin« (*Llyfr Taliesin*) bzw. einigen viel jüngeren Handschriften wie jenen des *Hanes Taliesin* (s. S. 196) erhalten. Vor allem Sir Ifor Williams (1881–1965), der Altmeister der altkymrischen Philologie, hat mit großem philologischen Scharfsinn und in langer minutiöser Untersuchung die verschiedenen Schichten im *Llyfr Taliesin* von 58 Stücken voneinander abgehoben und ist letztlich auf 12 Texte gekommen (in: Taliesin [Williams]), die etwa aus der Zeit des Aneirin, also dem 6. Jh., stammen. Den hochmittelalterlichen Autor der übrigen, dem Taliesin nur zugeschriebenen Werke, werde ich im Folgenden »Taliesin« nennen.

---

94 Allerdings hat Iolo Morganwg ein Gebet des Urbarden *Talhaearn* gefälscht, das textlinguistisch betrachtet, an die Beschwörung von Amairgen Glúngel (s. S. 177) erinnert; Hutton (2011), 258. Zum Beinamen Cians kann man Gwions letzte Verwandlung in ein Weizenkorn (s. S. 197) vergleichen.

184

Die Barden im mittelalterlichen Wales

Tatsächlich scheint ja Taliesin in einer rätselhaften Strophe (48) des *Gododdin* auf, wo es heißt:

»Ich bin nicht müde, Herr.
Ich räche nicht meine Kränkung.
Ich lache nicht
Unter den Füßen des Ungeziefers.
Gestreckt ist mein Knie
In einem Erdverlies.
Es ist eine eiserne Kette
Um meine Knie
Vom Met aus dem Trinkhorn,
Von den Leuten von Catraeth.
Ich – doch nicht ich – [sondern?] Aneirin –
Das weiß Taliesin
Der geschickten Rede –
Sang das Gododdin
Vor der Dämmerung des folgenden Tages.«

Man hat den Eindruck, dass Aneirin diese Strophe bereits im Grab singt, wie immer man sich auch den schwierigen Text (dessen Interpunktion natürlich von mir stammt) erklärt. In seiner Elegie auf Owein ap Urien (übrigens das Vorbild des Ritters *Iwein* der Artus-Sage), mit dessen Hof Taliesin – vielleicht als eine Vorstufe des *pencerdd* – verbunden gewesen sein muss, während die *beirdd teulu* die nur namentlich bekannten Tristvard und Dygynnelu waren (TYP 509), stellt sich der Barde den Fürsten gleichfalls in der engen Kammer des Grabes vor. Hier lässt er den toten Aneirin sagen, dass er der Dichter des *Gododdin* sei, die gefolgschaftliche Verpflichtung, ihn nun ausgestreckt im Erdverlies ruhen lasse und die Eisenkette des Todes bilde, die ihn hindert, seine Knie zu biegen.

Von den 12 »echten« Taliesin-Dichtungen möchte ich hier nur den zweiten *englyn* (Strophe) aus der Elegie auf Owein zitieren (Taliesin [Williams], 12), weil er die extreme formale Künstlichkeit dieser Dichtung im Metrum *awdl-gywydd* besonders schön illustriert:

*Iscell **k**erdglyt | **c**lot u<u>awr</u>*
*escyll **g**<u>awr</u> | **g**waywawr llifeit.*
*canycheffir | **k**ystedl<u>yd</u>.*
*y vd **ll**ewen<u>yd</u> | **ll**atreit.*

Die Verszeile ist siebensilbig, die geradzahligen Zeilen sind durch Endreim miteinander verknüpft (*llifeit* : *llatreit*), die ungeradzahligen Zeilen mit den folgenden durch Binnenreim verbunden (unterstrichen), innerhalb jeder Zeile finden sich zwei Stabreime (fett), zwischen denen eine Zäsur | besteht. Ein zusätzlicher rhetorischer Schmuck ist das Vokalspiel am Beginn der ersten beiden Zeilen: *iscell* : *escyll*. Diese Teilung der Zeile mit Alliteration heißt die *cynghanedd* (etwa ›Zusammenklang‹). Sie herrscht heute noch in den Strophen (*englynion*) der kymrischen Dichtung.

Die ganze Elegie könnte man so (paraphrasierend) übertragen:

›Seele Oweins ap Uryen, möge ihr Herr sich ihrer annehmen! Eine grüne Last verbirgt den Fürsten von Rheged – nicht oberflächlich sein Preis –,

(der oben zitierte *englyn*:) der nun im unterirdischen Gemach weilt, der im Sang Berühmte, dessen blutige (eigentl befeuchtete, scharfe) Speere des Schreies Flügel waren. Denn keinen findet man, vergleichbar dem Herrn des strahlenden Ulmentals,

ein Schnitter unter den Feinden, ein Ergreifer, der (würdige) Nachkomme des Vaters und seiner Vorväter. Als Owein den Fflamddwyn erschlug, da war es für ihn nicht mehr als Schlafen.

Es schläft der Sachsen weites Heer und das Licht in ihren Augen. Und jene, die nicht flohen, waren tapferer als nötig.

Owein strafte sie hart: wie ein Wolfsrudel unter die Schafe fährt. Der Held auf den vielfarbigen Schabracken gab den Bittstellern Rosse. Obwohl er gierig alles raffte, gab er es großzügig[95] für seine Seele hin. [Möge ihr Herr sich ihrer annehmen!] Seele Oweins ap Uryen.‹

Diese streng formale Dichtkunst muss während oder knapp vor dem 6. Jh. entstanden sein, um bereits von Taliesin zu Ende dieses Jahrhunderts angewendet werden zu können. Sie setzt das Verschwinden der altbritannischen und (bei Lehnwörtern) lateinischen Endsilben bzw. der Bindevokale bei Wortzusammensetzungen voraus, wodurch das Britannische seine Kasusendungen in der Deklination einbüßte. Das hängt mit der starken Durchdringung des Altbritannischen mit dem Lateinischen zusammen und mit dem sprachlichen Zusammenbruch nach Abzug der Römer im frühen 5. Jh. Etwa zwischen der Mitte dieses Jahrhunderts und der Mitte des folgenden, bereits vor den allerältesten Sprachzeugnissen des Kymrischen, muss der Abfall der Nominalendungen eingetreten sein. Die silbenzählende Bardenmetrik setzt ihn bereits voraus, was bedeutet, dass mit der Aufgabe der Kasusendungen auch die Metrik völlig umgebaut werden musste. Lediglich das Prinzip der Alliteration konnte beibehalten werden.

Wenn auch die *englynion*, wie im Falle Taliesins, noch in das 6. Jh. zurückgehen, wo sie formal hochmoderne Avantgarde waren, so sind sie doch erst in einer Handschrift des Hochmittelalters, dem »Buch des Taliesin« erhalten. Als es geschrieben wurde, war der Nachruf auf Owein ap Uryen schon mindestens 700 Jahre alt. Natürlich wird er dazwischen in einer Handschrift gestanden haben, aus der ihn ein Schreiber in die Sammelhandschrift kopierte, aber es muss doch eine lange Zeitspanne gegeben haben, während der er nur mündlich tradiert wurde. Dabei hat das hohe Prestige Taliesins, aber ebenso die strenge Bauweise der *englynion* verhindert, dass der Text »zersungen« wurde. Auch sprachliche Archaismen blieben dadurch erhalten, dass ein Barde seinem Schüler immer wieder den Text mit den schon obsoleten Wörtern erklärte.

---

95   Der Text hat *ny* ›nicht‹, was Williams wohl mit Recht in *ry* ›Fülle, Überfluss‹ emendierte (Taliesin [Williams], 118). Andernfalls müsste man annehmen, Taliesin wollte sagen, dass Owein, ohne an sein Seelenheil zu denken, das zusammengeraffte Beutegut auf seine Barden und seine Gefolgschaft verteilte.

Bardenesoterik im Altertum und im Mittelalter

Die älteste Aufzeichnung für uns anonymer *englynion* steht in einer lateinischen Handschrift, welche die metrische Bearbeitung der Evangelien durch den spanischen Priester Iuvencus (4. Jh.) enthält. Sie stammt aus dem 9. Jh. Am oberen Rand einer Seite stehen drei *englynion*, die im Versmaß *triban milwr* ›Kriegerdreireim‹ das Selbstgespräch eines einsamen Helden enthalten, dessen Freunde erschlagen wurden und der nun nur in Begleitung seines offenbar verachteten fränkischen Gefolgsmannes, den er erwähnt, aber keines Wortes würdigt, monologisch sein Schicksal beklagt.

Als Beispiel für *triban milwr* führe ich die beiden letzten Strophen der dem *Llywarch Hen* – gleichfalls einem Barden der Frühzeit – zugeschriebenen Elegie auf das »Haupt Uriens« (*Pen Urien*), des Vaters des von Taliesin beklagten Owein, an. Die Zeilen müssten Siebensilbler sein, aber der Leser wird bemerken, dass die Zeilen der zweiten Strophe durch die ungenaue Überlieferung sekundär zu kurz geraten sind. Auch hier sind die *cynghanedd* und andere formale Feinheiten zu beobachten. Bei der Alliteration wird statt von der mutierten Verbalform (*borthaf*) von der unmutierten (*porthaf*) ausgegangen, sodass für den Waliser *penn* und *borthaf* staben. Zum Inhalt: Wegen der auch in christlicher Zeit noch weiter gepflegten Neigung zu Kopftrophäen, aber auch um anderer Schändung und den Raben zuvorzukommen, hatte der Gefolgsmann den gefallenen Herrn zu enthaupten und den Kopf mit sich zu nehmen.

Penn a borthaf o du riw	Ein Haupt trag ich von der Seite des Hügels,
Ar y eneu ewyn[v]riw	Auf seinem Munde Schaum
Gwaet; gwae Reget o hediw.	Von Blut. Wehe über Rheged von heut' an!
Ry thyrvis vym breich,	Zerschmettert mein Arm,
ry gardes vy eis.	aufgewühlt meine Brust,
Vyg callon neur dorres.	Mein Herz ist gebrochen.
Penn a borthaf a'm porthes.	Das Haupt, das ich trage, trug mich.

Wie in Irland vom Lob des *fili* hing in Wales der Ruhm vom Lob des *bardd* ab, der auch die *memoria* der Helden verwaltete. Dazu gehören ebenso die Heldengräber im »Schwarzen Buch von

Carmarthen«, eine Art Katalogdichtung *Englynion y Beddau* (›Die Strophen der Gräber‹), die in 73 Abschnitten von den Gräbern ebenso vieler Helden handelt. Bis auf wenige Namen wie dem Arthurs, dessen Grab allerdings als ein nicht auffindbares Weltwunder gilt, sind uns diese unbekannt, woraus man den großen Traditionsverlust in der Literatur von Wales ermessen kann.

Die »*Taliesin*«-Mystik des Hochmittelalters

Das Korn hat gegoren
Im heiligen Leib,
Da hat ſie geboren,
Das Wunderweib,
Die Strahlenſtirne, den Talieſin,
Der da ſchauet allen geheimen Sinn,
Der da blicket hinaus in die Ewigkeit,
Der da iſt und war in aller Zeit,
Der Druiden Vater und Geiſter-Haupt.
Verflucht, wer nicht an Talieſin glaubt!
(Fr. Th. Vischer, Auch einer, Stuttgart
1879, I, 148)

Taliesin: *blerum blerum!*
(*Chwedl Taliesin*)

Ich wende mich nun als einem repräsentativen Werk der von Geheimwissen durchdrungenen frühen kymrischen Poesie dem »Buch des Taliesin« (*Llyfr Taliesin*) zu.

Da fällt uns zunächst ein längeres prophetisches Gedicht auf, das die *Armes Prydain* (›Prophezeiung über Britannien‹) heißt und dem eine *Armes Dydd Brawd* mit einer Schilderung des Jüngsten Gerichts vorausgeht. Offenbar sollte ein Parallelismus zwischen den beiden Visionen hergestellt werden: Was am Ende der Zeiten geschehen würde, sollte in der *Armes Prydain* präfiguriert erscheinen.

Bardenesoterik im Altertum und im Mittelalter

Ein solches prophetisches Werk heißt *awen*, die Verfasser *awenyddion* (s. S. 182). Über diese schrieb 1194 der Archidiakon Geraldus Cambrensis (1146–1223), ein normannisch-walisischer Kirchenmann, in seiner *Descriptio Cambriae* (›Beschreibung von Wales‹; I, 16), was ich leicht kürzend so zusammenfasse:

»Bei den Walisern gibt es bestimmte Personen, die *aweniddion* heißen und sich gebärden, als wären sie von Teufeln besessen. Man wird solche nirgendwo sonst finden. Befragt man sie über ein Problem, so verfallen sie sogleich in Trance, als ob sie besessen wären. Sie geben auf die Fragen keine logischen Antworten. Zusammenhanglos und offenbar bedeutungslos, gleichzeitig aber wohlformuliert gehen ihnen die Worte vom Mund, aber wenn man sie sorgfältig beachtet, findet man darin die Lösung des Problems. Wenn alles vorbei ist und man sie entsprechend geschüttelt hat, erwecken sie wieder den Anschein gewöhnlicher Menschen. Dann können sie sich aber auch nicht mehr an das Gesagte erinnern. Befragt man sie ein zweites oder drittes Mal über dieselbe Sache, so geben sie völlig verschiedene Antworten. Vielleicht sind sie von Dämonen besessen, die zwar unwissend, aber doch in gewisser Weise inspiriert sind. Sie scheinen die Gabe der Wahrsagerei durch Traumvisionen zu erhalten. Manche haben das Gefühl, dass ihnen Honig oder Zuckermilch eingeflößt, andere sagen, dass ihnen ein Blatt mit Wörtern beschrieben auf die Lippen gepresst werde. Wenn sie in Trance verfallen, rufen sie Gott und die Dreifaltigkeit an und beten, dass ihnen die Wahrheit um ihrer Sünden willen nicht vorenthalten werde.«

Hier dominiert ein ekstatisches Moment, das sonst für die formal so strenge Bardenkunst nicht typisch ist und seiner Herkunft nach eher mit den antiken *vātēs* und ekstatischen Priesterinnen (s. S. 84–87) zu verbinden ist als mit der stark rational dominierten Druiden- und Bardentätigkeit. Allerdings konnte, wie wir sahen, auch der irische *fili*, der ja in gewissem Sinn das Druidentum fortsetzte, unter anderen auch mit prophetischen Aufgaben betraut sein (s. S. 167 f.).

Der Inhalt dieser *awen* (199 V.) lässt sich etwa so skizzieren:

Aus Anlass ungerechtfertigter hoher Steuern, die den Walisern abverlangt würden und bildlich die Oberherrschaft der Sachsen bezeichnen, sieht der inspirierte südwalisische Autor, der sich *Myrddin*

190

nennt, voraus, wie Britannien endlich wieder ein Reich wird, in dem nur die Britannier herrschen. Durch eine Koalition aller britannischen Völker, der Waliser, der Kornen, des Königreichs von Strathclyde (Südschottland), der »Männer des Nordens« (*gwyr y gogledd*) und der Bretonen, die alle noch als eine zusammengehörige ethnische Einheit gesehen werden, soll Britannien den verbrecherischen Sachsen, die sich als Seeräuber ansiedelten (!), durch einen Kampf im Fluss Wye – vermutlich nach Reckenart in der Furt – entrissen und wieder zu einer Einheit werden. Das Schlachtgedränge wird so arg sein, dass die Leichen keinen Platz finden, zu Boden zu fallen (!). Dabei sollen auch die Iren in Irland, auf Anglesey und Schottland, ja sogar die Wikinger von Dublin als Bundesgenossen mitwirken.

Die walisische Forschung konnte wahrscheinlich machen, dass diese Prophezeiung um das Jahr 930, jedenfalls vor 937 entstanden sein muss, weil in diesem Jahr der westsächsische König Æþelstān eine nordbritannische Armee, die zwar Wikinger aus Dublin, aber keine walisischen Kontingente enthielt, bei Brunanburh (vielleicht westlich von Liverpool) so vernichtete, dass an keinen Widerstand mehr zu denken war. In der *Armes* freilich werden die Heldenkönige Cynan († 613 in Chester) und Cadwaladr, der im 7. Jh. lebte und dem im *Llyfr Taliesin* eine eigene Vision zugeschrieben wird (*Darogan Katwal*[*adr*?]), beschworen (Armes Prydain V. 91). Sie vertreiben die Sachsen (*Ywis* < angelsächs. *Gewisse*), unterstützt vom walisischen Nationalheiligen St. David (V. 51, 105, 129, 140, 196). Als Verfasser der *Armes* kommt nur ein Barde in Frage (Armes Prydain 26), der sich gegen den König Hywel Dda von Demetien, den großen Gesetzgeber, auflehnte, weil dieser mit Æþelstān diplomatische Beziehungen unterhielt.

Diese Propagandadichtung erfreute sich trotz der unerfüllten Prophezeiung außerordentlicher Beliebtheit, weil sie ein treffender Ausdruck des walisischen Selbstverständnisses war. Die Forschung ist sich heute darin einig, dass die *Armes Prydain* mit der oft genannten Hymne *Unbeiniaeth Prydain* gemeint war (Jenkins [2000], 149f.), die der Gefolgschaftsbarde zu singen hatte. In Verse 17 wird als prophetischer Verfasser dieser Dichtung *Myrddin* genannt, eine Gestalt, die uns als *Merlin* geläufiger ist.

Bardenesoterik im Altertum und im Mittelalter

Diesem sowie seiner Beziehung zu »Taliesin« müssen wir uns nun zuwenden.

Zunächst hören wir in Schottland von einem Ekstatiker Lailoken, wenn er auch erst im 15. Jh. im Zusammenhang mit dem hl. *Kentigern* (›Fürst der [Kriegs-]Hunde‹, der Kosenamen *Mungo* heißt wohl auch ›mein [lieber] Hund‹), einem unehelichen Sohn Oweins und heute Stadtpatron von Glasgow, erscheint. *Lailoken* soll im 6. Jh. als Verrückter im »Kaledonischen Wald« im Königreich von Strathclyde gehaust und den baldigen Tod des Königs Rhydderch Hael prophezeit haben. Man nimmt wohl mit Recht an, dass dieser »Exzentriker« das Vorbild für den »ursprünglichen« Myrddin abgegeben hat, in dessen Sage er als *Llallogan* erscheint.

Myrddin vab Morvryn (= *Myrdinn Wyllt* ›der Wilde Merlin‹; latinisiert *Merlinus silvestris*) soll 573 in der Schlacht von Arfderydd nach dem Tod seines Herrn, des Fürsten Gwenddolau, seinen Verstand verloren und sich danach in den damals noch üppigen Urwald zurückgezogen haben, wo er – nach eigener Aussage – 50 Jahre als inspirierter Wahnsinniger lebte, wobei er sein Lager mit einem kleinen Wildschwein als seinem einzigen Gefährten teilte. Bei einem Aufzug walisischer Nationalisten zur Einleitung einer Eisteddfod (1855; s. S. 226) erschien ein halbnackter, dunkel bemalter Mann, der sich *Myrddin* nannte – es war der wiedererstandene Prophet des 6. Jh.s (Hutton [2011], 256)! Die diesem zugeschriebenen prophetischen Dichtungen sind im »Schwarzen Buch von Carmarthen« und dem »Roten Buch von Hergest« (s. S. 183) überliefert. Darin lautet die erste Strophe der Dichtung *Yr Afallennau* (›Die Apfelbäume‹), die sich an den Holzapfelbaum richtet, in dessen Schutz Myrddin seit vielen Jahren im Wald lebt und von dessen Früchten er sich ernährt:

»Süßer Apfelbaum, süß seine Zweige,
die kostbare Frucht tragen, berühmt als die meinen.
Vor den Herren von Machrau werde ich wahrsagen.
An einem blutigen Mittwoch im Tal von Machafwy
werden frohlocken die Sachsen, die roten Klingen überwindend.
Heia, kleines Schwein! Donnerstag wird kommen,
Jubel für die Waliser, große Schlachten überwindend,

Die Barden im mittelalterlichen Wales

schnelle Schwerter, die Cyminawd (›Eintracht‹?) verteidigen,
mit Eschenspeeren die Sachsen hinschlachten,
mit ihren Köpfen Ball spielen.
Ich prophezeie Wahrheit ohne Falsch:
Ein Knabe wird im Süden erscheinen.«

Natürlich ist dies eine *prophetia ex eventu* (eine Prophezeiung im
Nachhinein), und zwar des 12. Jh.s. Mit dem »Mittwoch« ist der
12. August 1198 gemeint, an dem der Herr von Machrau Gwen-
wynwyn, der Fürst von Powys (Ostwales), fiel. Mit dem »Knaben«
ist der *Mab Darogan* ›Sohn der Prophezeiung‹, eine messianische
Figur, gemeint, die in ferner Zukunft die Waliser von der englischen
bzw. Normannenherrschaft befreien soll. Man hat auch an Gruffudd,
den Kronprinzen von Deheubarth, gedacht (Jarman [1976], 118f.),
und mir selbst scheint auch der Gedanke möglich, dass der »andere
Myrddin«, *Myrddin Emrys* (latinisiert *Merlinus Ambrosius*), der uns
aus der Arthursage vertraute *Merlin*, gemeint sein könnte.

Die Form dieser prophetischen Texte ist keineswegs so kom-
pliziert wie die Bardendichtung Taliesins und anderer *cynfeirdd*.
Dem gleichen Typus mit ähnlicher Aussage gehören auch das
»Zwiegespräch Myrddins mit seiner Schwester Gwenddydd« an
und die an das kleine Schwein gerichtete Prophetenrede *Oianau*
(›Begrüßungen‹, eigentlich »Heia's« s. oben).

Nur am Rande sei erwähnt, dass der »Wilde Myrddin«, von dem
hier die Rede ist, auch in Irland eine berühmte und besonders interessante Entsprechung in *Suibhne geilt* (anglisiert *Mad Sweeney*) hat.
Auch dieser König ist nach einer Schlacht wahnsinnig geworden
und hat die Propheten- und Dichtergabe erhalten. Insbesondere
verbindet man mit ihm eine sehr zarte und auch uns heute noch
ansprechende Naturlyrik. Er wird der wohl schamanischen Wurzel
dieser Figuren noch dadurch besonders gerecht, dass er zu fliegen
imstande ist und vogelgleich sein Leben in den Bäumen verbringt,
von denen er nur hinuntersteigt, wenn er sich seine Mahlzeit an
Bachbunge (eine Ehrenpreis-Art) sucht (B3 147–150).[96]

---

96   Die Gestalt lebt wohl in Italo Calvinos Roman »Il barone rampante« (›Der
      Baron auf den Bäumen‹), 1957, weiter.

193

Bardenesoterik im Altertum und im Mittelalter

Wir kehren über Myrddin zu »Taliesin« zurück.

Im »Schwarzen Buch von Carmarthen« findet sich auch ein kurzer Text »Gespräch Myrddins mit Taliesin« (*Ymddiddan Myrddin a Thaliesin*), das den Propheten und den Barden zusammenbringt, denn auch »Taliesin« erweist sich hier als Prophet. Barden- und Prophetentum gehen ineinander über. Deshalb erscheinen auch in Triade 87 Myrddin vab Morvryn, Myrddin Emrys und »Taliesin« als die »Drei geschickten Barden« (*Tri Bardd Kaw*) Britanniens (TYP 214). Das genannte Gespräch besteht aus 42 Versen, in denen Myrddin und »Taliesin« einander in der Nennung von im Schlachtgräuel Gefallenen abwechseln. Am Ende heißt es dann:

»Taliesin«: Sieben Speere, sieben Blutströme
Von sieben gefallenen Fürsten.

Myrddin: Sieben mal zwanzig Helden, wahnsinnig geworden in der Schlacht,
Zum kaledonischen Wald flohen sie.
Da ich, Myrddin, allein gegenüber Taliesin zurückstehe,
Vernehmt meine Worte als Wahrheit.

Die Strophen zeigen fallweise Endreim und an manchen Stellen auch Alliteration, sind sonst aber im Vergleich zur üblichen Bardenpoesie schlicht gebaut, vielleicht glaubte man, dass sich deren ausgetüftelte Diktion und Metrik schlecht mit dem vorgeblich visionären Inhalt vertrage. Dass man Taliesin, der freilich wirklich ein Zeitgenosse von Myrddin war, mit dem verrückten Waldmenschen zusammenbrachte, deutet mir darauf hin, dass dieser durch Taliesins Autorität in seiner Funktion als (Voraus-)Wissender gestärkt werden sollte.

Dazu stimmt auch die berühmt-berüchtigte *Vita Merlini* (›Das Leben Merlins‹) in lateinischen Hexametern, die Geoffrey of Monmouth (Galfridus Monemutensis; ca. 1100–1155) verfasst haben soll. Die Autorschaft ist aber deshalb unwahrscheinlich, weil Geoffrey ja in seinem Hauptwerk *Historia Regum Britanniae* (›Geschichte der Könige Britanniens‹), das seinen eigenen und den Ruhm König Arthurs begründen sollte, dem Merlin eine ganz

andere Rolle zugewiesen hat, die sich überhaupt nicht mit der des
verrückten Waldmenschen vertrug. Bei ihm ist *Merlinus* ein Knabe
unbekannter Abkunft,[97] der auf Anweisung der Druiden des Königs
Vortigern als Bauopfer vorgesehen war, wie das in Britannien bis
in das 3. Jh. n. Chr. archäologisch gut bezeugt ist (Maier [2001],
123). Das Kind deckt aber den eigentlichen Grund, warum die
Grundfesten von Vortigerns Burg nicht halten wollen, auf: Es
sind zwei Drachen (rot und weiß als Symboltiere der Waliser und
Sachsen), die unterirdisch miteinander kämpfen. Dies stellt sich als
Wahrheit heraus und begründet Merlins Ansehen. Er wird dann
der Hofmagier und Berater von Utherpendragon, der durch seine
Vermittlung Arthur zeugt. Das wilde Waldleben seines schottischen
Namensgenossen war ihm also ganz fremd, und erst in einer späten
Phase der französischen Artusdichtung wird Merlin wieder mit
dem Wald zusammengebracht. Die diesem arthurischen Merlinus
zugeschriebenen politischen Prophezeiungen hat Geoffrey von
Monmouth in seiner *Prophetia Merlini* in lateinischen Hexametern
gestaltet. Das Werk wirkt wie ein Vorklang der Prophezeiungen des
Nostradamus.

Der Autor der *Vita Merlini* hat aber nun im Stil Geoffreys nicht
das Leben des arthurischen Merlinus, sondern das des »wilden«
Myrddin und kaledonischen Waldmenschen behandelt, und
zwar in einer höchst ungewöhnlichen Weise. Hier wird der aus
der Schlacht Geflohene in seinem Monolog belauscht, und so
dringt Nachricht über ihn an den Hof von Rhydderch, wo seine

---

97   Das Kind wird in Carmarthen »aufgefunden« (Details sind hier unwichtig)
      und erhielt offenbar seinen Namen nach der Stadt, die kymr. *Caerfyrddin*
      heißt, wobei *-fyrddin*, das in der unmutierten Form *myrddin* heißen muss,
      wohl auf *Mori-dûnum ›Meeresburg‹ zurückgeht. Mit Geoffrey von Mon-
      mouth wurde dieser Ortsname in ›Burg des Myrddin‹ umgedeutet, der
      Prophet selber aber in lateinischen und anderen nichtwalisischen Texten
      Merlin(us) genannt.
          Die Stadt Carmarthen ist sich bis heute ihrer merlinischen Tradition durch-
      aus bewusst. Vor allem gab es eine Merlin-Eiche, von der man sagte: »When
      Merlin's Oak shall tumble down, Then shall fall Carmarthen Town.« Die
      aus dem 17. Jh. stammende Eiche soll ein nationalenglicher »Antimerlinist«
      vergiftet haben, so dass sie abstarb. Ich habe 1961 noch einen Teil des alten
      Stammes gesehen, der sich aber seit 1973 im Museum befindet. Allerdings hat
      Carmarthen die Eiche nachgepflanzt – wenn auch als Kübelpflanze.

Schwester Ganieda Königin ist. Im Folgenden soll Merlinus an den Hof geholt werden, aber er erträgt die Menschen nicht mehr, ist nicht mehr »resozialisierbar«. Nun sucht ihn »Taliesin«, der hier *Telgesinus* heißt, auf, um in gelehrtem Gespräch eine mittelalterliche Enzyklopädie des Wissens nach der Art des »Elucidarium« (Ende 11. Jh.) zu entwerfen. Es geht um Wunderwesen, die Glückseligen Inseln, Dädalus, merkwürdige Brunnen usw. Zuletzt ergibt sich noch ein Kriminalfall: Ein Wahnsinniger wird zu Merlinus geführt, der vergiftete Äpfel gegessen hat, die eigentlich für den Propheten bestimmt waren. Eine Frau, deren Annäherungsversuche dieser nicht erwiderte, hatte sie bei einem Brunnen hingelegt. Doch Merlinus hatte sie an andere verschenkt, die durch ihren Genuss den Verstand verloren. Er lässt den Verrückten von einem bestimmten Brunnen trinken, worauf dieser wieder zu Verstand kommt. Der Geheilte bleibt nun mit Ganieda und Merlinus in dessen Klause, wo sie Gott dienen. Aber Merlins prophetische Kraft versiegt. Doch eines Tages tritt Ganieda mit gewaltigen Visionen (die heute angesichts der Umweltproblematik übrigens gar nicht so absurd erscheinen) hervor: Das Prophetenamt ist von Merlin auf sie übergegangen.

Auch in diesem Text hat »Taliesin« sein unerhörtes geheimes Wissen zur Schau gestellt. Es ist kein Zweifel, dass er Merlinus überlegen ist, was dieser auch anerkennt. Wie ist »Taliesin« dieses Wissen zugekommen?

Bevor wir wieder zum *Llyfr Taliesin* zurückkehren und uns mit den dort überlieferten angeblichen Selbstaussagen des größten aller Barden beschäftigen können, müssen wir den *Hanes Taliesin*, die ›Geschichte Taliesins‹ kennenlernen, obwohl diese Erzählung erst aus dem Prosamanuskripten des Weltchronisten Ellis Gruffudd (16. Jh.) und anderen späten Quellen belegt ist. Es gibt aber schon in alten Texten viele Hinweise darauf, dass diese Sage bekannt war (TYP 510f.). Die späte Überlieferung muss Zufall sein.[98] Die etwas

---

98   TYP 309, 510f. Zum Folgenden vgl. Lautenbach (1991), 142–144, der allerdings einer anderen leicht abweichenden Überlieferung folgt, in welcher der Hof Maelgwns durch den Arthurs ersetzt ist.

gekürzt nacherzählte Geschichte wird dem Leser nun ein ganz
anderes »Taliesin«-Bild zu vermitteln:

In der Frühzeit von Arthurs Herrschaft wohnte in Penllyn (Nord-
wales) ein gewisser Tegid Foel (›Tacitus, der Kahle‹), der als Erbbesitz
Llyn Tegid besaß (heute Lake Bala im Naturpark Snowdonia). Seine
Frau hieß *Cyrridwen* (die ›Krumme‹ als Hexe) oder *Ceridwen* (die
›Geliebte Schöne‹) und verstand sich auf Magie und Wahrsagerei.
Ihren Sohn, der in Aussehen, Gestalt und Verhalten außerordent-
lich ekelhaft war, nannten sie *Morfran* (›Meerrabe‹), später jedoch
Afagddu (›Schwarzer Wassernöck‹) wegen seines düsteren Ausse-
hens. Das schmerzte die Mutter im Innersten, und sie wusste, dass
er im Adel nur durch besondere Fähigkeiten Anklang finden werde.
Sie beschloss, ihn durch einen Absud gewisser Kräuter, den sie in
einem Kessel am Feuer herstellte, zu einem Wahrsager zu machen.
Der Sud musste ein Jahr und einen Tag ununterbrochen am Kochen
gehalten werden, dann würden drei Tropfen herausspritzen, die den
positiven Extrakt all der Kräuter und die Fähigkeit zur Wahrsagerei
enthalten müssten. Der Rest würde aus allen Giften der Welt bestehen, den Kessel sprengen und das Gift über das Land verteilen. Zum
ständigen Rühren verpflichtete sie einen alten blinden Mann, den
ein Knabe namens »Kleiner Gwion« (*Gwion Bach*) führte. Als die
Zeit gekommen war, postierte die Mutter den hässlichen Morfran in
der Nähe des Kessels, damit die drei Tropfen auf ihn spritzen sollten.

Sie schlief gerade, als die drei wunderbaren Tropfen heraus-
sprangen und Gwion, der Morfran zur Seite geschoben hatte, trafen. Danach stieß der Kessel einen Schrei aus und die Stärke des
Gifts zerriss ihn. Darüber erwachte Ceridwen und erblickte Gwion,
der von Weisheit erfüllt voraussah, dass sie ihn töten würde, da er
Morfran um die drei Tropfen gebracht habe.

Sie eilte aus dem Haus, um Gwion zu verfolgen, doch dieser hatte die Gestalt eines Hasen angenommen, worauf sie sich in einen
schwarzen Jagdhund verwandelte. Nachdem sie noch zweimal die
Gestalten geändert hatten (Fisch und Otter, Vogel und Sperber),
musste er in eine Scheune fliehen, wo ein großer Haufen Weizen
lag. Da verwandelte er sich in eines der Weizenkörner, doch gerade
dieses pickte Ceridwen, die die Gestalt einer schwarzen Henne
angenommen hatte, auf und verschluckte es.

Bardenesoterik im Altertum und im Mittelalter

Nach neun Monaten kam sie mit einem Knaben nieder.[99] Aber
als sie ihn ansah, brachte sie es nicht übers Herz, dass sie oder
irgendwer anderer ihm etwas antue. Also setzte sie ihn in einem
Coracle (Lederboot) oder in einem mit Leder überzogenen Korb
im See oder in einem Fluss oder nach wieder anderer Tradition
im Meer aus.

Hier begegnet uns eine Reihe von internationalen Erzählmo-
tiven. Eine deutliche Übereinstimmung besteht mit der irischen
Finn-Sage. Da brät der junge Finn für einen andern den »Lachs
der Weisheit«, verbrennt sich dabei den Daumen und führt ihn
zum Mund, wodurch er die Prophetengabe erhält und damit die
magische Praxis begründet, die ich schon als *teinm laída* erwähnte
(s. S. 168). Aber natürlich denkt man auch an die nordische Si-
gurd-Tradition. Darauf folgt das internationale Märchenmotiv
der »magischen Flucht« bzw. des »Verwandlungswettkampfs«, der
sogar in »Tausendundeiner Nacht«[100] und in Korea[101] Parallelen hat,
sowie die wunderbare Schwängerung durch eine Pflanze, wie wir
sie aus dem Rapunzelmärchen der Brüder Grimm (Nr. 12) kennen.
Die Aussetzung im Körbchen muss nicht unbedingt vom Moses-
mythos (Ex. 2, 1–8) stammen, sondern ist in Notlagen vielleicht
tatsächlich auch in Britannien vorgekommen.

Die folgende Geschichte aus der gleichen späten Überlieferung
heißt *Chwedl Taliesin* (›Die Erzählung von Taliesin‹). Sie berichtet
von einem Mann Gwyddno Garanhir, der in Nordwales bei *Caer
Deganwy* an der Mündung des Conwy hauste, aus dem er jedes
Jahr zu Hallowe'en Lachse im Wert von 10 Pfund fischte. Er hatte
einen Sohn Elphin, der bei König Maelgwn diente, zwar vornehm
und edel, aber dabei ein großer Verschwender war. Als Elphin

---

99 Zu Mittsommer 1849 eröffnete der Barde Evan Davies die Eisteddfod beim
»Rocking Stone« bei Pontypridd, dessen Anlage man inzwischen weiter aus-
gebaut und »Hof der Ceridwen« genannt hatte. Der Wackelstein selbst hieß
»die Wiege der Ceridwen«. Bei dieser Veranstaltung wurde übrigens auch
die heute noch gültige walisische Hymne *Hen Wlad fy Nhadau* ›Altes Land
meiner Väter‹ geboren (Hutton [2011], 257f.).

100 Ein Prinz verwandelt sich in die Kerne eines Granatapfels, die die Prinzessin
aufpickt; BP II, 68.

101 Ein Schüler verwandelt sich in ein Reiskorn, der Zauberer in eine Henne,
darauf das Reiskorn in einen Adler, der die Henne schlägt; Zaborowski (1975)

einmal am letzten Oktobertag zum Wehr des Conwy ging, um die reiche Ernte an Lachsen einzuholen, fand er keinen einzigen Fisch, hingegen ein angetriebenes Coracle oder Körbchen. Er schnitt das Leder auf und erblickte eine menschliche Stirn. Da rief er: »*Dyma dâl iesin!*« (›Was für eine schöne Stirn!‹), worauf das Kind erwiderte: »*Taliesin bid!*« (›Es sei Taliesin!‹).[102] So kam »Taliesin« zu seinem Namen. Während eine Tradition den wiedergeborenen Gwion erst drei Tage alt sein lässt, wodurch sein Sprechvermögen ganz wundersam wird, behauptet eine andere, dass zwischen seiner Aussetzung zur Zeit Arthurs und seiner Auffindung zur Zeit Maelgwns 40 Jahre lägen, während welcher der »Knabe« in seinem Coracle umhergetrieben sei! Jedenfalls nimmt Elphin den Wunderknaben nach Hause, der während des Heimritts ein vierstrophiges streng gebautes Bardengedicht (siebensilbige Verszeilen mit *cynghanedd* und immer gleichem Endreim) anstimmt, um Elphin über den Entgang an Lachsen zu trösten. In der letzten Strophe singt der Säugling: »… bin ich in meinen Windeln auch schwach, so liegen doch Wunder auf meiner Zunge. Du brauchst dich nicht zu fürchten, während ich über dich wache. Gedenkst du immer des Namens der Dreifaltigkeit, so kann dich keiner überwinden!«

Vom Schluss dieser Erzählung bringe ich nur einige Details, die im Zusammenhang mit dem Bardentum stehen.

»Taliesin« wird von Elphin und seiner Frau liebevoll aufgezogen, und der Reichtum des Paars nimmt ständig zu. Als der König Maelgwn (latinisiert: *Maglocunnus*), der im 6. Jh. lebend tatsächlich ein Zeitgenosse des historischen Taliesin war und sogar in einer zeitgenössischen Ogambilingue in Nevern (Pembrokeshire) belegt ist (CIIC 446), einmal zu Weihnachten in Deganwy Hof hielt, versammelten sich dort von weit und breit alle Herrn und priesen den König und die Königin. Man fragte auch, welche Barden tüchtiger und weiser als die Maelgwns seien. Hier folgt das »Anforderungsprofil« der Barden, das ich oben erwähnte (s. S. 181). Bei diesem

---

102   Durch Anlautmutation erscheint *tâl* ›Stirn‹ im Ausruf Elphins als *dâl*. Für die Namenbildung *Tal-iesin* ging man natürlich vom unmutierten Wortanlaut aus.

Fest Maelgwns waren nicht weniger als 24 ausgezeichnete Barden anwesend.

Es kommt, wie es kommen muss: Elphin lässt sich zur Bemerkung hinreißen, er habe eine Frau, die ebenso keusch wie die Königin und einen Barden, der tüchtiger als alle Barden des Herrschers sei. Er wird dafür eingekerkert. Tatsächlich gelingt es durch eine List, den Nachweis von der Keuschheit der Gattin zu erbringen. Als »Taliesin« hört, dass er bei Hof erscheinen müsse, um dort die Barden zu übertreffen und Elphin zu befreien, antwortet er mit einer vierstrophigen Dichtung, in der er Maelgwn verflucht: Sein Land möge verwüstet werden, sein Leben kurz sein und seine Strafe lang! Eine typische »Satire«.

Er wird zu Hof gebracht, wo er sich scheinbar bescheiden in eine Ecke verdrückt. Als nun Maelgwn die Barden zum Singen aufforderte, da mussten sie an ihm vorbeigehen und er flüsterte ihnen *blerum blerum* zu. Beim Singen brachten sie dann nichts anderes als diese sinnlosen Silben heraus und kamen in Misskredit. Nun lässt der König »Taliesin« zu sich kommen und fragt ihn, was für ein Wesen er sei, worauf dieser antwortet: »Ich bin der Hofdichter Elphins, und meine Heimat ist das Land der Cherubim.« Auf die Frage nach seinem Namen gibt er zurück: »Der Prophet Johannes nannte mich Merlin, aber jetzt nennen mich alle Könige Taliesin.« Auf weitere Fragen lautet die Antwort. »Ich war mit meinem Herrn im Himmel, als Lucifer in die Tiefe der Hölle stürzte. Ich trug Alexander ein Banner voran, ich kenne von Nord bis Süd alle Sternnamen, ich war in der Burg von Gwydion, im Tetragrammaton«,[103] – was immer das auch bedeuten soll – und dann geht es mit aufgesetztem Tiefsinn durch die jüdische, griechische, römische und walisische Geschichte weiter. An die Hofbarden gewandt verkündet er: »Ich bin Taliesin, Hauptbarde des Westens.« Darauf folgen Wissensfragen wie: »Warum ist die Nase wie ein Grat?« oder »Warum ist das Rad rund?« Der König fragt »Taliesin« nun nach dem Ursprung des Menschengeschlechts, worauf dieser mit biblischen Gestalten antwortet, in seinen Bardengesang jedoch alle »magischen Künste Europas und Afrikas« einschließt. Zuletzt wird

---

103   Die vier Konsonanten, die den Namen Jahweh bestimmen.

den Britanniern der Verlust ihres Landes bis auf das wilde Wales vorhergesagt. Doch am Ende der Zeiten werden sie die Oberhand gewinnen, die Fremden aber verschwinden.

Trotz ihrer späten Aufzeichnung geht diese Erzählung schon auf das Hochmittelalter zurück, denn sie ist thematisch untrennbar mit der magischen Flucht des Kleinen Gwion verbunden, weil ja mit der Geburt des »Taliesin« aus dem Weizenkorn und seiner Aussetzung die Erzählung keineswegs zu Ende sein konnte. Das rein-märchenhafte Geschehen um Gwion hat hier einen novellistischen Zusatz erhalten, der zwischen erbaulicher Kirchenfrömmigkeit und paradoxen Aussagen oszilliert. Diese Dichtungen haben »Taliesin« so populär gemacht, dass er in den humoristischen Roman des Junghegelianers Friedrich Theodor Vischer »Auch einer« (1879) Eingang fand (B3 492–499) und in der als Parodie auf den »Professorenroman« und den doktrinären Schweizer Nationalismus konzipierten »Pfahldorfgeschichte« die Erzählung von seiner Geburt als Wissensgut bei der Initiation junger Helvetier hergebetet wird.

Ich kehre zum hochmittelalterlichen *Llyfr Taliesin* zurück und wende mich einem Stück zu, das sicher eines der dunkelsten in walisischer Sprache ist. Schon beim Titel ist unklar, ob *Kat Godeu* (modernisiert: *Cad Goddeu*) ›Heer der Bäume‹ oder wie meist übersetzt ›Schlacht der Bäume‹ heißt. Diese Übersetzung ist problematisch, denn ›Schlacht der Bäume‹ müsste **Kat koet* oder **Kat goet* heißen, und auch deshalb, weil ja schwerlich von »Bäumen« die Rede sein kann, wenn Efeu, Farn, Heidekraut, Besenginster usw. kämpfen.

Das Stück ist in verhältnismäßig archaischer Sprache, in meist 5-silbigen Versen mit häufigen Alliterationen, aber ohne ausgeprägte *cynghanedd*, jedoch mit Tiradenreimen verfasst und reich an rhetorischen Formen, insbesondere Anaphern und, wie die Übersetzungsprobleme zeigen, voll von gesuchter Dunkelheit, die sich mit extremer Lakonik paart. Daraus resultieren viele syntaktische Unklarheiten: fast jeder zweite Satz ist problematisch. Das stellte schon Evan Evans, einer der bedeutendsten walisischen Philologen des 18. Jh.s, fest und gestand offen ein, dass große Teile der

»walisischen Kabbala«, wie er die Dichtungen »Taliesins« nannte, »sehr obskur und kaum von den besten Kennern der walisischen Poesie zu verstehen seien« (Hutton [2011], 149). Der neukeltische Esoterikfan wird allerdings im Internet eine leichter verständliche, phantasievollere Version finden, und natürlich bietet schon Lengyel ([1991], 202–204) eine für ihn typische Fassung an. Ich folge der Übertragung von Patrick K. Ford, soweit sie mir einleuchtet.

»Ich war in vielen Gestalten, bevor ich freigelassen wurde. Ich war ein schlankes Zauberschwert – ich glaube, so war es. Ich war ein Tropfen in der Luft. Ich war Sternenglanz. Ich war ein Wort in Buchstaben. Ich war im Anfang ein Buch [Anspielung auf das Joh. 1, 1]. Ich war eineinhalb Jahre lang Laternenlicht. Ich war eine Brücke, die sich über dreimal zwanzig Mündungen erstreckte. Ich war ein Weg. Ich war ein Coracle auf See. Ich war eine Blase im Bier. Ich war ein Tropfen im Regenschauer. Ich war in der Hand ein Schwert. Ich war ein Schild in der Schlacht. Ich war neun Jahre lang in eine Harfensaite verzaubert, im Wasser als Schaum. Ich war ein Funken im Feuer. Ich war Holz in einem Freudenfeuer. Ich bin nicht einer, der nicht singt. Ich habe gesungen, seit ich klein war. Ich sang im Heer der Baumzweige vor dem Herrscher von Britannien. Ich verwundete schnelle Pferde, zerstörte mächtige Flotten, verwundete ein großes schuppiges Untier mit hundert Köpfen [vgl. den siebenköpfigen Drachen in Apok. 12, 1] und einer wilden Feindesschar unter seiner Zungenwurzel – eine andere Schar ist auf seinen Hälsen –, eine schwarze Kröte mit gespaltener Zunge und hundert Klauen, eine verzauberte gehörnte Schlange, in deren Haut hundert Seelen bestraft werden [das Motiv vielleicht aus einer irischen Jenseitsvision].

Ich war in Caer Nevenhir, wo Gras und Bäume angriffen [hier beginnt die »Schlacht der Bäume«].

Dichter sangen, Krieger stürzten daher. Gwydion erhob den Zauberstab, rief den Herrn, rief Christus an, flehte, dass er, der Herr, der ihn geschaffen hatte, erlösen möge. Der Herr antwortete ihm mit Worten und durch die Elemente: ›Verwandle stämmige Bäume in Heere mit ihm [?] und hindere *peblic* [?] den Kräftigen an der Schlacht!‹ Als die Bäume in der Hoffnung auf unsere Absicht verzaubert waren, hieben sie mit [?] Bäume nieder. Die Anführer fielen in den Schlachten schmerzlicher Tage. Eine Jungfrau stieß einen bitteren Seufzer hervor. Leid brach aus. Zuvorderst in der Abstammung, herausragende Jungfrau! Leben und Wachsamkeit bringen uns in Mellun [?] keinen Vorteil: das Blut der Männer schenkelhoch! Die drei größten Umstürze, die je auf der Welt geschahen: einer ereignete sich in der Geschichte [von] der [Sint-] Flut und die Kreuzigung Christi und das Jüngste Gericht.

Erle, ausgezeichnet durch Geschlecht, griff an. Weide und Eberesche kamen spät zum Heer. Die dornige Pflaume war kampfbegierig. Kräftiger Hartriegel – ein Prinz im Widerstand. Rosensträucher griffen zornerfüllt eine Schar an. Himbeerbüsche traten hervor, bildeten keinen Zaun, um das Leben zu schützen … und Geißblatt und Efeu wegen ihrer Schönheit. Stechginster als Schrecken. Kirschen spotteten. Birke, hochgemut, bewaffnete sich spät, nicht aus Feigheit, sondern aus [wegen ihrer] Größe. Goldrute bewahrte die Form, Fremde über fremden Gewässern [?]. Tannen im Vordergrund, Anführer der Schlachten. Esche hielt sich trefflich vor Herrschern. Ulme gab aus Wildheit keinen Fußbreit nach: sie schlug in der Mitte, an der Seite und in der Nachhut zu. Haselholz war eine gefürchtete Waffe im Gemenge. Gesegnet sei der Liguster, der Stier der Schlacht, der Herr der Welt! Morawg und Morydd … gediehen in Buchen [?].[104] Stechpalme grünte in der Schlacht. Edler Weißdorn bereitete Schmerz. Angriffslustige Ranken griffen in der Schlacht an. Zerstörerischer Farn. Vor dem Feind wurde Besenginster untergepflügt. Stechginster war unglücklich, aber dennoch in eine Kriegerschar verwandelt. Edel kämpfendes Heidekraut wurde in ein Heer verwandelt – Verfolger der Menschen. Schnelle und mächtige Eiche: vor ihr bebten Himmel und Erde; grausamer Feind von Kriegern, sein Name im Wachs der Schreibtafeln. [?]-Baum verbreitete Schrecken im Kampf, pflegte sich entgegenzustellen, trat aus einem Loch heraus anderen entgegen. Birnbaum bewirkte auf dem Schlachtfeld Unterdrückung, indem er schrecklich heraufzog aus einem Meer von Edlen. Kastanie, Schmach des Fürsten der Tannen. Schwarz ist der Gagat/das Pech. Gerundet ist das Gebirge. Scharf sind die Bäume. Schneller sind große Meere seit ich den

---

104   Die Stelle ist nicht verständlich, da *Morawg* und *Morydd* unerklärt bleiben.

Bardenesoterik im Altertum und im Mittelalter

Schrei [oder: das Gebet?] hörte. Birkenwipfel sprossen für uns, unveränderliche Kraft. Eichenwipfel verfärbten sich für uns von der *Gwarchan Maelderw*[105] vom Berg her lachend, [?]...«

An dieser Stelle endet die eigentliche »Schlacht der Bäume«, und »Taliesin« kommt in dem von mir leicht gekürzten Text wieder auf sich und seine mythische Herkunft zu sprechen:

»Ich wurde nicht von Mutter und Vater gezeugt. Was meine Erschaffung angeht, so wurde ich von neun Elementarformen geschaffen: [1] von der Frucht der Früchte, nämlich von der Frucht Gottes am Anfang;[106] [2] von Primeln und Blumen des Berges; [3] von den Blumen der Wälder und Bäume; [4] aus dem Kern des Bodens wurde ich geschaffen, aus Nesselblüten; [5] dem Wasser der ›Neunten Woge‹; [6] Math[107] legte mir seinen Zauber auf, bevor ich mich bewegte; [7] Gwydion[108] schuf mich, der große Magier mit dem Zauberstab; [8] von *Eurwys* und *Euron*, von *Euron* und *Modron*, von fünf Fünfzigstel [?] von Zauberern und Lehrern wie Math wurde ich erschaffen. [9] Der Herr erschuf mich, als er entflammt war. Der Magier aller Magier erschuf mich noch vor der Welt [!] – mit meiner Existenz dehnte sich die Welt aus.

Schöner Barde [Schlagreim: *hardd bardd*], Gewohnheit ist uns der Gewinn: was immer die Zunge hervorbringt, kann ich in's Lied setzen.

Ich verbrachte die Zeit in Dämmerung. Ich schlief in Purpur. Ich war mit Dylan Eil Mor auf dem Wall[109] in einem Mantel inmitten

---

105 *Gwarchan Maelderw* ›Maelderws Belehrung‹ ist ein dem Taliesin zugeschriebes Gedicht im *Llyfr Aneirin*, in dem sich etwa der Satz findet: ›Ein Mann, der läuft, wenn du ihn verfolgst, wird das runde Haus des Grabes als sein Bett haben‹, woraus hervorzugehen scheint, dass man noch an runde Hügelgräber wie *Bedd Taliesin* dachte. Der Text gilt auch bedeutenden Keltologen als unverständlich.

106 Der gelehrte (geistliche ?) Verfasser verrät sich hier durch den Genitivus hebraicus *Frucht der Früchte* als Inbegriff des »Fruchthaften«, das er in Gott sieht.

107 Ein zauberkundiger Vorzeitkönig im »Vierten Zweig des Mabinogi« (*Math vab Mathonwy*).

108 Gwydion, der zauberkundige Neffe des Math, der die »Geburt« des *Llew llawgyffes* bewirkt (s. S. 137) und als sein Schützer fungiert.

109 *Dylan Eil Mor* ›D. Sohn des Meeres‹, wohl identisch mit *Dylan Eil Don* ›D. Sohn der Woge‹ ist eine Sagengestalt, den die angeblich jungfräuliche

204

von Königen, in zwei kräftigen Speeren, die vom Himmel kamen. In der Anderen Welt (*Annwfn* oder *Annwn* ›Untiefe des Abgrunds‹, eigentlich das Totenreich) werden sie in der Schlacht geschärft, zu der alle kommen [eine apokalyptische Schlacht?]. Viermal zwanzig hundert [8000] durchbohrte ich wegen ihrer Sinnenlust: sie sind in ihrer Leidenschaft weder älter noch jünger als ich. Ein jeder braucht die Leidenschaft von hundert Männern, ich hatte jene von neunhundert, in einem verzauberten Schwert. Berühmtes Blut fließt mir, von einem Fürsten, von einem Versteck. Von einem Tropfen wurde der Krieger getötet. ...

Ich war eine verzauberte Schlange in einem Hügel. Ich war eine Viper in einem See. Ich war ein Stern mit einem Speer. Ich war sein Jagdspeer. Meinen Mantel und meinen Becher werde ich nicht übel behandeln. ... Fünfmal fünfzig Sklavinnen sind der Wert meines Messers. Sechs braune Pferde – hundertmal besser ist mein braunes Pferd, möwenschnell. Ich selbst bin nicht schwach zwischen Meer und Küste. Ich werde ein Feld mit Blut tränken, darauf hundert Krieger. ... Ich verwandelte mich in einen einsamen Krieger, bevor ich ein Mann der Literatur wurde. ... Weise ›Druiden‹ (*derwyddon*), prophezeit Arthur! Da ist, was bevorsteht. Sie nehmen wahr, was geschehen ist. Und etwas geschieht in der Erzählung von der Sintflut und Christi Kreuzigung und der Tag des Urteilspruchs. Gold in Gold, werde ich mich mit Reichtümern bedecken und ich werde wegen der Prophezeiung Vergils[110] im Glück leben.«

Dieser Text spielt in der späteren Merlin-Rezeption bis heute eine zentrale Rolle, insbesondere auch in der modernen Keltenesoterik.

Fußhalterin Maths gebiert, als dieser sie über eine Zauberrute steigen lässt. Sofort eilt der Neugeborene zum Meer, um darin sein eigentliches Element zu finden. Von dieser mythischen Gestalt wurde mehr erzählt als wir heute wissen. Bekannt war auch sein Grab, wie man den *Englynion y Beddau* (s. S. 189) entnehmen kann.

110 Der Satz bezieht sich auf den in der Spätantike und dem Mittelalter herrschenden Glauben, Vergil habe in der 4. Ekloge, in der er die Geburt eines göttlichen, friedenstiftenden Kindes prophezeit, die Ankunft Christi vorausgesagt. Dadurch wird der heidnische *vates* zu einem wichtigen Propheten der Christenheit. Taliesin scheint zu sagen, er sei glücklich, weil er dank seiner Prophetenkunst Kunde von der Vergils und damit die Heilsgewissheit habe!

Bardenesoterik im Altertum und im Mittelalter

Das ist auch der Grund, warum ich mich gerade für dieses Werk des
»Taliesin« entschieden habe, der *Llyfr Taliesin* enthält ja noch 10
weitere – allerdings kürzere – Texte, die dieser »Weisheitsdichtung«
zugerechnet werden können. Sie ranken sich sekundär um »Taliesins« Kindergeschichte, verspotten in *Buarch Beirdd* ›Rinderherde
der Barden‹ jene, die am Hof Maelgwns »Taliesin« unterlagen, sind
Rätseldichtung, Ausbrüche von kirchentreuer Frömmigkeit oder
umspielen wie in *Kadeir Kerrituen* ›Der Sitz der Ceridwen‹ Motive
aus dem »Vierten Zweig des Mabinogi«.

Ich habe das Kontinuum des Textes durch Abschnitte zu gliedern versucht.

Der erste Abschnitt enthält »panipsistische« Aussagen (vgl.
Macalister [1937], 30), die darauf abzielen, den Sprecher in Verbindung mit dem ganzen Kosmos zu zeigen und vielleicht Natur-
kräfte, Tiere, Pflanzen und andere Dinge zu beherrschen, indem
man sich selbst als ein solches »Ding« in katalogartiger Aufzählung
benannte. Wenn der irische Ur-*fili* (s. S. 178) sagte »Ich bin ein
Tautropfen in der Sonne, die Stärke der Kunst, ein beutereicher
Speer…«, so stellt er sich dem »Taliesin« kongenial an die Seite.
Auch in den hier nicht einbezogenen »Tiefsinngedichten« finden
sich »panipsistische« Identifikationen wie in *Angar Kyfyndawt* ›Das
feindliche Bündnis‹: »Ich war ein blauer Lachs. Ich war ein Hund.
Ich war ein Hirsch. Ich war ein Rehbock auf dem Berg. Ich war ein
Stock. Ich war ein Spaten. Ich war eine Axt in der Hand. Ich war
eineinhalb Jahre der Stift in einer Zange [?]…«

Es ist natürlich die Frage, in welchem Verhältnis der hier zitierte
Text zu der Dichtung Amairgens steht. Dass irische Barden nach
Britannien und britannische nach Irland gereist sind, wird allgemein angenommen (TYP 510). Der »Zweite Zweig des Mabinogi«,
der auf kriegerische Spannungen zwischen Irland und Wales weist,
berichtet immerhin, dass »Taliesin« einer der Sieben gewesen sei,
die lebend aus Irland entkamen. Aber da es ja im Frühmittelalter
irische Enklaven in Nordwales gegeben hat (s. oben zum Ogam S.
107), ist eine Übernahme dieser Vorstellung direkt in Britannien
keinesfalls unmöglich.

Was die eigentliche »Schlacht der Bäume« angeht, so ist es
nicht einmal sicher, ob hier menschenähnliche Wesen in Bäume

206

verwandelt werden, wie ich selbst früher annahm, oder wirklich nur Pflanzen aufmarschieren, wie ich jetzt erwäge.

Kat Godeu wird in Triade 84 zusammen mit der Schlacht von Camlan, in der König Arthur fiel, als *ouergat* bezeichnet, was wohl als ›unnötige Schlacht‹ im Sinne von »aus geringfügigem Anlass« verstanden werden muss. Das Treffen bei Camlan wurde der Sage nach durch ein Streitgespräch der Gemahlin Arthurs Gwenhwyvar mit ihrer Schwester Gwenhwyvach ausgelöst, *Kat Godeu* hingegen wegen »des Gerichtsfalls einer Hündin, zusammen mit dem Rehbock und dem Regenpfeifer«. In einer Überlieferung des 17. Jh.s, die aber zwei frühe *englynion* enthält, heißt es, die Schlacht sei dadurch entstanden, dass Amaethon vab Dôn (die mythische Gestalt des ersten Bauern) einen Rehbock und einen Windhund-welpen eingefangen habe, die aus Annwfn kamen (TYP 206f.). Von kämpfenden Pflanzen ist in dieser Tradition nicht die Rede. So bezweifle ich, dass trotz des Namens wirklich die gleiche Schlacht gemeint ist, die eng mit dem »Vierten Zweig des Mabinogi« und der Figur des Tricksters Gwydion zusammenhängen müsste. Ich werde den Gedanken nicht los, dass es sich bei dem hier behandelten *Kat Godeu* aus dem »Buch des Taliesin« um ein reines Virtuosen-stück, um eine Parodie oder um beides zugleich handelt, was auch schon Marged Haycock[111] vermutete. Es ist aber gewiss dadurch angeregt, dass im »Vierten Zweig« Gwydion einen Wald durch Zauberkunst als vorrückende Armee erscheinen lässt, was wohl auch in der Macbeth-Tradition seinen Niederschlag gefunden und wahrscheinlich auch R. Tolkien zur Konzeption seiner monströsen Baumhirten (Fangorn etc.) im »Lord of the Rings« angeregt hat. Die enge Beziehung Taliesins zu Eiche und Schlange schlug sich später im Credo des AOD (»Ancient Order of the Druids«) nieder (Hutton [2011], 218).

Kat Godeu hat insofern allerlei angerichtet, als der Text eine – freilich äußerst trübe – Lieblingsquelle aller Phantasten wurde: Diese Vorstellungen reichen von der Annahme, dass er sich auf die Sintflut beziehe (Thomas Stephens, 1848) oder ein Dokument

---

111 In: Taliesin a Brwydr y Coed [T. und die Schlacht der Bäume] (= Caerwyn Williams Memorial Lecture 2004), Aberystwyth 2005 [in walisischer Sprache].

Bardenesoterik im Altertum und im Mittelalter

der altägyptischen Religion sei (Gerald Massey, 2002) bis zum
Baumkreis, Baumhoroskop und dem Gedanken, dass die Kelten
typische »Waldleute« gewesen seien. Soweit ich sehe, geht diese
kuriose Anschauung letztlich auf Robert Graves – im deutschen
Sprachraum: Robert von Ranke-Graves (1981) – und seine »White
Goddess« (1948) zurück. Er verband die Pflanzen mit den Namen der Ogamzeichen im Hohen und Spätmittelalter, die, wie in
Auraicept ersichtlich, in Pflanzennamen vereinheitlicht wurden.
Diese blieben z. T. als Buchstabennamen[112] der 1960 als offizielle
Schrift der Irischen Republik abgekommenen Druckschrift *Cló
gaelach* im Gebrauch. Ein Vergleich zeigt, dass sich die »Buchsta-
benpflanzen« jedoch keinesfalls mit den in *Kat Godeu* kämpfenden Gewächsen decken. Graves musste hier manch eine Ranke
hinbiegen. Die Hauptidee war dabei, dass der Verfasser von *Kat
Godeu* druidisches Geheimwissen einer matriarchalen Religion
hier so verschlüsselt habe, dass es die Kirche im Gegensatz zu Graves nicht aufspüren konnte. Sein Werk hat mit seiner esoterischen
Botschaft breite Leserschichten von Hobby-Mythologen der New
Age-Welle beeinflusst (vgl. Markale [1989], 141ff.). Und weil man
die Kelten, die übrigens wegen ihrer hochstehenden, von Holz-
kohle abhängigen Eisentechnik die Wälder großzügig abholzen
mussten, kurioserweise für ganz besonders naturverbunden und
waldfreundlich hielt, so erfand man den Baumkreis als gewaltigen
»Kraftort« und das Baumhoroskop. Ich habe mich über diese sowie
die sie auslösenden Spekulationen von Graves relativ ausführlich
geäußert (B3 566–576, 584–589).

Man würde Graves und ähnlichen Gestalten Unrecht tun, wenn
man sie als Scharlatane bezeichnete, ich habe für diese ganze pseu-
dowissenschaftliche Richtung vielmehr den Begriff »Fiktionaldidaktik« geprägt und ihren sozusagen ästhetischen Wert betont.
Aus literaturwissenschaftlicher Sicht könnte man sie in die Nähe
jener Literatur stellen, die wir die »utopische« nennen und die

---

112 Die zu Baumnamen vereinheitlichten Buchstabennamen sind: a*ilm* ›Ulme‹,
b*eith* ›Birke‹, *coll* ›Hasel‹, *dair* ›Eiche‹, e*adhadh*, e*abhadh* ›Espe‹, *fearn* ›Erle‹,
gath ›Efeu‹, [h]*uath* ›Weißdorn‹, *iodha* ›Eibe‹, *luis* ›Wacholder‹, m*uin* ›Wein-
rebe‹, n*uin* ›Esche‹, *oir* ›Besenginster‹, *peith* ›Attich‹, *ruis* ›Holunder‹, s*ail*
›Weide‹, *teithne* ›Stechginster‹, *ur* ›Heidekraut‹.

208

Die Barden im mittelalterlichen Wales

ja auch vorgibt, auf wissenschaftlicher Basis zu beruhen. Gerade bei Graves zeigt sich der fiktionale Charakter seiner Erdichtung besonders deutlich, ist er doch auch der fruchtbare Verfasser von Lyrik und einst viel gelesener historischer Romane (z.B.»Ich, Claudius, Kaiser und Gott«). Mir jedenfalls scheint damit eine bisher zu wenig beachtete literarische Gattung bezeichnet. Ich werde später im Zusammenhang mit Iolo Morganwg auf dieses Thema zurückkommen (s. S. 219).

Die Spuren keltischer Baumverehrung sind unübersehbar – die Eiben und Eichen stehen heute noch in hohem Ansehen –, ob sie nun aus einer Art »Pflanzentotem« erwuchs, wie vielleicht im Volksnamen der *Eburones* ›Eibenleute‹ oder in irischen Personennamen wie *Mac Cartney* ›Sohn der Eberesche‹ oder *O Cullen* ›Enkel der Stechpalme‹ oder auf dichterischer Metaphorik beruht. Das sporadisch auftretende Motiv der »Menschenseele im Pflanzenkörper« begegnet uns in dem bretonischen Märchen von den zwei alten Bäumen aus der Gegend von Plougaznou (Le Braz [1912], II, 43–51). Hier belauschen der Sohn und seine Frau seine Eltern, die als alte Buchen an einem Hohlweg wachsen, aber sich nachts als Bäume zum Haus schleppen, wo sie sich in Menschengestalt am Feuer in der Küche wärmen. Ihre Sündhaftigkeit zu Lebzeiten lässt sie als Bäume unter Kälte leiden. Nahe steht die Vorstellung von Pflanzen, die etwa aus Gräbern hervorwachsen in der Einleitungsgeschichte von »Kulhwch ac Olwen« oder später aus dem des Riesen Einiget (s. S. 230). All dies hilft uns beim Verständnis von *Kat Godeu* nicht.

»Taliesin« brachte hier 30 Pflanzennamen in 73 Versen unter, und ich kann mich des Eindrucks nicht erwehren, dass er damit Ovids Pflanzenkatalog (Metamorphosen 10, 90–103) mit 25 Gewächsnamen in 13 Hexametern nacheifern, übertreffen oder parodieren wollte. Dass sich beide Kataloge unterscheiden müssen, ist selbstverständlich, immerhin haben sie aber Eiche, Buche, Hasel, Esche, Tanne, Stechpalme, Weide, Ulme und kurioserweise den Efeu, der auch bei Ovid als »Schmiegfüßiger« (*flexipedes hederae*) daherwandelt, gemeinsam. Ich vermute, dass »Taliesin« hier die unter dem Einfluss des Orpheus wandelnden Bäume dadurch übertrumpfen wollte, dass er noch mehr Pflanzen nannte und diese

Bardenesoterik im Altertum und im Mittelalter

in einen veritablen Krieg verwickelte. Ich vermute ferner, dass *Kat Godeu* parodistischen Charakter haben sollte und entnehme dies der Tatsache, dass »Taliesin« im Gegensatz zu Ovid, der zunächst die kräftigen Bäume wie Eiche, Linde und Buche auftreten ließ, mit Erle, Weide und Eberesche beginnt, die nicht gerade furcht-einflößende Baumriesen sind, und dass so schwache Gehölze wie die Himbeere und vor allem der Liguster so stark im Vordergrund stehen.

Bemerkenswert ist aber auch die enge Beziehung, die zum »Vierten Zweig des Mabinogi« besteht. Immerhin erscheinen darin Math, Modron, Gwydion, Dylan Eil Mor und Goronwy, die alle auch im Textkomplex um *Kat Godeu* vorhanden sind. Auch dass »Taliesin« teilweise aus Blüten zusammengebaut wird, klingt an die Erschaffung der *Bloddeuwedd* ›Blumengesicht‹ aus Blüten der Eiche [!], des Mädesüß und des Besenginsters im Mabinogi an. Noch deutlicher parodistisch aber scheint mir die mehrfache Einbeziehung der christlichen Heilsgeschichte, denn der Vergleich mit dieser ist doch wohl etwas hochgegriffen.

Fragt man sich, wo eine solche Arbeit entstanden sein könnte, dann lautet die nächstliegende Antwort zweifellos: in einem Kloster (wie etwa Tintern oder Strata Florida). Hier verfügte man über das weitgestreute Wissen, insbesondere aber über die Kenntnis Ovids, der wegen seines eleganten Lateins seit dem 11. Jh. zunehmend als Schulautor gelesen wurde. Das 12. Jh. wurde überhaupt als ein »ovidianisches Zeitalter« angesehen, wobei die »Metamorphosen« stellenweise auch als christliche Allegorien galten (Klein [2008]). So ist es leicht vorstellbar, dass nach ovidianischem Vorbild eine Pflanzendichtung entstand, in der nun die Gewächse kämpfen anstatt nach dem Muster der »Metamorphosen« einfach aufzu-marschieren. Insbesondere ist aber der frivole Umgang mit der Kirchenlehre selbst – der Hinweis auf das Johannesevangelium, auf Christus und die drei größten Ereignisse (Sintflut, Kreuzigung und Jüngstes Gericht) – wohl nirgendwo so leicht vorstellbar wie in einem Kloster. Wer das bezweifelt, lasse sich durch die Messparodi-en der *Carmina Burana* eines besseren belehren. Dass der Text von einem Fahrenden stammt, folgt vielleich aus dem Vorsatz, Mantel und Becher (!) nicht schlecht zu behandeln. Er könnte sich auch beim Archipoeta finden. Wäre *Kat Godeu* im 12. Jh. entstanden, so hätte der Text immer noch in den *Llyfr Taliesin* aufgenommen werden können.

Im »Buch des Taliesin« findet sich auch ein vielumrätselter früharthurischer Text von beträchtlichem Interesse. Er schildert verlustreiche Expeditionen Arthurs und seiner Helden mit dem Schiff Prydwen in die Andere Welt bzw. das Totenreich, von denen nur wenige – darunter offenbar auch Taliesin – zurückkehren. Am Ende wird das von den Druiden geerbte Bardenwissen dem der Mönche, die etwa von Isidor oder Macrobius zehrten, gegenübergestellt.[113]

Bei all dieser hochentwickelten Bardenesoterik, von der ich ja nur einen zwar bedeutsamen, aber doch kleinen Ausschnitt behandeln konnte – einen sehr wichtigen alten Barden, Llywarch Hen, habe ich fast ganz übergangen und die späteren *gogynfeirdd*, die Barden des Hochmittelalters, kommen überhaupt nicht zur Sprache –, wird aufgefallen sein, dass ein wesentliches Element der nachantiken Geheimhaltungsstrategie fehlte: eine besondere Schrift. Selbst wenn, wie ich und andere vermuten, die Ogamschrift in Britannien entstanden sein sollte und vom Erfinder her zum Schreiben des Altbritannischen ausgelegt war, weil sie im Uririschen nicht gebrauchte Zeichen enthält (s. S. 107), so haben doch die Britannier davon keinen Gebraucht gemacht und Ogam nicht etwa als Geheimschrift verwendet, wie das der *Auraicept na n-éces* mit seinen über 90 Verschlüsselungen vormacht (s. S. 109).

Ob sie dies als Manko empfanden, wissen wir nicht, sicher ist nur, dass ein angelsächsischer Scholar dem gelehrten Nennius Vorhaltungen machte, dass die Britannier keine eigene Schrift hätten. Nennius, Nemnius oder Nemnivus (britann. *Nynniaw*), der in Wales zu einer Sagengestalt wurde, war Schüler des Bischofs Elvodugus (britann. *Elfodd* † 809), der in Britannien die römische Osterberechnung eingeführt hatte, und verfasste um 830 die

---

113   Ich verweise dazu auf meine frühere Übertragung (Birkhan [1989] 2, 107–109), die jedoch nach Arthur (1991), Stefan Zimmer ([2006], 82–85) und Sarah Higley (im Internet) zu verbessern ist, was ich mir für eine gesonderte Publikation aufsparen muss. Vgl. auch Sims-Williams [1991], 54.

»Geschichte der Briten« (*Historia Britonum*), in der sich zum ersten Mal eine ausführlichere Erwähnung Arthurs, insbesondere seiner Schlachten, findet, desgleichen landschaftliche Kuriositäten, die damals schon die Sage mit dem großen König zusammenbrachte. Auf den Vorwurf des Sachsen hin erfand Nennius *ad hoc* eine altkymrische Runenschrift (*subito ex machinatione mentis suae formavit*), deren 24 Zeichen den angelsächsischen Runen meist auffallend ähnlich sehen und uns in vier Handschriften mit zum Teil kleinen Varianten überliefert sind (Derolez [1954], 157–159).

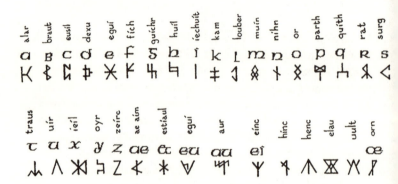

Das Ganze war reine Spielerei, denn hätte Nennius sich ernsthaft um eine Art Geheimschrift oder »national-britannische« Schrift bemüht, so hätte er etwa für das stimmlose *ll* und dessen Lenitionsprodukt *l* diakritische Zeichen oder gleich zwei verschiedene »Runen« erfinden müssen und dafür die Zeichen für *z* und *q*, die dem Altkymrischen ganz fremd sind, weglassen können.

III. Teil

Die objektive Esoterik der Barden in georgianischer und viktorianischer Zeit – das Morgenrot der neuen Druiden[114]

Y Gwir Yn Erbyn Y Byd
›Die Wahrheit gegen die Welt‹
(Motto der *Eisteddfod*)

Von John Aubrey bis Iolo Morganwg und William Price

Das Alphabet des Nennius schlägt eine gedankliche Brücke über mehr als 900 Jahre hinweg zur »Bardenschrift« *coelbren y beirdd*, die in georgianischer Zeit von einem Bardenmystiker erfunden werden sollte. Jedoch bevor ich mich ihr zuwenden kann, muss ich zwei Meilensteine des »Cambrismus« erwähnen, wie man die auf Wales bezogene esoterische Ideologie nennen könnte.

Den einen höchst ansehnlichen Meilenstein setzte der Arzt William Stukeley (1687–1765),[115] der sein Leben den britischen Altertümern weihen sollte. Angeregt durch die in die Neuauflage (1695) der *Britannia* von William Camden (1551–1623), einem vom Begründer der englischen Historiographie verfassten glanzvollen Werk, das die Landschaft, die Geschichte und Bodenfunde Britanniens dokumentierte und in dem er auf die Erkenntnisse von John Aubrey (1626–1697) gestoßen war, begann sich Stukeley auf die junge Wissenschaft der Archäologie Britanniens zu konzentrieren. Aubrey, ihr Begründer in England, hatte viele Vorzeitdenkmäler untersucht – z. B. das berühmte Stonehenge (Maier [2005]) – und neue entdeckt, insbesondere das etwa ebenso wichtige nicht weit

---

114 Dieser Abschnitt beruht in vieler Hinsicht auf B3 und Hutton (2011). Um den Text nicht mit Literaturhinweisen zu überlasten und leichter lesbar zu gestalten, verweise ich nur an den wichtigsten Stellen auf diese beiden Quellen.

115 Piggott (1985); Green (1998), 142–146; Haycock (2002).

entfernte Avebury (Blain – Wallis [2007], 47–76) aus der ungefähr gleichen Zeitstufe (2600–2500 v. Chr.). Aubrey folgend schrieb Stukeley diese Monumente den Druiden zu. Im Folgenden widmete sich der Arzt sehr intensiv der Feldforschung, deren Ergebnisse er zunächst in seinem *Itinerarium curiosum* 1724 festhielt. Bei der genauen Vermessung von Stonehenge glaubte er sogar, auf ein altes Längenmaß, die »Druiden-Elle« (*druid cubit*) von 52,83 cm, gestoßen zu sein (Hawkins [1967]), was übrigens nicht gerade auf Vorzeitriesen weist.

1729 ließ sich Stukeley zum Reverend der Anglikanischen Kirche weihen und gab die empirische Forschungstätigkeit fast ganz auf, um sich fürderhin in sehr spekulativer Weise den Druiden zu widmen (Burl [1980]), indem er die Ideale seines eigenen Freimaurerordens (s. S. 241), dem er seit 1721 angehörte, mit der gemutmaßten Druidenweisheit verband.

Aus den späteren Jahren Stukeleys stammen dann »Stonehenge, a Temple restor'd to the British Druids« (1740) und »Avebury, a Temple of the British Druids, With Some Others, Described« (1743). Ein Freund Isaac Newtons und hochangesehenes Mitglied der wichtigsten gelehrten Gesellschaften ließ er sich im vertrauten Kreis gerne »Arch-Druid« nennen, was uns vielleicht angesichts seines geistlichen Amts als Vikar erstaunt. Dabei ist aber zu bedenken, dass Stukeley, wie schon einige Gelehrte vor ihm, annahm, dass die Britischen Inseln ursprünglich von Phöniziern besiedelt worden seien. Diese waren als Semiten den Israeliten nahe verwandt oder gar aus ihnen hervorgegangen und mussten wohl eine Lehre vertreten haben, die der des Alten Testaments ähnelte. Unbedenklich hatte man schon 1609 in Frankreich den keltischen *Teutates* (s. S. 49, 70) mit dem ägyptischen *Thot* gleichgesetzt, der aber kein anderer als Moses gewesen sei (Maier [2001], 22). Zu diesen Denkmustern gehört auch die öfter ventilierte Theorie, dass das Kymrische mit dem Hebräischen nah verwandt oder gar sein Vorläufer war – nicht umgekehrt! –, wie es noch der walisische Pfarrer Edward Davies 1804 lehrte (B3 427).

So habe nach Stukeley der Unterschied zwischen Druiden und Christen letztlich nur darin bestanden, dass erstere noch auf den Messias hofften, während letztere glaubten, dass er schon gekommen sei.[116] Wenn in seinen Predigten von den Vätern des Alten Testaments die Rede war, dann ließ der Altertumsfreund durchaus auch Druiden in prophetischer Funktion auftreten (Piggott [1968], 151). So nahm er schon 1723 an, dass die Druiden zum Frühlingsäquinoktium Menschen durch Kreuzigung geopfert hätten, »ein wunderbarer, wenn auch grausiger Gedanke«, der aber schon auf den Messias vorauswiese.[117] Nun unterzeichnete er Briefe mit *Chyndonax, Druid of Mount Haemus*, wobei *Chyndonax* der Name eines Druiden sein sollte, dessen Asche in einem Glasgefäß mit griechischer Grabinschrift angeblich 1598 bei Dijon entdeckt worden war (Maier [2001], 24), was ein Dr. Louis-Jean Guenebault gründlich beschrieben hatte (Piggott [1985], 53). Auch andere Personen aus dem Umkreis Stukeleys erhielten solche Titel, sogar Prinzessin Augusta von Sachsen-Gotha-Altenburg, die Mutter König Georgs III., die als Witwe die berühmten Kew Gardens ausbauen ließ, und die sich nun *Veleda, the Archdruidess of Kew* nennen durfte (Piggott [1985], 142f., 149). Sie soll dem Titel nach die einzige Frau im alten neodruidischen Orden gewesen sein.

Da und dort wurden auch Megalithen errichtet, am eindrucksvollsten von William Danby von Swinton Hall im Moor von Ilton bei Masham (Yorkshire), wo sich eine gewaltige Anlage (1803–1820 errichtet) befindet, eine »folly«, die mit ihren Trilithen an ein Miniatur-Stonehenge gemahnt (s. das Cover dieses Buches). Ein anderer nicht minder spleeniger Altertumsfreund war Sir Richard Hill, der in Hawkstone Park bei Weston (Shropshire) sogar einen eigenen Druiden anstellte, der, wenn Gäste kamen, in entsprechender Kleidung seine Riten zu versehen hatte.[118]

---

116 Dagegen konnte man noch im 19. Jh. in Schottland glauben, dass der feurige Wagen des Propheten Elias (2 Kön 2, 11) Druidenwerk gewesen sei. Dazu passte auch die »Etymologie« von schott.-gäl. *drèag, driùg* ›Meteor‹ < *druidh-eug* ›Druiden-Tod; Tod eines Druiden‹! Als solcher wurde offenbar Elias angesehen.

117 Zitat aus dem handschriftlichen Nachlass bei Haycock (2002). Stukeleys Zeichnung einer solchen Kreuzigungsszene bei Maier (2005) 73, Abb. 12.

118 Piggott (1993), 170–173; Hutton (2011), 123ff.; Green (1998), 145.

Den zweiten Meilenstein setzte – dem erlernten Gewerbe nach sehr treffend – der Steinmetz Edward Williams (1747–1826) aus Trefflemin (Flemingston) in Glamorgan, wobei der Name der Grafschaft auch in seinen »nom de plume« *Iolo Morganwg* einging (*Iolo* ist die Koseform für kymr. *Iorwerth* < engl. *Edward*). Er erlernte nach eigenen Angaben Lesen und Schreiben, indem er seinem Vater – gleichfalls ein Steinmetz – beim Verfertigen der Grabinschriften zusah. Iolo hat verhältnismäßig wenig publiziert, aber ein großes ideelles Erbe hinterlassen, dessen literarische Materialisation sein Sohn Taliesin (!) Williams (bzw. *Taliesin ap Iolo*; 1787–1847) betreute, das aber am prägnantesten in Form eines »Barden-Katechismus« zu uns spricht. Auf dieses *Barddas* genannte dickleibige Werk kann ich zurückgreifen, wenn ich das »Glaubensgut« und die »Theologie« des walisischen Bardentums in georgianischer und viktorianischer Zeit skizzieren werde.

Erst einmal ist das Wort *Eisteddfod* (›Sitzung‹) gefallen (s. S. 192), es gewinnt aber nun im Zusammenhang des nachmittelalterlichen Bardenwesens eine ganz besondere Bedeutung als Emanationsprodukt des walisischen Selbstbewusstseins und Nationalismus.

Die Rechte der Barden, die wir ja schon kennenlernten, werden in Wales auf den großen König Hywel Dda (s. S. 182) zurückgeführt, der sie um 970 bestätigt haben soll, ebenso 1078 der berühmte König von Gwynedd Gruffudd ap Cynan (1055–1137), durch seine Normannenkämpfe eine der nationalwalisischen Lichtgestalten. In der Bardenideologie selbst sind ihre Privilegien natürlich sehr viel älter und gehen mindestens auf *Macsen Wledig* (›Landesherr Maximus‹) zurück, eine Sagenfigur, hinter der sich der römische Gegenkaiser Flavius Magnus Maximus (ca. 335–388) verbirgt. Er soll 383 den Barden besondere Privilegien eingeräumt haben. Doch in der Folgezeit ging's bergab, indem man »den Namen Gottes verunehrte, den Gesang verfälschte und die Wissenschaft der Bardenkunst verzerrte«. Um dies zu reformieren, habe König Arthur seine Tafelrunde gegründet, deren Aufgabe es war, die Bardenwissenschaft sowie die Privilegien der Barden und anderer Vokalisten neu zu ordnen – ein meinen Lesern wahrscheinlich völlig neuer Aspekt der Tafelrunde. Die Vorsitzenden dieser »Bardentafel« waren natürlich »Taliesin«, die beiden Merline und ein *Sankt Mabon*

(*Barddas*, S. LXXIf.). Es ist der Gott *Maponos*, den die magische Inschrift von Chamalières anrief (s. S. 91 f.) und der es inzwischen zum Heiligen gebracht hat!

Kehrt man auf den Boden der Historie zurück, so ist als erste Eisteddfod die von 1176 zu erwähnen, die König Rhys ap Gruffydd in Cardigan abhielt. Damit ist nicht gesagt, dass sich nicht schon zuvor Barden an Höfen versammelt haben, wie es ja die späte Tradition in *Chwedl Taliesin* (s. S. 198) vom Hofe Maelgwns berichtet. Als Siegespreis galt ein Platz an der Tafel des Fürsten. Für uns, die wir hier unweigerlich die Meistersinger assoziieren, scheint es kurios, dass man die musikalische Darbietung auf dem nationalen Streichinstrument (*crwth*) und der Harfe (*telyn*) einerseits und die Wortkunst andererseits getrennt bewertete. Inwieweit es kleinere *eisteddfodau* in der Zeit der Normannenherrschaft gegeben hat, ist umstritten. Ich kann mir nicht vorstellen, dass sie völlig abgekommen wären.

Ein historisch nicht haltbarer Mythos verbindet Edward I. Longshanks (reg. 1272–1307), den Eroberer von Wales, mit dem fast vollständigen Untergang der Bardenpoesie. Klassischen Ausdruck fand diese Behauptung in der 1757 erschienenen berühmten Ode »The Bard« von Thomas Gray (1716–1771). Hier steht der einzige Barde, welcher der Sage nach die Eroberung von Wales durch die Normannen überlebt haben soll, dem König gegenüber. Im Gebirgsland von Snowdonia ruft er seine ermordeten Bardenbrüder auf, mit ihrem Gesang dem Haus Plantagenet ein Leichentuch zu weben. Als *prophetia ex eventu* verkünden die Bardengeister nach Beschwörung »Taliesins« alle Greuel, die sich bis Heinrich V. (1413–1422) ereignen sollten. Erst die Herrschaft der walisischen Tudors, deren künftige Königin Elisabeth I. (1558–1603) der Barde preist, werde Änderung bringen. Sodann stürzt er sich vom Felsen in die Schlucht, eine Szene, die verschiedene Künstler zu bedeutenden Darstellungen anregte. Das Werk, für das Gray auf die Odenform Pindars zurückgriff, ist das eines gelehrten Poeten, der mittels Fußnoten die Einzelheiten seiner prophetischen Rede dem historisch minder bewanderten Leser erklärt. Hier finden wir die aus der *Prophetia Merlini* bekannten allegorischen Tierbilder wieder.

Noch vor der Machtübernahme des Königtums durch das walisische Haus Tudor (*Tewdwr, Tudur*) 1485 kam es zu der ersten großen Eisteddfod 1451 in der »Merlin-Stadt« Carmarthen. Die nächste sehr bedeutende Veranstaltung fand 1568 schon unter der Regierung Elisabeths I. im nordwalisischen Caerwys (Flintshire) statt. Die Königin scheint besonderes Interesse an diesen Veranstaltungen entwickelt zu haben, weil sie darauf bestand, dass nur geprüfte und anerkannte Barden teilnehmen durften. Die klassischen Hofbarden gab es nun nicht mehr. Die Preise bestanden in aus Silber gefertigten Miniaturgegenständen, welche die jeweilige Kunst abbildeten: einen Miniaturthron für den besten Dichter, eine kleine Harfe für den besten Harfenisten, eine Silberzunge für den besten Sänger usw. Dennoch verloren die »Sitzungen« allmählich an Bedeutung und verfielen mit dem Aussterben des Hauses Tudor. Zwar beschäftigten sich weiterhin Gelehrte wie Lewis Morris (1700–1765) und Evan Evans (1731–1789) mit der Dichtung der mittelalterlichen Barden, aber den großen Umschwung, den Neuansatz brachte dann doch Iolo Morganwg. Es ist charakteristisch, dass jetzt das Barden- und ein neu erfundenes Druidentum immer mehr zusammenwuchsen.

Iolo, der in allen geschäftlichen Belangen kläglich versagt und schon in Schuldhaft gesessen hatte, gewann jedoch in London zwei ihn bewundernde Freunde, die seine Projekte, d.h. die Drucklegung seiner Texte, großzügig förderten. Das waren der wortkarge William Owen (»William the Silent«) und Owen Jones, der sich nach seinem heimatlichen Tal *Owain Myfyr* nannte. In der von ihm gegründeten »Myvyrian Archaeology« erschienen wichtige Texte Iolos, d.h. seine Fälschungen. Da sind zunächst Dichtungen, die er dem walisischen Minnesänger Dafydd ap Gwilym (ca. 1320-ca. 1350) unterschob, und später angebliche Werke des frühen bedeutenden Barden Llywarch Hen (s. S. 188), wobei die ihm zugeschriebenen Dichtungen, die ich hier nicht berücksichtigt habe, schon durch ihre komplexe Chronologie und ihre archaischen Inhalte zum Fortspinnen einluden (Jarman [1992c]).

Man kann Iolos Werke getrost weithin Fälschungen nennen und ihren Verfasser neben dem Ossian-Dichter James MacPherson zu den bedeutendsten literarischen Fälschern Großbritanniens zählen, wenn man nicht vergisst, dass ihre Produkte aus einer uns heute fremden geistigen Haltung stammen, die das »Wahrscheinliche« als das »Bestehende« nimmt. Diese Einstellung ist nicht ganz leicht zu erklären; sie ist ein Rest archaischer und mittelalterlicher Mentalität, die aber ansatzweise auch uns noch zugänglich ist. Es beginnt schon damit, dass wir keinen Anstoß daran nehmen, wenn etwa bei Homer oder in einer mittelalterlichen Erzählung die Helden und Heldinnen lange Reden halten, die – noch dazu in einem bestimmten Metrum – »wörtlich« wiedergegeben werden, ohne dass wir uns die banale Frage stellen, woher denn die Autoren wissen konnten, dass die Helden so und nicht anders gesprochen haben. Es genügt, dem Dichter und uns zu glauben, dass die Personen so gesprochen haben könnten, d.h. dass es eine »innere Wahrheit« gäbe, die solche Äußerungen »wahr-scheinlich« (lat. *veri-simile* ›der Wahrheit ähnlich‹) mache. Überflüssig zu erwähnen, dass die Erkenntnis der »Scheinwirklichkeit« der Kunst bereits auf die Antike zurückgeht und die Literaturwissenschaft seitdem immer wieder beschäftigt hat, aber auch der Geschichtswissenschaft sind die vielen frommen und weniger frommen Urkundenfälschungen des Mittelalters ganz vertraut. Neuzeitlich rationalisiert liegt der Gedanke auch anderen Kulturleistungen zugrunde: Bei der Errichtung einer neugotischen Kirche nahm man an, dass das neugeschaffene Werk den Geist des Mittelalters atme. Ähnlich ging Iolo Morganwg mit großer Zuversicht davon aus, dass das von ihm Erfundene zu den echten Texten im Verhältnis der »inneren Wahrscheinlichkeit« stehe und wäre gewiss nie auf die Idee gekommen, dass die Fälschung eines alten Textes und z.B. einer Banknote grundsätzlich vergleichbar seien. Nur bedingt vergleichbar ist die oben erwähnte »Kunstform« der »Fiktionaldidaktik« (s. S. 208). Im Gegensatz zu einer neugotischen Kirche, die niemand für alt ausgeben konnte, weil zu viele Umstände ihre wahre Entstehungszeit verrieten, war dies bei einem Literaturwerk sehr viel leichter möglich, vor allem, da sich auch lange Zeit niemand für die »Originalhandschriften« interessierte. Dazu kam, dass auch die walisische Sprachwissenschaft noch keineswegs in der Lage war, etwas aus rein linguistischen Gründen für unecht zu erklären, zumal bei Texten wie den bardischen, bei denen immer mit einem gewissen Ausmaß an Archaik, Dunkelheit oder gar intendierter Unverständlichkeit zu rechnen war.

Die objektive Esoterik der Barden

So gesehen bin ich mir nicht sicher, ob Iolo seine vielen Fälschungen überhaupt als solche wahrnahm oder doch eher glaubte,
etwas wieder herzustellen oder zu verwirklichen, was die gewalt-
tätige Geschichte abgebrochen oder unterdrückt hatte. Immerhin
hatte er auch mancherlei Opfer gebracht und seien es auch nur die
weiten Fußmärsche, die den schwer unter Asthma leidenden und
dem Laudanum ergebenen Druiden auf der Suche nach Steinkrei-
sen und anderen Vorzeitdenkmälern quer durch das Land führten.
Eine Karikatur zeigt den gesundheitlich angegriffenen, aber hell-
wachen Fanatiker in seinem Lehnsessel (Abb.).

Von der gleichzeitigen französischen Revolution tief bewegt, war
er innerlich zu einem Revolutionär geworden, der »Churchism-
and-Kingism«, wie er sagte (Hutton [2011], 154f.), scharf ablehnte,
nicht das Christentum und das Königtum an sich, sondern die
bestehende Form. Und so versuchte er mit seinen Fälschungen
nicht mehr und nicht weniger als eine neue Gesellschaft aufzubau-
en. Schon nach den Theorien Stukeleys standen ja die Lehren der
Druiden denen des Alten Testaments nahe, sie seien eigentlich die
monotheistischen Patriarchen Britanniens, die mittelalterlichen
Barden die ideellen christlichen Nachfolger der alten Druiden, die
eigentlichen Anhänger Christi aus einer Zeit, als das Christentum
noch nicht papistisch verderbt war. Die Barden- und Druidenbe-
wegung ist in erster Linie antikatholisch und antianglikanisch. Sie
lässt nur die in Wales verbreiteten Kirchen gelten, z.B. die der Uni-
tarians, welche die Trinität leugnen, und der Iolo selbst angehörte.
Ganz üblich war es, dass Barden und Druiden offizielle Amtsstellen
in diesen Kirchen ausfüllten (wie etwa John Williams »ab Ithel«; s.
S. 229) oder zumindest als Prediger wirkten.

In der Expansionszeit des Empires war natürlich auch Indien
und sein Hinduismus stärker in das allgemeine Bewusstsein getreten, und jetzt erst wurde der druidische Wiedergeburtsglaube (s. S.
130 ff.) nach hinduistischem Vorbild umgemodelt bzw. sogar als
älter oder ebenso alt ausgegeben. Wie die Druiden hätten auch die
Hindus ihren Reinkarnationsglauben von den Patriarchen übernommen. Wegen der Möglichkeit von Wiedergeburt in Tiergestalt
waren Iolo und andere Repräsentanten des neuen Bardentums wie
etwa auch William Price (s. S. 225 ff.) natürlich Vegetarier.

220

Karikatur des Iolo Morganwg im Lehnstuhl

Bei der Organisation seiner neuen Bardengesellschaft kam Iolo zupass, dass er seiner eigenen Aussage nach der einzige noch lebende »wirkliche« und aktive[119] Barde war – nur in Glamorgan und in seiner Familie habe sich das Bardentum erhalten, verkündete er. Ein Barde hatte das Recht, weitere Barden auf Grund ihrer Eignung zu ernennen, wobei drei Barden nötig waren, um einen neuen zu ernennen, ein einzelner Barde kurioserweise – wie anfangs Iolo selbst – aber zwei Barden ernennen durfte. Das geschah, wie andere offizielle Handlungen auch, auf einer *gorsedd*. Dieses nun neue und wichtige Wort bezeichnet eigentlich etwas, auf dem man sitzen kann, vorzugsweise einen Stein, ein Hügelgrab oder einen

---

119 Der einzige von ihm als echter Barde anerkannte Edward Evan aus Aberdare, ein Tischler, Glasermeister und Kirchenprediger (Hutton [2011], 152), trat nicht weiter in Erscheinung.

anderen Erdhügel bzw. einen Ort der Rechtssprechung und die Gerichtssitzung überhaupt, sodann (heute in der Alltagssprache) ›Thron‹. Im Grunde ist die Bedeutung jener von *eisteddfod* sehr ähnlich, nur dass *gorsedd* sich stärker auf den Ort bezog. Heute ist (*National*) *Eisteddfod* der übergeordnete Begriff und die *Gorsedd* die in diesem Rahmen abgehaltene Sitzung des Bardengerichts, deren Präsidium der »Erzdruide« (*Archdderwydd* ›Archdruid‹) innehat (GPC 1201, 1495f.). Durch die schon erwähnte, aus einem doppelten Missverständnis heraus erwachsene, kuriose Einführung des *Ovydd* (s. S. 62), entstand eine hierarchische Gliederung, als deren niederste Stufe man nun noch den ekstatischen Dichter des Mittelalters, den *awenydd* (s. S. 182, 190), hinzufügte.

Abgesehen vom Erzdruiden stehen die als Dichter »privilegierten« Barden und Druiden auf gleicher hierarchischer Ebene, d.h. auch die Druiden sind grundsätzlich Barden, die sich jedoch speziell der Religion und dem Unterricht widmen. Gemäß der Hierarchie galten (und gelten noch) folgende Farben: Druiden – weiß, Barden – himmelblau, Ovaten – grün. Die Farben der in der neueren Zeit abgekommenen *awenyddion* war weiß-blau-grün vermischt. Ein Druide, der keine Dichtung verfassen oder komponieren konnte, konnte auch kein »privilegierter« Barde sein, außer »durch Höflichkeit und Entgegenkommen«, gewissermaßen ein »Ehrenbarde« (*Barddas* II, 13–17). In der Bardenlehre unterschied man auch die *Prif-Feirdd*, d.h. die vorchristlichen Urbarden, die (eigentlichen) Barden des Zeitalters des Beli, von denen gewöhnlich die Rede ist, und *Oferfeirdd* ›Pseudo-Barden‹, solche, die nicht offiziell als Barden der Insel Britannien anerkannt waren (*Barddas* II, 25).

Der Erzdruide (Abb.) trug bei seiner Amtshandlung nach der Darstellung von 1815 allerlei güld'nen Zierat, der, allerdings anachronistisch, aus der irischen Bronzezeit stammt. In der Linken hält er ein *peithin* (s. S. 233 f.). Die Schlange vor dem Altar bezieht sich auf Taliesin (s. S. 205). Heute ziert sein Haupt statt der goldenen Tiara eine Kupferkrone mit stilisiertem Eichenlaub und Eicheln. Der Siegespreis für einen Barden in der alten strengen metrischer *cynghanedd*-Dichtung besteht aus einem Thron, der für jede Eisteddfod neuanzufertigen ist, jener für freiere Metrik aus einer Krone,

Erzdruide in ritueller Kleidung und mit peithin (1815)

während die siegreiche Prosa nur durch eine bescheidene Medaille ausgezeichnet wird. Besonders berühmt ist der einst in Shanghai angefertigte Thron, eine gewaltige Chinoiserie, mit dem 1933 in Wrexham der Schneidermeister Edgar Phillips (als Barde *Trefín*) für sein *cynghanedd*-Gedicht »Harlech« ausgezeichnet wurde. Heute ist die Form der Throne bescheidener und moderner, so dass der Barde den Siegespreis auch in seine Wohnung stellen kann. Im »St.

Fagans National History Museum« (auch: »Museum of Welsh Life«) in Cardiff kann man die Regalia der Eisteddfod-Kultur bewundern.

Bei der *gorsedd*, die zur Sonnwendzeit, der Tagundnachtgleiche sowie den traditionellen keltischen Festtagen am Ersten der Monate Februar, Mai, August und November stattfanden, versammelten sich die Angehörigen der genannten Ränge barfuß und – bis auf den Erzdruiden – barhaupt in einem Steinkreis. Auf dem Zentralstein (z. B. dem »Rocking-Stone« bei Pontypridd; Abb.) wurde ein Schwert als Zeichen der Gerichtsbarkeit aus der Scheide gezogen und dann wieder als Zeichen des Friedens zurückgesteckt. Hatte sich ein Barde vergangen, so wurde er ausgeschlossen, indem man ihn dreimal beim Namen rief und dreimal das Schwert gegen ihn erhob. Iolo beteuerte, dass der gesamte Ablauf seit zweitausend Jahren unverändert sei! Bei den Zeremonien, die zeitweise einen sehr geheimbündischen Charakter besaßen, wurden Frauen im Allgemeinen nur als Zuschauerinnen geduldet. Allerdings brachten es zwei Damen bei der ersten wichtigen *gorsedd* zum Ovatenstand. Später gab es gelegentlich Bardinnen, die auf Grund besonderer Leistungen ausgezeichnet wurden.

Die erste *gorsedd* fand am 21. Juni 1792 auf Primrose Hill – heute ein Stadtteil von London – statt. Schon 1791 hatte es eine Mini-Veranstaltung auf dem Gipfel des Plynlimon, der höchsten Erhebung des Kambrischen Gebirges (752 m), gegeben, wo Iolo nach seinem eigenen Wahlrecht zwei Barden kürte. Auf Primrose Hill wirkte als Erzdruide oder -barde Iolo selbst, drei andere Persönlichkeiten (darunter der Harfner des Prinzen von Wales) als Barden, der Rest bestand aus Ovaten. Hier wurden die Bardentraditionen und -regeln rezitiert, ein Vortrag über Mythologie gehalten, aber durch das Bergen des Schwertes in der Scheide der englischen Regierung ein Wink gegeben, sie möge sich von den radikalen Vorgängen in Frankreich nicht in einen Krieg verwickeln lassen. Iolo ließ aber keinen Zweifel offen, dass er mit dem Herzen auf der Seite der Revolutionäre stand: Als ein halbes Jahr später bei der nächsten *gorsedd* auf Primose Hill einige patriotische Töne anschlugen und die »Sitzung« gar mit »God save the King« schlossen, folgte der erste Bruch und die Abspaltung einer monarchistischen von einer revolutionären Gruppe, der Iolo angehörte.

Pontypridd, Schauplatz der ersten Gorsedd mit dem »Rocking Stone«, der als »Wiege der Ceridwen« galt.

Hier ist noch eine eher kuriose Randerscheinung zu erwähnen, die es aber zu großer Popularität gebracht hat: Der Arzt William Price (1800–1893) tauchte, ohne richtig initiiert zu sein, auf der Royal Eisteddfod 1834 auf und wurde dort nach einer Rede über walisische Geschichte und Literatur »aus dem Stand heraus« zum Schiedsrichter im Bardenwettstreit gewählt, worauf er Taliesin Williams (= *Taliesin ap Iolo*) den Preis verlieh. Der Chirurg tat sich auch als sozialistischer Realpolitiker auf der Seite der »Chartisten« hervor, was sich leicht aus der sozialen Situation in Südwales zur Zeit der Vollindustrialisierung verstehen lässt. Ziele waren u. a. etwa die Einrichtung von Gewerkschaften, das Wahlrecht und eine Arbeitszeitverkürzung. Er entkam einer Festnahme durch Flucht nach Frankreich. Dort entdeckte er im Louvre eine astrologische griechische Inschrift, die er sich zu einer »altkymrischen« Prophezeiung eines Prinzen *Alun* von etwa 800 v. Chr. zurechtphantasierte. Geläutert kehrte er zurück – und wurde schnurstracks Druide, der Anhänger um sich scharte. Um Adel und Kirche eins auszuwischen, taufte er eigenhändig seine Tochter auf *Gwenhiolan Iarlles Morganwg* ›Gwenhiolan Gräfin von Glamorgan‹, indem er einen Standestitel in den Personennamen einbezog! Der erklärte Vegetarier begann, durch seine Tracht höchstes Aufsehen zu erregen: Das bis zur Hüfte fallende Haar von Bart und Haupt wurden auf »chinesische Art« geflochten, das Gewand war smaragdgrün mit einer scharlachfarbenen Schärpe, allerlei Litzen und Goldknöpfen. Auf dem Kopf trug er eine Zobelmütze, an der drei Zobelschwänze hingen. Später tat es auch eine dreischwänzige Fuchsmütze (Abb.). Auf der *Eisteddfod* von 1855 begleitete ihn dann auch der halbnackte *Myrddin* (s. S. 192), allerdings nicht in Begleitung eines Schweinchens, sondern einer Ziege. Mitten unter den weißgekleideten Druiden, blauen Barden und grünen Ovaten erschien er 1858 auch in Llangollen, zusammen mit seiner Tochter, der »Gräfin von Glamorgan«, die zur Fuchsmütze eine Scharlachrobe trug.

Der hoch geschätzte Arzt verfasste als 71-Jähriger in einer Art Privat-Altwalisisch ein Werk über die alte Druidenlehre, in die er auch griechisch-orphisches und skandinavisches Material einfließen ließ. Als 81-Jähriger heiratete er dann mit druidischem Hochzeitsritual ein Landmädchen, das ihm noch drei Kinder gebar. Ein Vortrag beim Rocking-Stone in »prä-adamitischem Urwalisisch« löste nur Gelächter aus, ohne dass sich der Druide beirren ließ. Als sein erster Sohn, den er *Jesus Christus* (*Iesu Grist*) genannt hatte, mit fünf Monaten verstarb, brachte er die Leiche auf einen Hügel bei seiner Heimatgemeinde Llantrisant, um sie dort zu verbrennen. Er hatte einen Scheiterhaufen errichtet, trug nun eine weiße Zeremonialkleidung und zitierte Gedichte »Taliesins«. Indessen tauchte die Polizei auf und brachte ihn vor Gericht. Dort verteidigte er sich undruidisch, aber so geschickt, dass er nicht nur freigesprochen, sondern die Kremation fürderhin allgemein erlaubt wurde, weshalb er gleichsam als »Kulturheros« in Erinnerung blieb.

Ein später gezeugter Sohn, der nun überlebte, erhielt wieder den Namen *Iesu Grist*. Price nahm wohl an, dass die Seele des verbrannten Säuglings sich wieder inkarniert habe. Die danach

*Der Chirurg
Dr. William Price
in Ritualkleidung*

geborene Tochter wurde eine *Penelopen*.[120] Nun erklärte er sich zum Erzdruiden von Britannien, behauptete, dass im Altertum die Druiden den König gewählt hätten, und bedeutete, dass sein Sohn, der ihm mit seiner kleinen Fuchsmütze schon glich, der reinkarnierte historische Christus sei. Dabei muss er etwa gedacht haben, dass er die Seele des Heilands, der ja nach unitarischer Lehre zwar Gottes Sohn, aber nicht Gott ist, durch die Namensvergabe auf sein Kind übertragen habe. Als er im 93. Lebensjahr starb, sollen über

---

120 Möglicherweise hatte sich Price den Namen der Odysseusgattin irgendwie kymrisch-hebräisch zurechtetymologisiert und deswegen das -*n* angehängt (*pen* ›Kopf‹ + *elo* ›Gott‹ + *pen* ›Kopf‹?).

227

20.000 Menschen an seiner Verbrennung teilgenommen haben. Stärker als jeder andere der walisischen Druidenmystiker ist er im Bewusstsein seiner Landsleute verblieben. Das Dorf Llantrisant ehrt das Andenken des Arztdruiden mit dem großen sozialen Mitgefühl durch eine überlebensgroße Statue.

Wenn es um das sich vertiefende walisische Nationalgefühl geht, so dürfen auch zwei Damen nicht vergessen werden, die im kulturellen Selbstverständnis der Waliser tiefe Spuren hinterlassen haben. Die eine aus der Hocharistokratie, Lady Charlotte Guest (1812–1895), Tochter des Earl of Lindsey, trat als eine der Mitbegründerinnen der walisischen Literaturwissenschaft durch ihre bis heute noch herangezogene Übersetzung der sogenannten *Mabinogion* hervor, nicht nur der »Vier Zweige des Mabinogi« (*Pedeir Keinc y Mabinogi*), sondern auch der übrigen sogenannten »Romanzen«, inklusive der arthurischen Texte und der Erzählungen von »Taliesin«. Die andere, Lady Augusta Hall (1802–1896), eine reiche Londonerin, war mit Lord Llanover verheiratet. Sie hatte auf der Eisteddfod 1826 den Historiker und Pfarrer Thomas Price (*Carnhuanawc* ›der ausnehmend Sonnige‹) kennen gelernt und bei ihm Walisischunterricht genommen. Von ihm erhielt sie auch den Bardennamen *Gwenynen Gwent* ›Biene von Gwent‹. In ihrer betont walisisch eingerichteten Residenz auf Llanover Hall (in Cardiff) achtete sie konsequent auf Pflege des walisischen Volkstums. Nachdem sie auf der Eisteddfod von 1834 den ersten Bardenpreis mit einer Abhandlung über Sprache und Volkstracht errungen hatte, erfand sie die walisische Frauentracht mit dem kegelstumpfförmigen schwarzen Filzhut über einer spitzenbesetzten Haube und den roten Rock mit dem dunklen Überkleid. Sie verfasste nicht nur ein walisisches Kochbuch, sondern setzte sich für die letztlich aus Italien stammende, an der linken Schulter gespielte, pedallose Tripelharfe mit 99 Saiten ein, für die G. F. Händel ein Harfenkonzert in B-Dur (HWV 294) geschrieben hatte und die bis heute in Wales in der Bourgeoisie etwa jenen Platz einnimmt, den bei uns das Klavier hat.

Der Barddas und der walisische
Neodruidismus bis zur Gegenwart

Motto: / | \

Zur neuwalisischen Bardenlehre Iolos, die ja nach dem oben Gesagten auch eine Druidenlehre ist, bietet das Buch *Barddas* ›Bardismus‹, eine Darstellung der neodruidischen Philologie und Philosophie, den bequemsten Zugang. Es ist das Werk des Pfarrers und Druiden John Williams (bzw. *ab Ithel*; 1811–1862), der darin im Wesentlichen die Lehren Iolos zusammenfasste.

Der in dem winzigen Dorf Llanymawddwy in einem abseitigen Gebirgstal von Merioneth als »Rektor« wirkende, umtriebige Geistliche war Gründer der »Cambrian Archaeological Association« und des »Cambrian Institute«, dessen »Cambrian Journal« er ab 1854 herausgab. Das war eine Zeitschrift mit vorwiegend altertumskundlichen, aber auch sprachwissenschaftlichen, botanischen, ja sogar musikethnologischen Interessen, deren liebstes Thema aber doch die Bardenmythologie war. *Ab Ithel* war natürlich einer der Hauptautoren. Schon davor hatte er das *Gododdin* (s. S. 154 ff.) mit einer Übersetzung ediert. Der Rektor hat heute keine gute Presse. Man bescheinigt ihm Mangel an wissenschaftlicher Originalität und Ehrlichkeit, was sich in Plagiaten äußerte. Gestützt auf Iolo Morganwg und dessen ideellen Gefolgsmann *Myfyr Morganwg* (Evan Davies; 1801–1888), Schüler von *Taliesin ap Iolo* und späterer Oberdruide, verfasste er im zweisprachigen *Barddas* eine Art *Summa* des bardischen Glaubensgutes.

Sie besteht aus zwei Teilen, deren erster sich in drei Großkapitel gliedert: »Symbol« (157 S.), »Theology« (199 S.) und »Wisdom« (56 S.). Der zweite Teil enthält nur ein Kapitel »Privilege and Usage« (157 S.). Die lehrhafte Darstellung ist entweder auktorial monologisch oder als Dialog zwischen Schüler und Lehrer angelegt, wie es im Mittelalter üblich war. Da ja die Teile des Werkes Iolos Fiktion nach nur der Abdruck verschiedener Dokumente sind, die *ab Ithel* übernahm und arrangierte, gibt es keinen strengen Aufbau, einmal Gesagtes wird leicht variierend wiederholt, anderes vergessen usw. Das Werk kennt die

Konsequenz der Literaturgattung *Summa* nicht, obwohl es als solche gelten will.

Es erstaunt nicht, dass das Symbol-Kapitel mit der Schrift beginnt. Diese ist hier kein ephemeres Produkt wie die »Runenschrift« des Nennius (s. S. 212), sondern ein in den esoterischen Kreisen der neuen Barden tatsächlich gebrauchtes Zeichensystem, das *coelbren* ›Losholz‹ heißt. Das Wort ist ab 1300 in dieser Bedeutung in abergläubischem Kontext belegt (GPC 532f.). Als Träger einer Inschrift und dann als Bezeichnung des Schriftsystems selbst wurde es von Iolo eingeführt, uneingestandenermaßen natürlich wieder von den Runen und den germanischen Loshölzern angeregt, nur dass es eben laut seinem Erfinder in die Ur-ur-ur-Zeit zurückgeht. So beginnt auch der erste Abschnitt mit den Worten: »Mein geliebter Lehrer! Möge es dir gefallen, mich zu belehren: wer war der erste, der einen Buchstaben schuf? – *Einiget* der Riese, der Sohn des *Huon* oder *Hu gadarn* (›H. der Mächtige‹), Sohns des *Alser*[121], Sohns des *Javan*, Sohns des *Japheth*, Sohn von *Noah* dem Alten … um die Erinnerung an seine ruhmreichen Handlungen aufzubewahren …« (*Barddas* 11). Zu *Hu gadarn* ist zu erwähnen, dass sich hinter dieser Gestalt *Hugon li fors* (›H. der Starke‹), ein sagenhaften Kaiser von Konstantinopel als Gegner Karls d. Großen in einem altfranzösischen Epos des späteren 12. Jh.s verbirgt, das noch im Mittelalter ins Kymrische übersetzt worden war! Das Wort *coelbren* wird mit ›Holz der Glaubwürdigkeit‹ (*wood of credibility*) übersetzt, was insinuiert, dass *coelbren*-Texte wahr seien. Sowohl der *coelbren* wie die auf ihn bezüglichen angeführten Textstellen sind durchwegs Erfindungen Iolos. Die Mystifikation geht weiter: *Bendigeitvran* (›Bran [Rabe], der Gesegnete‹), der Held des »Zweiten Zweigs des Mabinogi«, hat diese Art des Schreibens in Rom gelernt und zusammen mit der Kenntnis der Herstellung von Pergament und Papyrus (*plagawt*) zu den Walisern gebracht, wo es die Barden weiter pflegten, weshalb die Schrift ja auch *coelbren y beirdd* ›Coelbren der Barden‹ heißt.

Als Gott seinen Namen aussprach, entstanden aus dem Wort das Licht und das Leben. So sind diese drei Stäbe / | \ , die die

---

121 Wird mit *Elisah* in Gen. 10, 4 identifiziert.

Der Barddas und der walisische Neodruidismus

Lichtstrahlen veranschaulichen auch die drei ersten Zeichen, wobei eines Hören und Sehen, eines Form und Klang und eines das Leben bedeutet, zusammen also die Kraft Gottes. Dieses »Drei-Strahlen-Zeichen« ist im Bardismus omnipräsent: Es erscheint z.B. auch auf der Titelseite des »Cambrian Journal« und liegt ebenso der Wissensstrukturierung in Triadenform zugrunde. Die einzelnen Stäbe oder Strahlen heißen mit einem von Iolo erfundenem Wort *gogyrfen*, ein Wort, das aber auch ›Zweig, Symbol, Element, geistige Form, Personifikation‹ bezeichnen kann (GPC 1443). In Lauten ausgedrückt ist das Ur-Zeichen O I V [u], zugleich der Name Gottes nach bardischer Lehre. Allerdings ist die Aussprache so wenig bekannt, dass ein Barde den Gottesnamen nicht aussprechen darf, weil er ihn dabei verunstalten könnte. Aber die drei »mystischen Buchstaben« bezeichnen auch die Attribute Gottes: Liebe, Wissen und Wahrheit. Aus diesen drei Ur-Buchstaben wurden die sechzehn des alten Bardenalphabets geschaffen, die die Welt des Verstehens eröffnen (*Barddas* 17–23).[122]

Der Riese *Einiget* nahm die drei Lichtstrahlen des Urzeichens (OIV) und machte sie zu den Konsonanten *B D G*, darüber hinaus schuf er weitere Zeichen. Inspirierte weise Urbarden (*gwyddoniaid*) überlieferten sie dann, und der mächtigste walisische Vorzeitkönig Aedd der Große berief die erste *gorsedd* ein. Damals wurden drei Arten von Barden unterschieden: die Urbarden, die das Gedächtnis und den Vokalgesang pflegen sollten, die Ovaten, die die Bedeutung der Symbole bewahren sollten und eine Art »Barden-Herolde« bildeten, und die Druiden, die für die Weisheitslehre und den Unterricht in den göttlichen Wissenschaften zuständig waren. Auch die Farbzuordnung wurde damals getroffen. *Rhuvawn* (= *Romanus*!) »Goldzunge« schuf zwei weitere *coelbren*-Zeichen (für *W* und *Ff*), *Talhaiarn* ›Eisenstirn‹ (s. S. 184) sechs weitere (*Ch, F, C, T, P, Ll*), so dass es nun insgesamt 24 gab (*Barddas* 33–37), die dann zuletzt noch um sechs vermehrt wurden:

---

122 Wie schade, dass Iolo noch nicht die Töpferzeichen von Manching (Bayern) oder die Schrift von Glozel kannte! Sie hätten zur Differenzierung seiner Theorie beigetragen. S. Sievers (2003), 66.

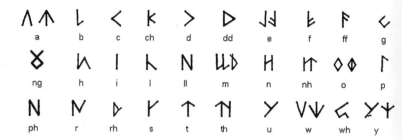

Oben genannter Riese schnitt die drei Urzeichen in drei Ebereschenzweige und stellte diese auf. Aber das unverständige Volk betete die Zweige als Götter an, obwohl sie ja nur den Gottesnamen enthielten. Als der Riese dies sah, zerbrach er im Zorn die Zweige und war so erregt, dass er selbst auseinanderbrach (!). Indessen, während er den Geist aushauchte, betete er zu Gott, dass das wirkliche Wissen noch den Menschen enthüllt werden möge. Und siehe da, nach einem Jahr und einem Tag sah *Menw ap y Teirgwaedd* (›Kleiner, Sohn der Drei Schreie‹),[123] dass drei Zweige aus dem Grabhügel des Riesen sprossen (zum Motiv vgl. oben S. 209). Er nahm sie und lehrte danach die Menschen die Wissenschaft bis auf den unaussprechbaren Namen Gottes.

Die Erkenntnis der Wahrheit *awen* – das Wort hat nun einen ganz neuen Sinn (s. S. 190) – kommt von Gott. Ihre drei Wurzeln sind: das Verstehen der Wahrheit, die Liebe zu ihr und die Bereitschaft, nach ihrem Gebot zu handeln (*Barddas* 49–51). Im Folgenden kreist der Diskurs immer wieder um die Entstehung des *coelbren*, ohne dass sich ein Fortschritt in Argumentation oder Erklärung ausmachen ließe. Jedenfalls sind die drei ersten Wörter des Kymrischen *Oiu* (der Name Gottes), *sulw* (der Name der Sonne) und *bo* oder *byw* (Verbalformen von ›sein‹; *Barddas* 71). Bei den folgenden Alphabetentwürfen werden sieben *coelbren*-Arten unterschieden: (1) Die Urform aus der Zeit vor der Invasion nicht-keltischer Gruppen, (2) die Taliesin oder Talhaearn

---

123 In der sehr frühen Arthursage *Kulhwch ac Olwen* ein Zauberer, der sich und andere unsichtbar machen kann und in Vogelgestalt auf Erkundung fliegt; Birkhan (1989), II, 49, 81.

Der Barddas und der walisische Neodruidismus

zugeschriebene Form, (3) der Zwanziger-*coelbren*, (4) der Howel dem Guten (s. S. 182) zugeschriebene Typ mit 24 Lettern, (5) der »lange *coelbren*«, der aus drei oder vier Unterarten besteht, (6) der *coelbren* des (erfundenen) Barden *Ystudvach* und der von *Iorwerth*, dem Grauhaarigen, sowie (7) verschiedene Arten von *coelbren* der Mönche (*Barddas* 73).

Die Frage der *coelbren*-Entstehung hängt eng mit den Herkunftsphantasien der Waliser zusammen: Sie stammen aus Asien, genauer aus Sri Lanka (*Deffrobani* < *Taprobane*). Von Usurpatoren vertrieben, gelangte ein Teil nach Skandinavien, ein anderer in das »italienische Hochland« (die Alpen?), andere nach Gallien. Die erste Welle der Britannier kam von Skandinavien, die spätere aus Gallien. Aber bald wurden sie von allen Seiten bedroht: von dem (sagenhaften) Volk der *Coraniaedd*, von den Iren und irischen Pikten. Unter dem Kulturheros *Hu gadarn*, der auch die Landwirtschaft und die Literatur erfunden haben soll, wurde dann auch der Ur-*coelbren* eingeführt (*Barddas* 83, 85). Im Folgenden geht es dann um die Zahlen und ihre Formen. Nun hat das Walisische eine sehr eigenwillige Zählweise, nicht nur in 20-er Gruppen wie franz. *quattre-vingt*, sondern auch sonst: *un ar bymtheg* ›eins auf 15‹ (= 16), *deunaw* ›zwei Neuner‹ (= 18) usw. Das Kuriose ist aber, dass die *coelbren*-Zahlzeichen dem überhaupt nicht Rechnung tragen (z. B. *Barddas* 111), d.h. dass Iolo bei ihrer Erfindung durchaus »englisch« dachte.

Die uns heute laienhaft anmutende Überschätzung der Schriftzeichen, wenn es um Sprache geht, ist auch hier greifbar, wenn es heißt, die drei Grundlagen der Sprache seien Buchstabe, Silbe und Wort. Das erinnert an Jacob Grimm im fernen Berlin, der in seiner etwa zeitgleichen »Deutschen Grammatik« (1819) noch die Lautlehre die »Lehre von den Buchstaben« nannte.

Da *coelbren* ja nicht nur das Zeichen, sondern auch das Holz bezeichnet, in welches Zeichen geschnitten oder geritzt werden, folgt nun eine genaue Anleitung zum Bau eines *peithin*. Das sind zwei Leisten, in die in gleichen Abständen eine Anzahl von Löchern (etwa 9) gebohrt wird. Nun werden dünnere Leisten mit quadratischem Querschnitt in die Löcher der Seitenteile eingefügt, sodass sie drehbar sind (s. Abb. S. 223). In Iolos Phantasie diente dieses

233

gitterförmige Instrument zur Übermittlung geheimer Nachrichten und Traditionen, wenn die Gefahr bestand, dass geschriebene Texte von Feinden abgefangen würden (*Barddas* 153).

Neben dem *coelbren* gab es auch den *coelfain*, ein Wort, das ursprünglich eine Inschrift in Stein bezeichnet haben muss, dann aber von Iolo auf alles Wissen ausgeweitet wurde. König Arthur zeichnete in diesem System bei der Tafelrunde die Ruhmestaten aller seiner Ritter an seinen Höfen in Messing und Zinn auf. Bemerkenswert scheint mir, dass bei all diesen Nachrichten das, was wir als die andere Hälfte der Bardenkunst ansehen würden, nämlich die Musik, nur selten zur Sprache kommt. Dabei war der Gesang vor der Erfindung des *coelbren* die einzige Art der Überlieferung, die natürlich wieder von verschiedenen *gorsedd*-Institutionen bestätigt werden musste (*Barddas* 161). Die relativ niedere Stellung der Ovaten im Vergleich zu ihrer früheren Heroldsfunktion, die im Vokalgesang wurzelte, wird auf die Erfindung der Schriftlichkeit zurückgeführt (*Barddas* 163f.).

Das zweite Kapitel über die Theologie versucht, das Verhältnis von Barden und Druiden zu Gott zu bestimmen – natürlich dem christlichen, denn die Kelten waren ja wie die Juden ein erwähltes Volk und wurden früh missioniert, oder besser: informiert. Dies geschieht vorwiegend in der Form der Triaden, diesem weltweit verbreiteten didaktischen Verfahren. Wie oft sagen wir doch im Alltag: »Auf dreierlei ist zu achten …«! Schon erhabener sind Friedrich Schillers »Die Worte des Glaubens«: »Drei Worte nenn' ich euch, inhaltsschwer,/ Sie gehen von Munde zu Munde,…/ Der Mensch ist frei geschaffen, ist frei,/ Und würd' er in Ketten geboren …/ Und die Tugend, sie ist kein leerer Schall,/ Der Mensch kann sie üben im Leben …/ Und ein Gott ist, ein heiliger Wille lebt,/ Wie auch der menschliche wanke …«.

Die Triade Schillers könnte auch von Iolo Morganwg sein, so sehr entspricht sie seiner Freiheitsideologie – allerdings müsste Gott an erster Stelle stehen. Und tatsächlich verkündet bereits die erste Triade des Theologieabschnitts: »Es gibt drei uranfängliche Einheiten und mehr als drei können nicht sein: ein Gott, eine Wahrheit und eine Freiheit …« (*Barddas* 169). So gibt es auch eine dreigeteilte Welt: der Beginn in *Annwn* (=*Annwfn*), der Fortschritt

234

Der Barddas und der walisische Neodruidismus

in *Abred* und die Fülle [des Glücks] in *Gwynvyd* (*Barddas* 173, Nr. 14). Wenn *Annwn* das Totenreich (B1 843) bezeichnete, so *Abred* die sündige Welt, in der wir uns zu bewähren haben, bevor wir nach *Gwynvyd*, *Gwynfyd* ›die weiße, helle Welt‹ des ewigen Glücks gelangen können (B1 784). In *Annwn* ist der Beginn, in *Abred* – das Wort erscheint im *Llyfr Taliesin* (GPC 3) im Sinne von ›Erlösung‹, erhielt aber von Iolo die neue Bedeutung – schreiten wir an Wissen und Gutsein fort und *Gwynfyd* ist die Erfüllung alles Guten, allen Wissens, aller Wahrheit und Liebe, das heißt ewiges Leben. Verbinden wir uns im *Abred* mit dem Bösen, so werden wir zum geringsten aller Lebewesen. Wenn daher ein böser Mensch stirbt und zum niedersten Wurm (*pryf*) wird, so kann er nur noch besser werden und nach *Abred* aufsteigen. Deswegen sagt man ja auch zu jemandem, der auf einen Wurm tritt: »Trample nicht auf deinesgleichen herum!« (*Barddas* 243–245), ein gutes Beispiel für den hinduistischen Einfluss auf die georgianische und viktorianische Bardenlehre. Ein vierter Bereich, welcher der Menschenseele verschlossen bleibt, ist *Ceugant*, ein Wort, das ursprünglich ›sicher; besonders‹ bedeutete (GPC 473), von Iolo aber die neue Bedeutung ›Raum; Unendlichkeit‹ erhielt, die Gott allein vorbehalten bleibt.

Weiter geht es mit den Triaden: »Gott schuf die Welt aus drei Substanzen: Feuer, Natur und Endlichkeit.« Er bediente sich dabei dreier Instrumente: des Willens, der Weisheit und der Liebe. Die drei Haupttätigkeiten Gottes sind: die Dunkelheit zu erhellen, dem Nichtseienden einen Körper zu geben und die Toten zu beleben (*Barddas* 267). Der Leser, der erwartet hat, hier noch irgendwelche archaischen Motive vorzufinden, wird enttäuscht. Die ganze Bardenreligion ist eine urfromme, um nicht zu sagen brave Angelegenheit, wie sie auch in der (unitarischen) Sonntagsschule gelehrt werden könnte, was auch erklärt, warum die Druiden und Barden des 18. und 19. Jh.s keinen Widerspruch zwischen der Ideologie und ihrem Beruf als Pfarrer oder Prediger sahen. Und so gibt es auch zwei sehr wortreiche Fassungen des Dekalogs, die sich eigentlich nicht gravierend von denen der Kirchen unterscheiden (*Barddas* 275–289). Sogar gottgefälliges Essen und Trinken wird gelehrt: »Während du deine Speise im Namen Gottes kaust, so kau sie fein und klein, dann schluck sie und trinke, während

Die objektive Esoterik der Barden

du schluckst. Und während du in langsamen, sparsamen Zügen trinkst, richte dich auf Gott, wie auf deine Speise.« Der Schüler bittet den Lehrer, noch zu erklären, warum so fein gekaut werden solle. Die Antwort: Im feinen Kauen liegt ein tiefer Sinn, denn man soll kein Urteil, keine Nachricht, keine Meinung annehmen, ohne sie gewissermaßen sorgfältig durchgekaut zu haben. Dabei werde dem Hörenden der unnennbare Name Gottes, wie er in der Seele auszusprechen ist, bewusst (*Barddas* 359–361). Es folgt noch eine Reihe von Gebeten zur *gorsedd*, welche dieselbe progrediente Textstruktur mit Wiederaufgreifen eines Hauptbegriffs haben, die wir schon bei Amairgen Glúngel (s. S. 177) kennenlernten. So betet der sagenhafte Talhaearn: »Gott, gib uns Stärke, und in der Stärke Verstand, und im Verstand Wissen, und im Wissen Gerechtigkeit, und in der Gerechtigkeit Liebe zu ihr, und in der Liebe Liebe zu allem, und in der Liebe zu allem die Liebe zu Gott!« (*Barddas* 363).

Der dritte mit »Weisheit« überschriebene Abschnitt handelt zunächst von den Elementen, von denen bald vier bald fünf unterschieden werden. Das fünfte Element ist der Äther (*nev, nwyvre*), aus dem Gott und alle Seelen sind (*Barddas* 381). Taliesin wird eine Rede zugeschrieben, welche die acht Grundsubstanzen des Menschen aufzählt: Von der Erde ist sein Fleisch, von den Steinen sind seine Knochen, vom Wasser ist das Blut, vom Salz sind die Nerven und die Wahrnehmungsfähigkeit, Wind und Himmel bilden seinen Atem, die Sonne versieht den Körper mit Wärme, die siebente Substanz ist der Heilige Geist, der ihm Seele und Leben bringt, und die achte Christus, der ihm Verstand, Weisheit und das Licht von Seele und Leben gibt (*Barddas* 387). Ein längeres Schüler-Lehrer-Gespräch handelt vom Ursprung der Bardenlehre, dann kommen die Sternbilder zur Sprache.

Hier ist der Versuch bemerkenswert, die traditionellen Namen der Sternbilder, die meist aus der griechischen Mythologie stammen, umzudeuten. In Deutschland war schon 1627 Vergleichbares geschehen, als Julius Schiller in seinem *Coelum stellatum christianum* ›Der gestirnte christliche Himmel‹ die antiken Sternbilder christlich umtaufte, wobei etwa der Kleine Bär zum Erzengel Michael wurde. Hier nun werden sie in solche der walisischen Sagen oder Pseudo-Sagen geändert, was einer Astralmythologie Vorschub

236

Der Barddas und der walisische Neodruidismus

leistete. So wird die *Corona borealis* zum »Kreis der Arianrhod«
(einer Art Schicksalsgöttin aus dem »Vierten Zweig des Mabinogi«;
Birkhan [1990]). Die Lyra erscheint als »Arthurs Harfe«, die Milch-
straße als Kreis des Gwydion (s. S. 200), die Kassiopeia als »Palast
der Dôn« (einer Muttergottheit), eine andere Sterngruppe heißt
»der Kessel der Ceridwen« (s. S. 197) usw. Ebenso werden bardische
Monatsnamen eingeführt, natürlich alles Neubildungen, die mit
den älteren keltischen Monatsnamen oder mit den vier Jahresfesten
nichts zu tun haben (wollen). Die Tageseinteilung, die in *Preiddeu
Annwfn* (s. S. 141) thematisiert ist (»Mönche heulen … Sie wissen
nicht, wann Mitternacht und Morgendämmern sich scheiden…«),
geht hier nach ganz anderen Prinzipien vor sich.

Im zweiten Band des *Barddas* wird relativ konzise noch einmal
alles zusammengefasst, was das Bardentum ausmacht, die Ränge,
die Farben, die Ansprüche usw. Hier erfahren wir, dass für drei
Personen tabu ist, ein Schwert oder ein Horn zu tragen: für einen
Barden, einen Schmied und eine Frau. Der Barde ist für die Vo-
kal- und Instrumentalmusik, aber auch für das Metallhandwerk
zuständig, allerdings nur, um es zu verbessern, nicht um es selbst
auszuüben (*Barddas* II, 83). Ein Land hat drei Herrscher: einen
Herrn, einen Richter und einen Barden. Dementsprechend gibt
es auch drei Unglücksfälle für ein Land: ein Herr ohne Macht, ein
ungerechter Richter und ein unverständiger Barde (*Barddas* II,
31–33). Wann hatte der Barde zu agieren? Zu den vier *Alban* – ein
musikalisher Begriff, mit dem Iolo die Jahreseinschnitte durch
Tagundnachtgleiche und Sonnenwende bezeichnete (GPC 74) –,
zu den jeweiligen Mondvierteln und zu weiteren landesüblichen
Festen, bei der gemeinsamen Pflügung des Landes, aber auch bei
Hochzeiten usw. (*Barddas* II, 81–83). Ein Barde ist abzusetzen und
zu verstoßen, wenn er ein auf seine Kunst bezügliches Geheimwissen preisgegeben, wenn er einen Mord begangen oder Waffen
getragen hat oder wenn er in seinem Lied ständig die Unwahrheit
sagt. An drei Stellen darf ein verstoßener Barde zum Bluten gebracht werden: an der Stirn, an der Brust und im Schambereich.
Das hat der König mit seinem Schwert vor der gesamten *Eisteddfod*
durchzuführen, natürlich wieder zu ganz bestimmten Zeiten usw.
Wegen Ehebruchs, Trunkenheit und Umgangs mit unmoralischen

237

Elementen soll der Barde hingegen seinen Rang auf drei Jahre verlieren (*Barddas* II, 117–119). In vielen Dutzenden von Triaden ziehen sich die eigentlich immer gleichen Bestimmungen hin. Bei genauerer Betrachtung strotzen diese Texte von logischen Inkonzinnitäten und Inkonsequenzen, was nur dann erklärlich ist, wenn man annimmt, dass sie wenig gelesen und noch weniger oder gar nicht durchdacht und diskutiert wurden.

Auf dem Werk des Iolo Morganwg, wie es von ap Ithel zusammengefasst und etwas erweitert im *Barddas* vorliegt, beruhte nun das Bardenwesen der Folgezeit, wie es sich jährlich bei den *Eisteddfodau* manifestiert(e). Besucht man etwa die Castle Grounds der Universitätsstadt Aberystwyth (Cardiganshire) mit der Burgruine des späten 13. Jh.s, so findet man wenige Meter daneben einen Steinkreis, in dessen Mitte sich ein »Opferstein« befindet. Die Steine des Kreises tragen die kymrischen Namen der Grafschaften, die Wales bilden, und natürlich in *coelbren*-Schrift. Die Anlage wurde 1915 als Schauplatz für die im Folgejahr stattfindende »National Eisteddfod« (*Eisteddfod Genedlaethol*) errichtet. Ab den 1930er Jahren wurde das Ritual von dem späteren Erzdruiden Cynan (Sir Albert Evans-Jones) modernisiert. Er war der einzige Erzdruide, der das Amt zweimal bekleidete (1950–1954; 1963–1966). In dieser Funktion erklärte er auch, dass die moderne rituelle Praxis auf Iolo Morganwg beruhe und nichts mit dem alten Druiden- und Bardentum zu tun habe. Als Folge wurde auch der Ritus reformiert. Wenn man will, mag man dies als dritten Meilenstein des Bardismus auf dem Weg zur modernen Ideologie ansehen.

Zur »Flurbereinigung« trug auch Sir Thomas D. Kendrick, Direktor des British Museum, bei, der in einem nüchternen Buch »The Druids« 1927 leugnete, dass die antiken Druiden viel mit den Megalithen und dem neuen Druidismus und Bardismus zu tun hätten, und zwar deswegen, weil er das alte Druidentum als Naturreligion einstufte und gewissermaßen für zu »primitiv« für diese Institutionen hielt.

Bis heute finden alljährlich diese neodruidischen Veranstaltungen, die nun nicht mehr auf Literatur- und Musikwettbewerbe beschränkt sind, abwechselnd in Nord- und Südwales statt, wobei alle Verhandlungen nur auf walisisch vor sich gehen. Wer eine besondere Leistung erbracht hatte und etwa durch eine Krone, einen Thron oder eine Medaille ausgezeichnet wurde, gehört automatisch zur *gorsedd*. Man kann jedoch auch nach Ablegung einer Prüfung in walisischer Sprache und Literatur aufgenommen werden. Heutzutage werden aber ebenso herausragende sportliche Leistungen, Einsatz für das Gemeinwohl usw. als *gorsedd*-würdig anerkannt. Dabei ist es nicht unüblich, dass der so Gekorene sich einen bardischen Decknamen wählt. Den Höhepunkt bildet die *Gorsedd*, bei welcher der *Archdderwydd* ›Erzdruide‹, der auf drei Jahre gewählt wird, im vollen Goldornat erscheint, die übrigen Druiden, Barden und Ovaten in den ihnen gemäßen Farben. Die dabei vergebenen Preise und Ehrungen haben innerhalb von Wales großes Gewicht. Übrigens wurde auch die englische Königin Elizabeth II. 1946 noch als junge Prinzessin als Ehren-Druidin initiiert. Wenn der mit Krone und Szepter ausgezeichnete Erzdruide den Namen der Gewinner verliest, erfolgt ein Trompetenstoß vom »Horn des Landes« (*Corn gwlad*), worauf ein spezielles Gebet gesungen wird. Wie bei der Früh-*Gorsedd* in Pontypridd (s. S. 198, Anm. 99; 224) zieht der Erzdruide dreimal ein Schwert halb aus der Scheide und fragt, ob Friede herrsche. Nachdem diese Frage bejaht ist, wird das Schwert zurückgesteckt. Dann übergibt eine junge verheiratete Frau aus der Umgebung dem Erzdruiden das mit Wein gefüllte Zeremonial-Trinkhorn (*Hirlas*) als »Horn der Fülle« (*Corn llawndid*). Hierauf folgen die Überreichung eines Blumenkorbes und ein Tanz.

Als Ergebnis neumodischer »bardischer Demokratisierung« werden seit 2012 alle drei Klassen als gleichwertig angesehen und die Zugehörigkeit einer Person zu einer von ihnen vorwiegend auf Grund des thematischen Bereichs ihrer Leistungen festgesetzt. Auch die Frauenemanzipation geht nicht an der Eisteddfod vorbei: Hatten 1949 in Dolgellau die Frauen nur insoferne Anteil, als sie die Roben der Barden bügeln durften, so herrscht derzeit (ab 2013) als Erzdruidin die Dichterin und Universitätsdozentin Christine James (s. S. 12). Eine walisische Insiderin schätzt den Frauenanteil auf etwa 25%. Man ist auch ökonomischer geworden: Statt wie früher mit beachtlichem Aufwand einen Steinkreis zu errichten, führt nun eine die *Eisteddfodau* organisierende Agentur Steinattrappen mit sich, die je nach Schauplatz installiert werden können. Neben dieser national-walisischen *Eisteddfod* findet alljährlich in Llangollen (Denbighshire) seit 1946 auch eine »International Eisteddfod« statt, an der sich Chöre und Volkstanzgruppen aus aller Welt beteiligen – angeblich über 100.000 Besucher – und die sich als Mittel der Völkerverständigung versteht.

Nach walisischem Vorbild hat sich auch in Cornwall eine *Gorsedh Kernow* entwickelt, ebenso wie die Bretagne ihre *Goursez Breizh* einrichtete. Sie ist auch eine Frucht des Wirkens von Théodore-Claude-Henry Vicomte Hersart de La Villemarqué (1815–1895). Der Graf hatte sich in Wales umgetan, 1838 an der Eisteddfod von Abergavenny teilgenommen und in seiner Heimat Volkslieder gesammelt, die er 1839 als *Barzaz Breizh* ›Bretonische Bardendichtung‹ herausbrachte. Eine Zeitlang für einen Fälscher wie MacPherson gehalten, ist La Villemarqué seit einiger Zeit rehabilitiert, da man die Originalaufzeichnungen seiner Kundfahrten mit den transskribierten Liedertexten gefunden hat (B3 382–396). Im Gegensatz zu den »Forschungen« Iolos lagen seinen Arbeiten keine so scharfen politischen Ziele zugrunde, denen zuliebe er Zeugnisse hätte fälschen müssen.

Zum Abschluss ist noch auf eine besondere Form des Geheimwissens hinzuweisen, deren sich auch heute mitunter noch das moderne Druidentum bedient: die Freimaurerei. Der druidische Orden geht auf John Toland (1670–1722) zurück. Der ursprünglich katholische Ire aus Ardagh war früh zum Protestantismus übergetreten und hatte 1696 das Buch »Christianity Not Mysterious« verfasst, das in Dublin vom Henker öffentlich verbrannt wurde. Später entwickelte Toland einen vernunftbetonten Deismus – das Wort *free-thinker* soll sich ursprünglich auf ihn bezogen haben. Nachdem bereits die Schottische Loge von »Saint Mary« in Edinburgh seit 1600 bestand, wirkte er 1717 im Londoner Gasthaus »The King's Arms« als einer der Mitbegründer der »Ersten

Der Barddas und der walisische Neodruidismus

Großloge von England«, aus der sich 1781 auf Initiative des Tischlers Henry Hurle der »Ancient Order of Druids (AOD)« abspalten sollte (Piggott [1985], 158). Toland hatte 1718 in dem Buch »The History of the Druids, Containing an Account of the Antient Celtic Religion and Learning« schon betont, dass Keltentum, Druidentum und Freimaurerei untrennbar miteinander verbunden seien. Sein Logenbruder John Cleland (1709–1789), der auch als früher Vertreter einer Art gegenstandsbezogener Sprachwissenschaft (»The Way to Things by Words ...« 1766) hervortrat, erklärte das englische *Freemasons* unter Hinweis auf die irische Maifeier Beltaine als *Free May sons* ›die freien Söhne des Maien‹ (B3 786). Trotz der heidnisch-deistischen Grundeinstellung hatte diese Spielart des Freimaurerordens genügend christliche Färbung, dass ihm auch ein Kleriker der anglikanischen Kirche wie William Stukeley beitreten konnte. Diesem »Ancient Order of Druids« gehörten so bedeutende Persönlichkeiten wie Thomas Gray, der Verfasser der Bardenode (s. S. 217), der Dichter-Mystiker William Blake (1757–1827) und der große Lyriker William Wordsworth (1770–1850) an.

Im frühen 19. Jh. faszinierte das Druidentum auch kontinentale Logen. 1825 hatte der Amberger Regierungsrat Anton von Schmauß die im Altmühltal (Bayern) gelegene »Riedlhöhle«, eine sehenswerte Tropfsteingrotte, gekauft. Da er aus Pomponius Mela (s. S. 18) von den Druiden wusste, dass sie vorwiegend in Höhlen und abgelegenen Schluchten ihre Naturstudien betrieben – man vergleiche Franz Anton Mayers Abhandlung zum Druidengrab im Fürstentum Eichstätt (46–48; s. S. 93 f.), der geradezu von »Lehrhöhlen« sprach –, erklärte Schmauß die nun für die Allgemeinheit erschlossene Höhle zur ehemaligen druidischen Akademie: Noch heute heißt sie deshalb das »Große Schulerloch« (*Schuler* ›Gelehrte[r]‹). Die deistisch-pantheistische Gesinnung des Freimaurers offenbart sich in einer im Eingangspavillon der Höhle befindlichen Isis-Statue als Verkörperung der Göttin *Natura* samt Pomponius Mela-Zitat.

Zurück nach Britannien![124]

---

124 Eine lesenswerte Einführung in den Neodruidismus samt der heutigen Bedeutung von Stonehenge und in die moderne Druidendoktrin samt Adressen der verschiedenen Organisationen findet sich bei Green (1998), 158–181.

Die objektive Esoterik der Barden

Der AOD spaltete sich 1833, wobei der »United Ancient Order of Druids« (UAOD) eine Großloge bildete, aus der dann die »Friendly Society« (eine Versicherungsgesellschaft auf Gegenseitigkeit) hervorging, die sich besonders der Hilfe für ihre Mitglieder und deren Angehörige in Notsituationen widmete. Noch in den 30er Jahren entstand die erste Tochterloge in den USA, von wo aus 1872 eine weitere in Berlin gegründet wurde: der »Vereinigte Alte Orden der Druiden« (VAOD).

Auch der AOD, in den 1908 Sir Winston Churchill aufgenommen wurde, existiert noch und ist z. B. an der University of Oregon aktiv. 1964 spaltete sich unter Führung des Geheimbündlers Ross Nichols eine eigene Gruppe »The Order of Bards, Ovates and Druids« (OBOD) ab.

Wie man leicht beobachten kann, ist hier das Geheimbundwesen und die Vereinsmeierei manchmal wohl zum Selbstzweck geworden, wozu auch die »malerischen« Abbreviaturen wie AOD, UAOD, VAOD, OBOD, ADO (»Anglesey Druid Order«), BDO (»British Druid Order«), OOC (»Order of Clochsliaph« bzw. »Orden vom Steinberg«), OWO (»Order of Whiteoak«), DDO (»Deutscher Druiden-Orden«), IGLD (»International Grand Lodge of Druidism«) gehören. Den besten Überblick bietet ein Blick ins Internet. Die Tätigkeit beschränkt sich jedoch auf die anglophonen Länder, ferner auf Skandinavien, Deutschland und die Schweiz. Insgesamt gab es im März 2011 in Deutschland 59 Logen, in der Schweiz 12. »Die Gesamtzahl der Mitglieder ist nicht bekannt. Sie liegt in der Größenordnung von 50.000 weltweit.«

In manchen dieser Orden ist das ursprüngliche keltische Element völlig zurückgedrängt. So schreibt die IGLD von der weltweiten Vereinigung druidischer Logen: »Sie haben das Ziel, Humanität, Toleranz, Menschenrechte und die Freundschaft unter den Mitgliedern zu fördern. Mit Kult und Glauben der historischen Kelten und ihrer geistigen Führungsschicht, der Druiden, hat die Vereinigung nichts zu tun. Durch die Namensgebung wollten die Gründer Wissenschaft, Kunst, Weisheit und Naturverbundenheit symbolisieren.« Der siebenstrahlige »Druidenstern« gilt als »Internationales Symbol der aufklärerisch-humanistischen Druiden.«

242

Der Barddas und der walisische Neodruidismus

Auch neuheidnische Orden sind entstanden: 1963 angeblich aus einem Studentenstreich am Carleton College (Minnesota) der Orden »The Reformed Druids of North America« (RDNA), deren Angehöriger, der Druide und »Bachelor of Magic Arts« (Universität Berkeley!) Phillip Emmons Isaac Bonewits (1949–2010), damals auch Mitglied der »Church of Satan«, in Berkeley den »Order of the New Reformed Druids of North America« (NRDNA) ins Leben rief, wonach er nun »ArchDruid of the Berkeley Grove« war. Zuletzt gründete er noch »Ar nDraiocht Fein« ›A Druid Fellowship‹ (ADF), aus dem er dann 1996 krankheitshalber als aktiver Erzdruide ausschied, aber immer noch »ADF Archdruid Emeritus« blieb. Die ADF soll angeblich 800 Mitglieder zählen und bezeichnet sich selbst als die größte neopagane Druidenorganisation, wobei die Riten keineswegs alle keltischen Ursprungs sind.

Dem Imagewandel der Druiden von der frühen Neuzeit bis in die Moderne ist die kluge und anregende Monographie von Stefanie Patzer (2010) auf der Spur. Nur wenig älter ist die ortsbezogene und daher im Konkreten sehr aufschlussreiche Arbeit von Blain – Wallis (2007). Insgesamt muss man also feststellen, dass es alle möglichen und den Außenstehenden sehr verwirrende Spielarten gibt: vom typisch freimaurerischen Geheimbund, der außer dem Namen nicht mehr das Geringste mit Kelten, Druiden und Barden zu tun hat, bis zum synkretistischen neuheidnischen Glauben in eigenen kleineren Konventikeln, die Elemente der sogenannten *Wicca*-Religion mit »germanischer« Runenmystik durchsetzt, sowie schamanische Motive, Voodoo oder fernöstliche Praktiken in ihren Druidenzauber einfließen lassen.

Hier endet meine Kompetenz als Wissenschaftler und Keltologe.

Doch ich kann meine Leser nun ruhigen Gewissens dem Internet überlassen. Sie werden einigermaßen vorbereitet sein und es sachlich einzuschätzen wissen, wenn dort von etwas – z.B. einem »Kraftort«, einem »Baumkreis«, einem Kräutertee oder einer Form des Tarots – behauptet wird, dass es uralt sei und dem keltischen Geheimwissen entstamme. Und abgesehen von der Richtigkeit des solcherart Behaupteten, wird der Leser sich ja auch fragen müssen, wie berechtigt und sinnvoll es ist, mehr als spielerisch zu den

Die objektive Esoterik der Barden

Elementen dieser archaischen Form der Religion zurückkehren
zu wollen.

Natürlich steht es Ihnen, verehrte Leserin, geschätzter Leser, frei,
in Ihrem Garten eine »folly« in Form eines kleinen Stonehenge
mit Ogam- oder Coelbren-Inschriften zu errichten! In diesem Fall
würde ich Ihnen in der Sprache der gallischen Druiden (s. S. 91)
ermunternd zurufen:

brixton dagon gabi!

/ | \

Anhang

1 Bibliographisches und Abkürzungsverzeichnis

abret.	altbretonisch
Aelius Donatus	Aelius Donatus, *Grammatica*, ed. H. Keil, in: Grammatici Latini 4, Leipzig 1864, 355–402
ags.	angelsächsisch = altenglisch
aind.	altindisch
air.	altirisch
akymr.	altkymrisch
Ammianus Marcellinus	Ammianus Marcellinus, *res gestae* = H3 316–330
anord.	altnordisch
Appianos *Celt*	Appianos, *keltikḗ* = H3 32–50
Armes Prydein	Armes Prydein. The Prophecy of Britain. From the Book of Taliesin ed. and annotated by Sir Ifor Williams. English version by Rachel Bromwich, Dublin 1982
Arthur (1991)	The Arthur of the Welsh. Arthurian Legend in Medieval Welsh Literature, ed. Rachel Bromwich – A. O. H. Jarman – Brynley F. Roberts, Cardiff 1991
Athenaios	Athenaios Naukratios, *deipnosophistái* = H1, 112–124
Audacht	Audacht Morainn, ed. Fergus Kelly, Dublin 1976
Auraicept	Auraicept na n-éces, being the texts of the Ogham tract from the Book of Ballymote and the Yellow Book of Lecan, and the text of the Trefhocul from the Book of Leinster (= »The scholars' primer«), ed. by George Calder, Edinburgh 1917 = Dublin 1995
Avienus Rufius Festus	s. *Periplūs Massiliensis*
B1	Helmut Birkhan, Kelten. Versuch einer Gesamtdarstellung ihrer Kultur, 3. korr. und erw. Auflage, Wien 1999
B2	Helmut Birkhan, Kelten. Bilder ihrer Kultur, Wien 1999 [Die Zahlenangaben beziehen sich auf die Abbildungsnummern. Hinweise auf Seitenzahlen des deutschsprachigen Teils werden durch »S. ...« ausgewiesen.]
B3	Helmut Birkhan, Nachantike Keltenrezeption. Projektionen keltischer Kultur, Wien 2009
Barddas	Rev. J. Williams ab Ithel, Barddas. The Bardo-Druidic System of the Isle of Britain with Translations

245

Anhang

	and Notes published for The Welsh MSS.Society, I, Llandovery 1862, II, London 1874. Nachdruck s. l, s. a.
BCC	Betha Colaim Chille. Life of Columcille, ed. and transl. A. O'Kelleher – G. Schoepperle, Reprint Dublin 1994
Birkhan (1970)	Helmut Birkhan, Germanen und Kelten bis zum Ausgang der Römerzeit, Wien 1970
Birkhan (1989)	Helmut Birkhan, Keltische Erzählungen vom Kaiser Arthur. Aus dem Mittelkymrischen übertragen, mit Einführungen, Erläuterungen und Anmerkungen (= Erzählungen des Mittelalters, Teil I und II), 2 Bde., Essen 1989
Birkhan (1990)	Helmut Birkhan, Der Held, sein Schicksal und sein Glück in einigen keltischen Traditionen des Mittelalters, in: Helden und Heldensage. Otto Gschwantler zum 60. Geburtstag, hg. Hermann Reichert, Günter Zimmermann (= Philologica Germanica Bd. 11) Wien 1990, 25–43
Birkhan (2002)	Helmut Birkhan, Von anderen Anderen Welten, in: Soi-même et l'autre (Actes du Colloque de mars 2002 à Amiens = Etudes médiévales 4 [2002]), 1–13
Birkhan (2006)	Helmut Birkhan, Furor heroicus, in: 8. Pöchlarner Heldenliedgespräch. Das Nibelungenlied und die Europäische Heldendichtung, hg. Alfred Ebenbauer, Johannes Keller (= Philologica Germanica 26), Wien 2006, 9–38
Birkhan (2008)	Helmut Birkhan, Vom Schrecken der Dinge, in: Faszination des Okkulten. Diskurse zum Übersinnlichen, hg. Wolfgang Müller-Funk – Christa Agnes Tuczay, Tübingen 2008, 11–41
Birkhan (2010)	Helmut Birkhan, Runen und Ogam aus keltologischer Sicht, in: Zentrale Probleme bei der Erforschung der älteren Runen: Akten einer internationalen Tagung an der Norwegischen Akademie der Wissenschaften, hg. John Ole Askedal, Harald Bjorvand, James Knirk, Otto Erlend Nordgreen (= Osloer Beiträge zur Germanistik 41), Frankfurt am Main – Berlin – Bern …, 2010, 33 – 62
Blain – Wallis (2007)	Jenny Blain – Robert Wallis, Sacred Sites. Contested Rites/Rights, Brighton 2007
BP II	Johannes Bolte – Georg Polívka, Anmerkungen zu den Kinder- und Hausmärchen der Brüder Grimm neu bearb. von Johannes Bolte und Georg Polívka, Leipzig 1915 (Nachdruck Hildesheim 1992)

Bibliographisches und Abkürzungsverzeichnis

Brennos	Keltische Forschungen, hg. im Auftrag von Brennos – Verein für Keltologie von David Stifter [und] Hannes Tauber, Wien 2007ff.
Brunaux – Rapin (1988)	J.-L. Brunaux – A. Rapin, Gournay II: boucliers et lances; dépôts et trophées, in: Revue Arch. de Picardie, Paris 1988, 9ff.
Brunaux (1995)	J.-L. Brunaux, Die keltischen Heiligtümer Nordfrankreichs, in: Heiligtümer und Opferkulte der Kelten, hg. A. Haffner, Stuttgart 1995, 55ff.
Burkert (1997)	Walter Burkert, Homo Necans. Interpretationen altgriechischer Opferriten und Mythen, Berlin – New York 1997
Burl (1980)	A. Burl, Rings of Stone: The prehistoric stone circles of Britain and Ireland. New Haven 1980
Caesar, *b. G.*	C. Iulius Caesar, *de bello Gallico* = H1 166–236
Campanile (1979)	Enrico Camanile, Indogermanische Metrik und altirische Metrik, in: ZcPh 37 (1979), 174ff.
Campanile (1981)	Enrico Campanile, Studi di cultura celtica e indoeuropea, Pisa 1981
Campanile (1988)	Enrico Campanile, Die älteste Hofdichtung von Leinster. Alliterierende reimlose Strophen (= Veröffentlichungen der Kelt. Kommission Nr. 8, SB d. österr. Ak. d. Wiss. phil.-hist. Kl. 503), Wien 1988
Carey (1984)	John Carey, Scél Tuáin meic Chairill, in: Ériu 35 (1984), 93ff.
Carey (2000)	John Carey, King of Mysteries. Early Irish Religious Writings, Dublin 2000
Cassius Dio	L. Claudius Cassius Dio, *Romaïká* = H3 164–187
Charles-Edwards (1993)	T. M. Charles-Edwards, Early Irish and Welsh Kinship, Oxford 1993
Charles-Edwards (2000)	T. M. Charles Edwards, Early Christian Ireland, Cambridge 2000 (= 2007)
CIIC	R. A. S. Macalister, Corpus Inscriptionum Insularum Celticarum. Volume I with a Preface by Damian McManus, Dublin 1996 [Zitate nach Nummern]
CIL	Corpus Inscriptionum Latinarum
Cross – Slover (1996)	Ancient Irish Tales, ed. Tom Peete Cross and Clark Harris Slover, New York 1936 = 1996
de Vries (1956)	J. de Vries, Altgermanische Religionsgeschichte,[2] 2 Bde., Berlin 1956
Delamarre (2003)	Xavier Delamarre, Dictionnaire de la langue gauloise. Une approche linguistique du vieux-celtique continental, Paris 2003
Derolez (1954)	R. Derolez, Runica Manuscripta. The English Tradition, Brugge 1954

Anhang

Descriptio Cambriae	James F. Dimock, Giraldi Cambrensis opera VI, London 1868
DIL	Dictionary of the Irish Language. Compact edition. Royal Irish Academy, Dublin 1990
Dillon – Chadwick (1967)	Myles Dillon – Nora K. Chadwick, The Celtic Realms, London 1967.
Dillon (1962)	Myles Dillon: Lebor na Cert: The Book of Rights. Irish Texts Society, Dublin 1962
Dillon (1973)	Myles Dillon, Celt and Hindu (= The Osborn Bergin Memorial Lecture 3), Dublin 1973
Dillon (1975)	Myles Dillon, Celts and Aryans: Survivals of Indo-European speech and society, Simla 1975
Diodoros	Diodoros Siculus, *bibliothḗkē* = H2 63–85
DKP	Der kleine Pauly. Lexikon der Antike auf der Grundlage von Pauly's Realencyclopädie der classischen Altertumswissenschaft unter Mitw. zahlr. Fachgelehrter bearb. u. hrsg. von Konrat Ziegler u. Walther Sontheimer, 5 Bde. München 1964 – 1975.
Dobesch (1995)	G. Dobesch, Das europäische »Barbaricum« und die Zone der Mediterrankultur. Ihre historische Wechselwirkung und das Geschichtsbild des Poseidonios (= Tyche. Supplementband 2), Wien 1995
Dröge (1982)	Chr. Dröge, Ein irischer *saṃsāra*?, in: ZcPh 39 (1982), 261ff.
dt.	deutsch
DWB	Deutsches Wörterbuch
Edda	Die Edda: Götterdichtung; Spruchweisheit und Heldengesänge der Germanen übertr. Felix Genzmer, eingel. Kurt Schier,[5] Köln 1985
Eudoxos von Rhodos	Eudoxos von Rhodos, *fragmenta historicorum Graecorum* 79
Evans (1996)	D. E. Evans, The Gaulish Inscription of Chamalières: a consideration of some of the lingering uncertainties, in: Sprachdenkmäler 1996, 11ff.
Flavius Vopiscus	»Flavius Vopiscus« fiktiver Mitautor der *Historia Augusta* = H3 331–350
Florus *epit.*	L. (?) Annaeus (?) Florus, *epitome de Tito Livio* = H2 589–608
Ford (1977)	The Mabinogion and other Medieval Welsh Tales, transl. and ed., with an Introduction by Patrick K. Ford, Berkeley – Los Angeles – London 1977
Gantz (1981)	Early Irish Myths and Sagas, transl. J. Gantz, London 1981
Giffhorn (2013)	Hans Giffhorn, Wurde Amerika in der Antike entdeckt? München 2013

Bibliographisches und Abkürzungsverzeichnis

Gleirscher (2008a)   Paul Gleirscher, Keltische Waffenweihungen aus Förk im Gailtal (Kärnten), in: Lauermann – Trebsche (2008), 132–141

Gleirscher (2008b)   Paul Gleirscher, Menschen- und Tieropfer aus der Durezza-Schachthöhle über Warmbad Villach, in: Lauermann – Trebsche (2008), 142–153

God.   *Y Gododdin*

Gonda (1960)   Jan Gonda, Die Religionen Indiens. I. Veda und älterer Hinduismus, Stuttgart 1960

GPC   Geiriadur Prifysgol Cymru. A Dictionary of the Welsh Language, Caerdydd 1950–2002

gr.   griechisch

Green (1998)   Miranda J. Green, Die Druiden, München 1998

Greschat (2003)   Hans-Jürgen Greschat, Buddhismus, in: HRW, 348–367

Gylfaginning   Snorri Sturluson, Gylfaginning. Texte, Übersetzung, Kommentar von Gottfried Lorenz, Darmstadt 1984

H1   Andreas Hofeneder, Die Religion der Kelten in den antiken literarischen Zeugnissen. Sammlung, Übersetzung und Kommentierung I: Von den Anfängen bis Caesar (= Mitteilungen der Prähistorischen Kommission der Österr. Akademie der Wiss. 59), Wien 2005

H2   Andreas Hofeneder, Die Religion der Kelten in den antiken literarischen Zeugnissen, Sammlung, Übersetzung und Kommentierung II: Von Cicero bis Florus (= Mitteilungen der Prähistorischen Kommission der Österr. Akademie der Wiss. 66), Wien 2008

H3   Andreas Hofeneder, Die Religion der Kelten in den antiken literarischen Zeugnissen, Sammlung, Übersetzung und Kommentierung III: Von Arrianos bis zum Ausklang der Antike (= Mitteilungen der Prähistorischen Kommission der Österr. Akademie der Wiss. 75), Wien 2011

Haffner (1995)   Heiligtümer und Opferkulte der Kelten, hg. Alfred Haffner, Stuttgart 1995

Hartmann (1952)   Hans Hartmann, Der Totenkult in Irland. Ein Beitrag zur Religion der Indogermanen, Heidelberg 1952

Herodianos   Ailios Herodianos, *katholikḗ prosodía* = H3 72f.

Hitz (2009)   Hans-Rudolf Hitz, Ein Corpus der altkeltischen Inschriften von Glozel, Ettingen 2009

Holzer (2008)   Veronika Holzer, Der keltische Kultbezirk in Roseldorf/Sandberg (Niederösterreich), in: Lauermann – Trebsche (2008), 33–49

Anhang

HRW	Handbuch der Religionswissenschaft hg. Johann Figl, Innsbruck – Wien – Göttingen 2003
Hutton (2011)	Ronald Hutton, Blood and Mistletoe. The History of Druids in Britain, New Haven – London 2009 (Paperback 2011)
Iamblichos	Iamblichos, *de vita Pythagorica* = H3 217–220
IHK	Rudolf Thurneysen, Die irische Helden- und Königssage bis zum siebzehnten Jahrhundert, 2 Teile in einem Band, Halle (Saale) 1921
ir.	irisch
Isidor (2008)	Die Enzyklopädie des Isidor von Sevilla, übers. und mit Anmerkungen versehen von Lenelotte Möller, Wiesbaden 2008
Iustinus	M. Iunianus Iustinus, *historiae Philippicae* = H3 294–308
Jarman (1991)	A. O. H. Jarman, in: Arthur 117–146
Jarman (1992a)	A. O. H. Jarman, Taliesin, in: WL 51–67
Jarman (1992b)	A. O. H. Jarman, Aneirin – The Gododdin, in: WL 68–80
Jarman (1992c)	A. O. H. Jarman, Saga Poetry – The Cycle of Llywarch Hen, in: WL 81–97
Jarman (1992d)	A. O. H. Jarman, The Later Cynfeirdd, in: WL 98–122
Jenkins (2000)	Dafydd Jenkins, *Bardd teulu* and *pencerdd*, in: The Welsh King, 142–166
Kelly (1988)	Fergus Kelly, A Guide to Early Irish Law, Dublin 1988
Kendrick (1927)	T. D. Kendrick, The Druids, London 1927
Klein (2008)	Dorothea Klein, Zur Ovid-Rezeption im deutschen Mittelalter, in: Das diskursive Erbe Europas: Antike und Antikerezeption, hg. Dorothea Klein – Lutz Käppel, Bern … 2008, 159–178
Koch (2012)	John T. Koch, Paradigm Shift? Interpreting Tartessian as Celtic, in: Celtic from the West. Alternative Perspectives from Archaeology, Genetics, Language and Literature, ed. Barry Cunliffe and John T. Koch, Oxford 2012, 185–301
kymr.	kymrisch = walisisch
Lambert (1995)	Pierre-Yves Lambert, La langue gauloise, Paris 1995
Lambert (1996)	Pierre-Yves Lambert, Grands textes magiques: Chamalières, Larzac, in: Sprachdenkmäler (1996), 51–85
lat.	lateinisch
Lauermann – Trebsche (2008)	Heiligtümer der Druiden. Opfer und Rituale bei den Kelten, hg. Ernst Lauermann – Peter Trebsche, Asparn an der Zaya 2008
Lauermann (2008)	Ernst Lauermann, Das Modell des Heiligtums von Roseldorf im Museum für Urgeschichte des Landes

Bibliographisches und Abkürzungsverzeichnis

	Niederösterreich in Asparn/Zaya, in: Lauermann – Trebsche (2008), 50–63
Lautenbach (1991)	Der keltische Kessel. Wandlung und Wiedergeburt in der Mythologie der Kelten. Irische, walisische und arthurianische Texte, ausgewählt und neu übersetzt von Fritz Lautenbach, Stuttgart 1991
Le Braz (1928)	Anatole Le Braz, La Légende de la Mort chez les Bretons Armoricains (ed. G. Dottin), 2 vols.[2] Paris 1928 (Nachdruck Marseille 1974)
Lengyel (1991)	Lancelot Lengyel, Das geheime Wissen der Kelten. Enträtselt aus druidisch-keltischer Mythik und Symbolik, Freiburg im Breisgau 1991
Leskovar – Traxler (2008)	Jutta Leskovar – Stefan Traxler, Der »Opferschacht« von Leonding (Oberösterreich), in: Lauermann – Trebsche (2008), 104–115
Lewis (1992)	Ceri W. Lewis, The Historical Background of Early Welsh Verse, in: WL 11–50
LGÉ	Lebor Gabála Érenn, ed. R. A. St. Macalister, 5 Bde, Dublin 1938, 1939, 1940, 1941, 1956
LHEB	Kenneth Jackson, Language and History in Early Britain, a chronological survey of the Brittonic Languages 1st to 12th c. A.D., Edinburgh 1953 (= 1963)
Livius	Titus Livius, *ab urbe condita* = H2 148–205
LKA	Lexikon zur keltischen Archäologie, hg. Susanne Sievers, Otto H. Urban, Peter C. Ramsl, 2 Bde., Wien 2012
Lucan	M. Annaeus Lucanus, *Pharsalia* = H2 290–336
Lucan-Glossen	*Commenta Bernensia ad Lucanum* und *Adnotationes super Lucanum* und *Ad Lucanum* = H2 313–336
Mac Cana (1968)	Proinsias Mac Cana, An Archaism in Irish Poetic Tradition, in: Celtica 8 (1968), 174ff.
Mac Cana (2002)	Proinsias Mac Cana, Notes on the legend of Louernios, in: Ogma. Essays in Celtic Studies in Honour of Próinséas Ní Chatháin, Dublin 2002, 138–144.
Macalister (1937)	R. A. Stewart Macalister, The Secret Languages of Ireland …, Cambridge 1937
MacNeill (1921–24)	E. MacNeill, Ancient Irish Law. The Law of Status or Franchise, in: Proceedings of the Royal Irish Academy 36C (1921–24), 265ff.
Macrob., *sat.*	Macrobius Ambrosius Theodosius, *saturnalia* = H3 414–420
Maier (1999)	Das Sagenbuch der walisischen Kelten. Die vier Zweige des Mabinogi. Übersetzt, kommentiert und mit einem Nachwort versehen von Bernhard Maier, München 1999

Anhang

Maier (2001)	Bernhard Maier, Die Religion der Kelten. Götter – Mythen – Weltbild, München 2001
Maier (2005)	Bernhard Maier, Stonehenge. Archäologie, Geschichte, Mythos, München 2005
Marcellus Empiricus	Marcellus Empiricus (Burdigalensis), *de medicamentis* = H3 356–373
Marco Simón (1998)	Francisco Marco Simón, Die Religion im keltiberischen Hispanien, Budapest 1898
Markale (1989)	Jean Markale, Die Druiden. Gesellschaft und Götter der Kelten, München 1989
Martial	M. Valerius Martialis, *epigrammaton libri XII* = H2 431–437
Martianus Capella	Martianus Capella, *de nuptiis Philologiae et Mercurii* = H3 421–423
McManus (1991)	Damian McManus, A Guide to Ogam, Maynooth 1991
Mees (2008)	Bernard Mees, The Women of Larzac, in: Brennos 3 (2008), 169–188
Meid (1971)	W. Meid, Dichter und Dichtkunst im alten Irland (=IBS, Vorträge 2), Innsbruck 1971
Meid (1974)	W. Meid, Dichtkunst, Rechtspflege und Medizin im alten Irland, in: Antiquitates Indogermanicae. Studien zur Altertumskunde und zur Sprach- und Kulturgeschichte der Indogermanischen Völker. Gedenkschr. f. H. Güntert... hg. M. Mayrhofer, W. Meid, B. Schlerath, R. Schmitt (=IBS 12), Innsbruck 1974, 21ff.
Meid (1996)	Wolfgang Meid, Zur Interpretation der Inschrift von Larzac, in: Sprachdenkmäler (1996), 41–50
mhd.	mittelhochdeutsch
Minahane (2008)	John Minahane, The Christian Druids – On the filid or Philosopher Poets of Ireland, Dublin 2008
mkymr.	mittelkymrisch
MPL	Migne Patrologia Latina
Nikandros von Kolophon	Nikandros, in: *Fragmenta historicorum Graecorum* 271/272 = H1, 82–84
nkymr.	neukymrisch
Ó Súilleabháin (1967)	S. Ó Súilleabháin, Irish Folk Custom and Belief (= Irish Life and Culture 15), Dublin 1967
Oskamp (1970)	H. P. A. Oskamp, The Voyage of Máel Dúin, Groningen 1970
Ovid, Festkalender	Publius Ovidius Naso, Fasti. Festkalender, lateinisch – deutsch, ... neu übers. und hg. Niklas Holzberg, Zürich 1995

Bibliographisches und Abkürzungsverzeichnis

Ovid, Metamorphosen	Publius Ovidius Naso, Metamorphosen, lateinisch – deutsch, … übertragen von Erich Rösch, hg. Niklas Holzberg Zürich 1996
Patzer (2010)	Stefanie Patzer, Druiden. Ihr Imagewandel von der frühen Neuzeit bis in die Moderne, Wien 2010
Paulus Diaconus	Paulus Diaconus, *ex libris Pompei Festi de significatione verborum* = H3 505–507
Paulus, *Gal.*	Paulus Apostolus, *epistola ad Galatas* = H2 276–278
Pausanias	Pausanias, Beschreibung Griechenlands. Ein Reise- und Kulturführer aus der Antike. Ausgew., aus d. Gr. übers. und m. einen Nachwort von Jacques Laager, Zürich 2004
Periplūs Massiliensis	*Rufii Festi Avieni Periplūs Massiliensis* = H1 16–24
Piggott (1985)	Stuart Piggott, William Stukeley. An Eighteenth-Century Antiquary,[2] London 1985
Piggott (1993)	Stuart Piggott, The Druids, new edition, London 1975 (= 1993)
PL	Patrologia latina
Plin. *nat. hist.*	C. Plinius Secundus, *naturalis historia* = H2 350–417
Plummer (1910)	Carolus Plummer, Vitae Sanctorum Hiberniae, 2 vol., Oxonii 1910
Plutarch, *de superst.*	Plutarchos, *de superstitione* = H2 522f.
Plutarch, *mul. virt.*	Plutarchos, *mulierum virtutes* = H2 524–529
Polybios	Polybios, *histórai* = H1 85–100
Pomponius Mela	Pomponius Mela, *geographia* = H2 264–275
Rāmāyaṇa (2000)	Vālmīki, The Rāmāyaṇa, abridged and translated by Arshia Sattar, New Delhi – London 2000
Ramsl (2008)	Peter C. Ramsl, Das »Druidengrab« aus dem eisenzeitlichen Gräberfeld von Pottenbrunn (Niederösterreich), in: Lauermann – Trebsche (2008), 160–167
Ranke-Graves (1981)	Robert von Ranke-Graves, Die Weiße Göttin. Sprache des Mythos, Reinbek bei Hamburg 1981 = Robert Graves, The White Goddess: a Historical Grammar of Poetic Myth,[4] London 1961 = New York 1966. Erstfassung: London – New York 1948
RIB	Roman Inscriptions of Britain, ed. R. G. Collingwood – R. P. Wright, 3 Bde., Gloucester 1990–2009
RIG III	Recueil des Inscriptions Gauloises. Vol. III: Les Calendriers (Coligny, Villards d'Héria), par P.-M. Duval – G. Pinault, Paris 1986
Rig-Veda (2007)	Rig-Veda. Das heilige Wissen. Erster und zweiter Liederkreis. Aus dem vedischen Sanskrit übers. und hg. v. Michael Witzel und Toshifumo Gotō …, Frankfurt am Main – Leipzig 2007

Anhang

Rockel (1989)	Taliesin – Aneirin. Altwalisische Heldendichtung, kymrisch und deutsch, hg. und übersetzt von Martin Rockel, Leipzig 1989
Roider (1979)	Ulrike Roider, *De chophur in da muccida*. Wie die beiden Schweinehirten den Kreislauf der Existenzen durchwanderten (= IBS 28), Innsbruck 1979
Schmidt (1982)	Karl Horst Schmidt, The Gaulish Inscription of Chamalières, in: Bulletin of the Board of Celtic Studies 29 (1982), 256–275
Schmidt (1996)	Karl Horst Schmidt, Larzac, in: Sprachdenkmäler (1996), 23–36
Sievers (2003)	Susanne Sievers, Manching – die Keltenstadt, Stuttgart 2003
Sims-Williams (1991)	Patrick Sims-Williams, The Early Welsh Arthurian Poems, in: Arthur, 33–72
Smolak (2012)	Kurt Smolak, »Hisperische Wörter«: die Etablierung einer Gelehrtengesellschaft im Frühmittelalter, in: Sprache und Identität im frühen Mittelalter, hg. W. Pohl, B. Zeller , Wien 2012, 137–144
Solinus, *collectanea*	C. Iulius Solinus, *collectanea rerum memorabilium* = H3 233–245
Sozomenos	Sozomenos, *historia ecclesiastica* = H3 435–438
Sprachdenkmäler 1996	Die größeren altkeltischen Sprachdenkmäler. Akten des Kolloquiums Innsbruck, 29. April - 3. Mai 1993, hg. W. Meid - P. Anreiter (= IBK Sonderheft 95), Innsbruck 1996
Stacey (2007)	Robin Chapman Stacey, Dark Speech: The Performance of Law in Early Ireland (The Middle Ages Series), University of Philadelphia Press 2007
Statius, *silvae*	P. Papinius Statius, *silvae* = H2 426–430
Strabon, *geogr.*	Strabon, *geographía* = H2 206–248
Suetonius, *Claud.*	C. Suetonius Tranquillus, *Claudius* = H2 513–517
Suetonius, *Galba*	C. Suetonius Tranquillus, *Galba* = H2 518–520
Tacitus, *ann.*	Cornelius Tacitus, *annales* = H2 492–502
Tacitus, *Germ.*	Cornelius Tacitus, *Germania* = H2 475–480
Tacitus, *hist*	Cornelius Tacitus, *historiae* = H2 480–492
Taliesin (Williams)	The Poems of Taliesin, ed. and annotated Sir Ifor Williams. English Version J. E. Caerwyn Williams, Dublin 1987 [die Lieder Taliesins selbst sind hier nicht übersetzt]
TBC	Die altirische Heldensage Táin Bó Cúalnge, hg. und übers. von Ernst Windisch, Leipzig 1905
The Welsh King	The Welsh King and his Court, ed. T. M. Charles-Edwards, Morfydd E. Owen, Paul Russell, Cardiff 2000

Bibliographisches und Abkürzungsverzeichnis

Thracian Tales (1991)	Flemming Kaul – Ivan Marazov – Jan Best – Nanny de Vries, Thracian Tales on the Gundestrup Cauldron, Amsterdam 1991
Tírechán	Tírechán's Collectanea of St Patrick. Text in English, transl. L. Bieler, in: Ludwig Bieler, The Patrician Texts in the Book of Armagh, Dublin, 1979
TYP	Trioedd Ynys Prydein. The Welsh Triads. Ed. with introduction, translation and commentary by Rachel Bromwich, Cardiff 1961.
Überweg (1953)	Friedrich Ueberwegs Grundriss der Geschichte der Philosophie: Die Philosophie des Altertums, hg. Karl Praechter, [13] Basel 1953
Vergil, *Aen.*	P. Vergilius Maro, *Aeneis* = H2 94–111
Vita Merlini	The Life of Merlin, Vita Merlini by Geoffrey of Monmouth, transl. John Jay Parry, 1925; reprint Forgotten Books, Leipzig 2008
Watkins (1970)	Calvert Watkins, Language of Gods and Language of Men. Remarks on Some Indo-European Metalinguistic Traditions, in: Myth and Law Among the Indo-Europeans. Studies in Indo-European Comparative Mythology, ed. Jaan Puhvel, University of California Press Berkeley – Los Angeles – London 1970, 1–17
Wenskus (1961)	Reinhard Wenskus, Stammesbildung und Verfassung. Das Werden der frühmittelalterlichen gentes, Köln – Graz 1961
West (2007)	Martin Litchfield West, Indo-European poetry and myth, Oxford 2007
Williams – Ford (1992)	J. E. Caerwyn Williams – P. K. Ford, The Irish Literary Tradition, Cardiff 1992
Williams (1954)	Sir Ifor Williams, Lectures on Early Welsh Poetry, Dublin 1954
WL	A Guide to Welsh Literature, vol. 1, ed. A. O. Jarman – Gwilym Rees Hughes, Cardiff 1992
ZcPh	Zeitschrift für celtische Philologie
Zimmer (2006)	Stefan Zimmer, Die keltischen Wurzeln der Artussage, Heidelberg 2006

2 Verzeichnis der Abbildungen / Quellennachweise

S. 23   Gundestrup-Kessel: Initiationsszene nach Jacques Moreau, Die Welt der Kelten, Suttgart 1963, Tafel 96

S. 25   Gundestrup-Kessel: Bodenplatte nach Jacques Moreau, Die Welt der Kelten, Suttgart 1963, Tafel 97

S. 57   Ei-Ablage der Wellhornschnecke – das "Schlangen-Ei"? Foto: Helmut Birkhan

S. 111   Geheimogams auf einer Seite aus Auraicept na n-éces (Book of Ballymote ca. 1390) nach http://commons.wikimedia.org/wiki/File:-Book_of_Ballymote_170r.jpg

S. 151   Ein torquesgeschmückter, leierspielender Gott oder Barde aus dem Dep. Morbihan nach B2, Abb. 579

S. 221   Der Silberschmied Robert Cruickshank (1748-1809) zeichnete diese Karikatur von Iolo Morganwg in seinem Lehnstuhl, in dem er auch wegen seines Asthmas zu schlafen pflegte. Nach: http://upload.wikimedia.org/wikipedia/commons/5/50/Iolomorganwg.jpg http://upload.wikimedia.org/wikipedia/commons/5/50/Iolomorganwg.jpg

S. 223   Erzdruide in ritueller Kleidung und mit peithin (1815) von Charles Hamilton Smith 1776-1859 nach Piggott (1995), S. 171, Abb. 116

S. 225   Pontypridd, Schauplatz der ersten Gorsedd mit dem "Rocking Stone", der als "Wiege der Ceridwen" galt. Nach: http://img.groundspeak.com/waymarking/display/3337e2f6-48bd-4041-95cf-01b6919aed73.JPG

S. 227   Der Chirurg Dr. William Price in ritueller Kleidung, in der Hand die Fackel, mit der er den Scheiterhaufen seines Sohnes entzündete. Lithographie 19. Jh. im National Museum of Wales nach http://en.wikipedia.org/wiki/File:William_Price_the_Druid.jpg